13 Coleção
Ciências e Culturas

Coordenação Científica da Colecção Ciências e Culturas
João Rui Pita e Ana Leonor Pereira

Os originais enviados são sujeitos a apreciação científica por *referees*

Coordenação Editorial
Maria João Padez Ferreira de Castro

Edição
Imprensa da Universidade de Coimbra
Email: imprensa@uc.pt
URL: http://www.uc.pt/imprensa_uc

Design
António Barros

Pré-Impressão
Tipografia Lousanense, Lda.

Capa
Ana Pimentel
*Olhos para ver*, 2007
Técnica mista s/tela
Cortesia Galeria Sete

Print By
CreateSpace

ISBN
978-989-8074-47-8

ISBN Digital
978-989-26-0327-8

DOI
https://doi.org/10.14195/978-989-26-0327-8

Depósito Legal
278145/08

Os volumes desta coleção encontram-se indexados e catalogados na Basedados da Web of Science.

© Abril 2009, Imprensa da Universidade de Coimbra

Alírio Queirós

# A Recepção [1900-1956]
# de Freud em Portugal

• COIMBRA 2009

A meus pais e Maria Helena
que, de lá, tanto me ajudam,

À Vera, a companheira única
e o colo querido.

Aos meus Professores, aos meus orientadores
que, sem o seu saber e encorajamento,
esta aventura não aconteceria.

# ÍNDICE

Prefácio .................................................................................................. 9

Introdução ............................................................................................. 13

Capítulo I - A RECEPÇÃO DE FREUD EM PORTUGAL .......................... 33

   1. EGAS MONIZ - Pioneiro da Psicanálise em Portugal ................... 33
   2. SOBRAL CID - A Psiquiatria e a Psicanálise .................................. 58
   3. FERNANDO Pessoa - Freud, instâncias e heteronímia da arte ..... 62
   4. ABEL de Castro - A Curiosidade e a correspondência .................. 69
   5. SEABRA Dinis - A Psicanálise e a sua desconstrução ................... 73
   6. FERNANDO Namora - A Divulgação sob o signo literário ........... 97

Capítulo II - A RELEVÂNCIA DE FREUD EM TRABALHOS ACADÉMICOS ... 113

   1. ANTÓNIO Monteiro - A Psico-análise de Freud ............................ 113
   2. MÁRIO Oliveira — Do Dinamismo Psíquico Freudiano ............... 123

Capítulo III - A RECEPÇÃO DE FREUD E A IMPRENSA MÉDICA .......... 137

   1. A Divulgação Médica ....................................................................... 137
   2. O Centenário do Nascimento de Freud ......................................... 153

Conclusão ............................................................................................... 157

Bibliografia ............................................................................................. 171

# PREFÁCIO

À distância de setenta anos da morte de Freud, é tempo de fazer a história da implantação da psicanálise e do inconsciente nas ciências, nas técnicas e nas culturas.

O propósito da investigação de Alírio Queirós não foi comemoracionista mas é uma feliz coincidência o facto de a sua tese de mestrado sobre a recepção de Freud em Portugal se publicar em 2009, setenta anos depois da morte de Freud em Londres, cidade onde o notável médico viveu os seus últimos 15 meses por razões que são conhecidas.

Freud ganhou balanço para a sua aventura científica em finais do século XIX, o século de ouro da ciência, ou o "século de explosões" científicas no dizer de René Taton. A sua época perpetua e reforça a paixão setecentista e oitocentista pelo conhecimento científico.E esse fascínio que está na base de tantas viagens, expedições, explorações, de vários processos de experimentação e outros métodos de pesquisa levados a cabo por inúmeros investigadores.

Uma das novidades do século foi precisamente a revolução freudiana da psicanálise. Com efeito, a incontornável obra de Freud, A interpretação dos sonhos (Die Traumdeutung, 1900) fecha o século XIX e abre o século XX. A revolução científica que esta obra inaugura vai-se estruturando nas primeiras décadas do século XX e simultaneamente abrem-se vários caminhos de produção de efeitos em todo o campo cultural desde a filosofia à literatura. Na verdade, Freud leva a cabo a revolução psicanalítica durante toda a sua vida, especialmente a partir de 1895. Este processo é algo extraordinário se pensarmos que, desde 1873, Freud recebeu uma formação médica na Faculdade de Medicina de Viena, a famosa escola de Ernst Brücke e de Meynert que respeitava com todo o rigor o modelo de cientificidade próprio das chamadas naturwissenschaften.

O primado ontológico do inconsciente começa a desenhar-se cerca de dez anos após ter feito um estágio de quatro meses no Laboratório neuropatológico da Salpêtrière onde, como tantos médicos, artistas e outros, ouviu as lições clínicas de Jean Martin Charcot, prestigiado professor e investigador de anatomia patológica e de doenças do sistema nervoso. E interessante notar que o insucesso das investigações da base anatómica da grande neurose da época, a histeria, de certo modo desencadeou algo inovador: a pesquisa da etiologia psíquica da histeria e de outras manifestações psicopatológicas e suas traduções psicossomáticas.

Com esta pequena nota prestamos homenagem ao génio de Freud, à nova disciplina que o próprio médico de Viena baptizou de psicanálise em 1896 e, enfim, a todo o processo de construção de uma gramática do inconsciente, porque isso é toda a sua vida de trabalho clínico e de pesquisa científica, de estudo, de reflexão e de escrita.

Diversos vultos da ciência e da cultura, em diferentes circunstâncias e conjunturas políticas, introduziram Freud em Portugal. Foi, sobretudo, através de vários escritos que esses autores trouxeram Freud, o freudismo e a psicanálise para a língua, a cultura e a ciência portuguesas. Alguns são nomes incontornáveis da cultura ou da ciência portuguesas conforme se pode apreciar no presente livro de Alírio Queirós.

Em primeiro lugar, Egas Moniz com o texto As bases da psicanálise, Lição do Curso de Neurologia da Faculdade de Medicina de Lisboa, 1915 e O conflito sexual, Conferência plenária do Congresso Luso-Espanhol das Associações para o Progresso das Ciências, Porto, 1921. Egas Moniz foi também o primeiro a fazer estudos biográficos recorrendo à psicanálise como é exemplo um estudo intitulado Júlio Dinis e a sua obra, 1924 e outro sobre Camilo, A necrofilia de Camilo Castelo Branco, sep. do In Memoriam de Camilo, 1925. J.M. Sobral Cid redigiu o estudo intitulado A vida psíquica dos esquizofrénicos. Pensar autista e mentalidade arcaica, conferência feita em Coimbra na Sala dos Capelos da Universidade, em 16 de Março de 1924, publicada no Jornal da Sociedade das Ciências Médicas. António Laranjo Ferreira Monteiro apresentou como tese de doutoramento na Faculdade de Medicina de Coimbra uma dissertação intitulada A psico--análise de Freud, Coimbra, 1925. Temos indicação da existência de cartas, sobretudo entre 1924 e 29, de Freud a Abel de Castro (1900-1947), professor de história e filosofia em várias escolas do ensino secundário, jornalista e escritor, ligado à Igreja Baptista e ao movimento Evangélico. Mais tarde, temos textos de Fernando Pessoa entre 1931 e 1936, sobretudo cartas dirigidas a João Gaspar Simões, cartas de auto-análise e cartas sobre o problema da relação entre psicanálise e arte. Luís Varela Aldemira publicou em 1935 a obra A arte a a psicanálise. O caso Freud-Leonardo Da Vinci. O inconsciente na vida artística. Os sonhos e a inspiração. Três conferências realizadas na Sociedade de Belas Artes de Lisboa. Em 1938 foi estampada uma obra de divulgação científica para o grande público da autoria de Stefan Zweig intitulada Os constructores do mundo. A cura pelo espírito. Introdução geral. Mesmer-Mary Baker-Eddy-Freud. Em 1944, Mário de Almeida Oliveira publicou Do dinamismo psíquico freudiano, dissertação de licenciatura em ciências histórico-filosóficas apresentada na Faculdade de Letras da Universidade de Coimbra.

O médico psiquiatra Joaquim Seabra-Denis desenvolveu um trabalho expositivo da psicanálise e crítico dos efeitos da psicanálise nas ciências humanas e nas artes incluindo a literatura, publicado em dois volumes na Biblioteca Cosmos em 1945. Como é evidente no livro de Alírio Queirós, trata-se de uma obra muito importante na história da psicanálise. Depois de 1945, as fontes referentes à presença de Freud e da Psicanálise na cultura e na ciência em Portugal multiplicam-se. São referência obrigatória de Fernando Namora, Deuses e Demónios da Medicina, 1952; de Barahona Fernandes, entre outros, Agonia doutrinal e ressurgir prático da psicanálise, 1953. O próprio Seabra-Denis publica No centenário do nascimento de Freud, Jornal do Médico, 1956, Raízes sociais e integração histórica da psicanálise, Jornal do Médico, 1956; A revolução psiquiátrica contemporânea, Anais Portugueses de Psiquiatria, 1959. Destacam-se também trabalhos de Diogo Furtado 1959, Francisco Alvim 1979, João dos Santos 1984, Pedro Luzes 1995, e muitos outros autores médicos e não médicos da segunda metade do século XX, particularmente interessantes para a história da cultura científica nas suas relações com as humanidades, incluindo as artes.

As fontes analisadas por Alírio Queirós não esgotam o tema, mas resultam de um trabalho de pesquisa sistemática que levou a cabo sobre a presença de Freud e da Psicanálise na ciência e na cultura portuguesas para elaborar a sua tese de mestrado em História das Ideologias e das Utopias Contemporâneas. Este mestrado foi fundado e é coordenado pelo Prof. Doutor Amadeu Carvalho Homem na Faculdade de Letras da Universidade de Coimbra.

A 18 de Fevereiro de 2008, Alírio Queirós prestou provas de Mestrado tendo como arguente o Prof. Doutor J. L. Pio Abreu, distinto médico psiquiatra e professor da Faculdade de Medicina de Coimbra e ainda escritor ensaísta, autor de obras premiadas também no estrangeiro como é o caso do livro Como tornarse doente mental. O júri entendeu atribuir à tese de Alírio Queirós a classificação de Muito Bom. E interessante notar que o trabalho de Alírio Queirós não é simplesmente descritivo. Em virtude da sua formação filosófica e do seu gosto pela escrita personalizada, a obra de Alírio Queirós apresenta algumas passagens onde o brilho da metáfora esbate a complexidade do tema, o que não compromete os resultados de um trabalho feito com rigor, antes é prova do seu entusiasmo plasmado na sua escrita.

Sendo o Mestre Alírio Queirós investigador do Ceis 20, o livro aqui considerado e que a Imprensa da Universidade publica na colecção Ciências e Culturas insere-se no âmbito das actividades do Grupo de História e Sociologia da Ciência, particularmente na linha de investigação "Ciências, tecnologias e práticas de saúde" em articulação com o projecto de investigação "Público e Privado: História Ecológico-Institucional do Corpo, 1900-1950. O caso português" (FCT- POCTI/HAR/49941/2002, Investigadora Responsável, Profª Doutora Ana Leonor Pereira).

Uma palavra muito especial de amizade e agradecimento ao Director da Imprensa da Universidade de Coimbra, Prof. Doutor José Francisco de Faria Costa e à Directora Adjunta Drª Maria João Padez Ferreira de Castro, por todo o seu empenho e dedicação à causa da Imprensa da Universidade de Coimbra.

Ana Leonor Pereira
Fevereiro de 2009

# INTRODUÇÃO

1. Objectivos e Balizas Cronológicas

Unir a obra de Sigmund Freud ao país Portugal passará por um inevitável e saboroso exercício de contextualizaçao da temática histórica envolvente. A conjunção da realidade sócio-cultural europeia por vezes alimentada por frenética actividade económica, intelectual e política nao coincidiu, na maior parte da sua evolução, com o ritmo e dimensão da diáspora portuguesa.

Aumentar a compreensão do fenómeno Freud, enquanto matéria de recepção intelectual, científica, diagnóstica e terapêutica, é a intenção desta reflexão, conduzida com total proximidade aos textos originais dos nossos cientistas e articulistas que, da forma mais apaixonada e competente, deram corpo a este tema em Portugal. A entrada no novo século, animada pelas grandes e encorajadoras conquistas científicas conseguidas no anterior, a divulgação da emblemática obra do mestre de Viena, A Interpretação dos Sonhos e o tanto que ocorreu até ao tempo de comemorar o século do seu nascimento, são o universo de conteúdos que substanciam as balizas cronológicas a que nos propomos.

Tema de inevitável paixão, a recepção de Freud em Portugal enquanto objecto central, ultrapassa o limite descritivo ou a simples associação temporal e resumida de alguns factos mais ou menos irmanados. Perceber e contactar de perto com a excelente qualidade dos textos produzidos pelos intelectuais portugueses, contemporâneos do fenómeno psicanálise, acompanhado de toda a polémica inevitavelmente inerente, constitui tarefa fundamental para o estudo da reacção e da produção científica portuguesa da época em apreço.

Na verdade, o que justifica a constante reinterpretação de um tema que por excelência própria se condena a inesgotável, é a diferente dinâmica que impôs às mais diferentes sensibilidades culturais e científicas, num tempo seu, de contemporaneidade vivida e observável num país único de história rica e contraditória, marca da sua especial índole de ser e sentir. Juntar de forma aproximada os diferentes estilos de recepção e sensibilidade manifestados nestes intensos 56 anos, perspectivados na sequência histórica emergente, constitui tentador e atraente mester.

Neste sentido, convém traçar algumas linhas centradas no enquadramento de um esboço Europeu onde habita o nosso Portugal e, assim, relembrar sequências e envolventes dos finais do séc. XIX, cientificamente tão ligado à primeira metade do séc. XX, reintroduzindo uma inevitável relação entre História e Ciência, catapulta de uma Modernidade sempre dinâmica e reenquadrável perante o acutilante olhar humano.

Na verdade, olhar para o século XIX constitui um exercício excitante, onde cedo sentimos as brisas renovadoras que promoveram a Revolução Francesa e marcam o fim do século XVIII, garantindo força ao forte vento de evolução que marca o aumento de ritmo na produção do conhecimento, o promotor da ciência contemporânea.

## 2. Contexto Internacional

Em termos científicos e histórico-sociais optamos por olhar para este século como contido entre os anos de 1780 e 1920[1], pois é o espaço temporal que contém os movimentos e os fundamentos deste tempo. Da maior revolução europeia à primeira grande guerra mundial passa um tempo de explosões entre o Antigo Regime e a aventura burguesa, entre a visão colectiva e a visão individual, entre o compromisso geracional e o contrato pontual, entre o despotismo e a liberdade.

Os seus paradoxos são gritantes e ricos, como os seus génios das artes e letras, da técnica e da ciência, da filosofia e da política. Toda esta fecundidade criativa não caberia nos quadros do Antigo Regime ou nos limites geográficos de um continente forçado ao extremo sacrifício dos milhares de mortos nas revoluções e guerras acontecidas.

A pesquisa científica deixa definitivamente de ser uma actividade puramente especulativa para se transformar em real factor de progresso material, surgindo directa e influentemente relacionada com a vida social. A técnica matemática ganha grande preponderância sobre a ciência prática, agora direccionada para o desenvolvimento das técnicas industriais onde a especialização ganha progressivo espaço, tanto ao nível da prática corrente como ao nível da própria pesquisa científica, contribuindo para um claro melhoramento das condições de trabalho e investigação.

Noções de peso e massa são fundamentais para uma ciência cada vez mais necessitada da maior precisão, elegendo a balança como vital aliada da física e química, possibilitando a conquista da realidade circundante. Da mais pequena divisibilidade conducente ao átomo até ao fenómeno da electricidade, do campo magnético à velocidade da luz, toda a medição é rigorosamente registada numa observação metódica e matematicamente assistida.

Em toda esta evolução científica é indiscutível o papel preponderante do positivismo de Augusto Comte[2] que, dispensando a metafísica, contrapõe teses encorajadoras e valorativas da capacidade humana, promotora de métodos válidos de trabalho e pesquisa racionais que impõem um fim ao senso comum e à fé divina, como interferentes directos no universo do conhecimento humano.

---

[1] Freud nasce sensivelmente a meio deste código temporal, em 6 de Maio de 1856.

[2] Augusto Comte (1798-1857), filósofo e sociólogo francês, fundou o Positivismo formulando a "lei dos três estados", teológico, metafísico e positivo, correspondendo este à maturidade humana. Sem o seu contributo para o reforço de confiança nas capacidades da razão humana, dificilmente teríamos assistido ao ritmo das evoluções científicas registadas entre a segunda metade deste séc. XIX e séc. XX.

Entramos num novo tempo que vai permitir o alvorecer da época contemporánea através de fantásticos avanços nas áreas da biologia, onde brilha Darwin[3] que coloca o homem como filho de animal, (gerando polémicas científicas, religiosas e políticas que sobrevivem no nosso tempo),[4*] Pasteur enterra as velhas farmacopeias e coloca a doença como problema sócio-político. Na física e matemática Einstein,[5] com a teoria da relatividade, mostra a capacidade intelectual do homem como algo que se pode constituir como inultrapassável.

Obviamente, incompleta ficaria qualquer abordagem a este século se nao referíssemos o elemento base deste trabalho, um dos seus mais emblemáticos e controversos filhos; Sigmund Freud. Com ele, o mundo em geral e a intelectualidade em particular ganham uma nova dimensão hermenêutica, descentrando do exterior para o interior do homem o objecto epistemológico. Na verdade, o horizonte interpretativo pretende alargar-se até à subjectividade extrema do comportamento humano, começando pela primeira vez a ser objecto do método científico.

Pegando na desconfiança de Hobbes[6] em relação ao lado selvagem com que o homem nasce e se confronta na sociedade, Freud vai procurar interpretar as mais profundas e emblemáticas lutas interiores do nosso intelecto, dividido entre o desejo e a obrigação, entre o inconsciente e o consciente. Dos diferentes trabalhos com a hipnose até à instauração da psicanálise, a ciência psicológica deu mais um passo decisivo, comparável em dimensão ao do referido Darwin, do próximo Marx, ou mesmo do mais distante Copérnico[7].

Mas, afinal, como foram todas estas conquistas e avanços conseguidos?

Que força empurra e permite as rupturas atingidas durante este tempo para garantir a confirmação de um novo espaço de secularização? Como recuperar destas feridas narcísicas impostas a uma unidade perdida agora submetida a nova dialéctica pluridimensional disponível até às últimas consequências? Que evolução impõe ao homem o extremo conhecimento de si?

As pesquisas a efectuar na conquista destas novas funções de uma renovada razão em estado de maior idade, só poderão ser realizadas no percurso histórico anterior, onde encontraremos a matéria constituinte deste desafio que aqui nos é colocado. Sem

---

[3] Charles R. Darwin (1809-1882), naturalista inglês, provocou uma das maiores rupturas na história do conhecimento quando defendeu que a evolução das espécies se baseia na selecção natural provocada pela luta da sobrevivência. A sua visão implicou uma alteração profunda no lugar do Homem no Universo. Embora ainda não geralmente aceite, o darwinismo marcava o contexto científico da época tendo A Origem da Espécies sido publicado na altura em que Freud nasceu.

[4] Ainda recentemente assistimos a uma reposição destas questões que, de primárias, nos espantam e preocupam.

[5] Albert Einstein (1879-1955), físico alemão, ao formular a lei da relatividade, revolucionou os conceitos de matéria, espaço e tempo, sendo globalmente considerado o maior cientista do séc. XX. Trocou impressões e vária correspondência com Freud a propósito de reflexões sobre o fenómeno da guerra, solicitando interpretação sobre tal destruidor fenómeno (Warum Kriegt).

[6] Thomas Hobbes (1588-1679), filósofo e matemático inglês, reflectiu sobre o fenómeno político pretendendo o modelo mecanicista para a acção política. Reagindo contra a liberdade de consciência da reforma, de quem desconfiava, defendeu o poder autoritário como defensor da sociedade organizada.

[7] Nicolau Copérnico (1473-1543), astrónomo polaco, é considerado o fundador da teoria heliocêntrica, pondo em causa a verdade da Igreja Católica e o homem centro do universo, conforme defendido pela Escolástica durante séculos.

grandes delongas, relembremos alguns pontos importantes no enquadramento da questão freudiana.

Assim, não podemos deixar de referir que, como um vulcão, a Reforma ao eclodir no sec. XVI mantém a sua presença na evolução processada nos séculos seguintes, tal foi a sua importância e simbolismo no decurso histórico futuro.

Na verdade, a Reforma constitui-se como um movimento revoltoso dirigido contra a hegemonia de Roma e todo o simbolismo centralizado na imagem do Papa. Ao pôr em causa a autoridade e interpretação únicas da fé, este movimento vai iniciando o fim da uniformidade presente na crença religiosa que se começa a confrontar com nova diversidade interpretativa.

Encontramos, assim, na Reforma Protestante um primeiro momento de rebelião contra um colectivo homogeneizado na interpretação e seguidismo unilateral centralizado na custódia papal. Ao contrário do percurso do crente que se afirma num colectivo depositário dogmático de verdades concluídas, assiste-se à contestação do poder espiritual centralizado havendo agora de forma progressiva, lugar às dissidências individuais que activam a subjectividade do crente. Dignificado com a própria individualização procura no livre e íntimo exame uma nova e progressiva dignidade auto-afirmativa. "A rebelião para com a organicidade dos regimes teológicos ou teocráticos coincidirá historicamente com a irrupção do individualismo. A tomada de consciência, por parte dos agentes históricos, de um quadro estritamente pessoal de opiniões e de valorações só pôde fazer-se através da interpelação crítica aos critérios de Autoridade. Ora, como estes promanavam de fundamentações sacrais, o ataque contra eles desferido dependerá basicamente de fenómenos culturais de autonomia mental e de assumida laicidade."[8]

Tornar-se-ia injusto ou pouco rigoroso se, ao estudarmos a Humanidade de uma determinada época, não tivéssemos presente momentos de evolução ou ruptura que, de tão importantes, ultrapassam o limite do emblemático, atingindo o valor epistemológico mais alto.[9]

Com efeito, voltando um pouco atrás, verificamos que a estrutura mental sustentadora do antigo regime foi progressivamente sendo posta em causa por um renascimento do saber, assente em conquistas de uma nova capacidade humana que, em detrimento da verdade revelada, se vê reforçada com novas competências conseguidas no esforço da verdade conquistada. E este Homem renovado, mais auto-confiante e capaz que consegue o descobrimento de novos mundos, que atinge novos horizontes intelectuais e científicos como os paradigmáticos exemplos de Lutero, Calvino, Copérnico ou Maquiavel.

É importante verificar que a Reforma constitui, igualmente, uma profunda alteração na escola agora progressivamente encorajada a praticar uma nova pedagogia indispensável para a regeneração do povo e para toda a intelectualidade das novas gerações, afinal, de todo o futuro. A educação feminina mereceu igualmente o cuidado dos reformistas, relembrando-se o cuidado especial de Lutero em reforçar a importância das

---

[8] Homem, Amadeu Carvalho, Do Romantismo ao Realismo, Fundação Eng. António de Almeida, Porto, 2005, p. 75.

[9] A investigação freudiana consagra-se no estudo do eminentemente individual. Sem a emergência da dignificação da individualidade, não surgiria a Psicanálise e a sua utilidade.

mulheres mais esclarecidas e cultas para melhor dirigirem a casa e educarem os filhos, contribuindo de forma decisiva na ajuda aos homens concentrados no bom governo do país.

Com estes novos ritmos, de forma inevitável, a capacidade de produção do conhecimento científico vai superando a religião como fonte fundamental da influência cultural, entrando em queda o conhecimento revelado que, como já referido, vai sendo substituído por conhecimento conquistado. "A Grande Enciclopédia de Diderot[10] e d Alembert[11] não era um mero compêndio do pensamento social e político progressivo, mas também do progresso tecnológico e científico. Na verdade, a crença no progresso do conhecimento humano, da racionalidade, da riqueza, da civilização e do controlo sobre a Natureza, ... ia buscar a sua força essencialmente ao progresso da produção, do comércio e da racionalidade económica e científica..."[12] Verificamos pois que, os códigos de leitura da realidade começam a alterar-se de forma mais clara quando as evidências estruturantes de tradição cristã (homem, como ser criado e mundo como criação divina) e o seu código normativo como revelação, começam a ser postos em causa por um novo elemento progressivamente determinista, a ciência.[13]

Neste contexto, verificamos que, para atingir tal fim supremo da razão humana, Comte desenvolve o seu positivismo agnóstico através de um considerável avanço profano do saber, construído apenas pelo exercício da racionalidade pura que se consagrará num novo modelo social, edificado numa sociedade politicamente positiva, sem Deus nem Rei. Para tal, pretende seguir o aparelho mais bem construído e interiorizado que conhece, isto é, o aparelho católico.

Como vimos referindo, o aumento e conquista da produção científica vai-se revelando em catadupa, verificando-se uma globalidade comum e extraordinária pois, aqui, a quantidade não colide com a qualidade. Nas diferentes vertentes do conhecimento que se anima a cada dia deste séc. XIX do nascimento de Freud encontramos alguns nomes que entre tantos outros, cuja delonga nos impede de esgotar, identificamos como exemplificativos.

Assim, na área das ciências da vida não podemos esquecer os estudos de anatomia comparada de Cari Gegenbaur (1826-1903), no campo da embriologia e seus levantamentos comparativos são fundamentais os trabalhos de Karl Ernst von Baer (1792-
-1876) dedicando-se ao campo da biogenética e, também Ernst Ffaeckel (1834-1919) um nome fundamental no estudo dos embriões. Jean-Baptiste Lamarck (1744-1829) entre outros trabalhos é o primeiro a colocar a probabilidade das alterações verificadas no mundo orgânico e inorgânico estarem sujeitas a leis e não a interposições divinas.

---

[10] Denis Diderot (1713-1784), Filósofo francês, com Voltaire, é um dos principais eminentes do Iluminismo francês. Crente que a experiência constitui o único caminho válido do conhecimento lança, em 1748, a Enciclopédie, obra emblemática e decisiva de todo o iluminismo europeu.

[11] J. Le Rond d' Alembert (1717-1783), matemático francês, trabalhou os campos da dinâmica e mecânica celeste. A convite de Diderot, contribuiu com muita produção para a Enciclopédie.

[12] Hobsbawm, A Era das Revoluções, S. Paulo, Edit. Submarino, p. 29.

[13] Convém lembrar David Hume (1711-1776), amigo dos enciclopedistas Diderot e d'Alembert, pois é um filósofo a ter em importante conta na antecipação das alterações registadas na viragem do séc. XIX. Em Hume já encontramos as verdades colhidas na experiência imediata e a identificação primordial das emoções onde só um impulso pode alterar outro de sentido contrário, pois não se movimentam em campos de exclusivo comando racional.

Na medicina, física, química e biologia assiste-se a um crescente trabalho de interdisciplinaridade, notável nos avanços que vai conseguindo no sentido do desbravar da natureza como um todo perceptível, mensurável, sujeito à padronização e, portanto domável.

Nestas áreas são inúmeras as personalidades e as conquistas efectuadas em rigoroso regime laboratorial, onde os pesos e as medidas se constituíam como preocupação dominante. Assim, não podemos deixar de registar os trabalhos de Robert Koch (1843--1910), microbiologista alemão que se dedicou ao isolamento dos microorganismos, descobrindo a bactéria da tuberculose e da cólera, as duas mais preocupantes doenças deste see. XIX. Fundamental também o trabalho único do químico e biólogo francês Louis Pasteur (1822-1893) que, na área dos microorganismos e na introdução da noção de vacina em moldes modernos, contribuiu decisivamente para um novo conceito social de saúde não apenas entendida como questão individual, mas sim como problema político e essencialmente público. Seguindo-lhe as pisadas, Joseph Lister (1827-1912) desenvolveu as descobertas de Pasteur, avançando para o estudo e aplicação dos métodos antisépticos. Igualmente fundamentais são os posteriores trabalhos de Alexander Fleming (1881-1955), dirigidos à bacteriologia e imunologia que o conduziram à descoberta da penicilina, feito que lhe valeu a atribuição do prémio Nobel da Medicina e Fisiologia em 1945.

Na detecção e visualização de problemas até aí não diagnosticáveis de forma directa, nomeadamente na área da ortopedia e posteriormente noutras áreas, regista--se uma das maiores descobertas científicas de todos os tempos, os raios X, conseguida por Wilhelm Roentgen[14] (1845-1923), que se encontrava a trabalhar no tubo de raios catódicos, descoberto por William Crookes (1832-1919). Ao nível da cardiologia, o físico cardiovascular Pierre Potain (1825-1901) estudou os sopros cardíacos e interferências da tensão arterial, Gregor Mendel (1822-1884) fez o estudo sobre as leis da hereditariedade, percursor das leis genéticas ou os trabalhos do casal Pierre (1859--1906) e Marie Curie (1867-1934) para o desenvolvimento e descoberta das leis da radioactividade.

Em termos de ordem político-social, o fim do Antigo Regime fora definitivamente eliminado pela Revolução Francesa e sua consequência napoleónica; a tradicional autoridade do Soberano vai dando lugar à soberania da Nação, onde a Burguesia é a grande protagonista nas mudanças das estruturas sociais, com a sua força empreendedora e direccionada para a ânsia dos novos mercados, mantendo-se ganhadora numa sociedade progressivamente mais racionalizada e que caminha para a Revolução Industrial.

As estruturas sociais vão-se alterando, a produção manual e de qualidade restrita é engolida pela produção maquinal, apoiada por uma ciência e técnica eufóricas, sustentadas pelo dinheiro que, aconchegado no casulo da ganância se transforma em capital, convertendo o burguês em capitalista e o trabalhador (contratualmente explorado) em proletário.

O método científico conquista mobilidade através da observação directa e metódica da realidade, extraordinariamente ampliada pelo génio humano. Assim, da realidade nada parece escapar a um homem ávido dos seus fundamentos, tornados mais acessíveis

---

[14] Esta descoberta, fundamental para a obtenção da angiografia cerebral pelo nosso Egas Moniz em 1927, valeu a Roentgen o Prémio Nobel da Física de 1901.

e distintos das aparências, agora filtradas por novas técnicas de observação, análise, medida e registo. Todas as formas de ciência, nomeadamente a química, a física, a astronomia, a ética, a antropologia e em especial a biologia, alcançam extraordinários avanços.

A concepção evolucionista constitui um dos passos mais importantes do conhecimento científico deste século. Depois do zoólogo Lamarck[15], do geólogo Lyell[16], do naturalista Wallace[17] e da luta pela existência de Malthus,[18] Charles Darwin faz triunfar o evolucionismo biológico, lançando a ascendência biológica do Homem, assente em três ideias fundamentais: todas as espécies provêm de uma transformação lenta de outras anteriores; esta transformação tem como sede a luta pela sobrevivência onde só ganha o mais forte (.struggle for Ufe); os caracteres morfológicos e fisiológicos adquiridos nesta luta pela vida são inevitavelmente transmitidos à descendência. Para além das científicas, as consequências éticas e religiosas assumem as maiores proporções no mundo ocidental. A Origem das Espécies significou uma profunda ruptura de conceitos e temporalidade, mecanizando inovadora relação entre o Homem e uma redescoberta exigente mãe Natureza.

Com efeito, podemos considerar a viagem de circum-navegação encetada por Darwin entre 1831 e 1836 a bordo do Beagle, como um momento decisivo no desenvolvimento da sua carreira e de toda a ciência futura. Encorajado com a extraordinária quantidade e qualidade de dados botânicos, zoológicos e paleontológicos recolhidos, "Darwin constata a luta dos seres vivos entre si, pelo território, pelo alimento, pela descendência, sendo a sobrevivência dos mais aptos (selecção natural), isto é, daqueles que apresentam variações úteis e vantajosas, o alicerce da diferenciação genealógica por divergência e isolamento".[19]

Para além do impacto único que constitui para toda a ciência e para o agravamento do debate mantido com a teologia, também, como muito bem disse Antero de Quental em 1877 na carta a Germano Meireles, "o darwinismo é uma grande fonte de consolação filosófica".

Por outro lado, em termos industriais, o desenvolvimento é igualmente grande como verificamos no campo da indústria química que regista poderosos avanços ao nível dos corantes, na produção de ácido sulfúrico, distendendo-se até ao extraordinário desenvolvimento laboratorial da indústria farmacêutica, alimentadora de uma nova medicina cada vez mais ciência protectora, uma nova salvadora das doenças humanas.

---

[15] J. Baptiste Lamark (1744-1829), naturalista francês, notabilizou-se através do método dicotómico da classificação das plantas. Na Zoologia estabeleceu as bases de classificação dos invertebrados vindo a trabalhar para uma completa teoria de evolução dos seres vivos.

[16] Charles Lyel (1797-1897), geólogo escocês, combate o criacionismo defendendo que os fenómenos geológicos são semelhantes ao longo dos tempos, apenas diferindo na intensidade e duração.

[17] Alfred R. Wallace (1823-1913), naturalista inglês, efectuou diversas expedições científicas e, independentemente de Darwin, defende a ideia de selecção natural. E um dos fundadores da Geografia Geológica.

[18] Para Thomas R. Malthus (1766-1834), há um desequilíbrio significativo entre a produção de meios de subsistência dos seres vivos (que aumenta em proporção aritmética) e a reprodução dos mesmos que aumenta em proporção geométrica.

[19] Ana Leonor Pereira, Darwin em Portugal, Coimbra, Almedina, 2001, p. 28.

É também neste século que se passa da rudimentar máquina a vapor de Watt para as poderosas máquinas tractoras dos grandes comboios e conversoras dos veleiros em rápidos vapores. Podemos considerar que na sua segunda metade, o século XIX acelera o seu ritmo, passando de século do vapor para o século da electricidade, onde a visão humana é reforçada pelo novo brilho da luz de Thomas Edison (1847-1931), pelo seu fonógrafo, pela extraordinária nova proximidade e comunicabilidade proporcionadas pelo telefone de Alexander Graham Bell (1847-1931). A complexa maquinaria têxtil e suas tecedeiras automáticas, o alvorecer do motor de explosão municiador do novo automobilismo e aviação, são conquistas emblemáticas de um sustentado progresso científico e técnico que transforma, definitivamente, a cada vez mais apressada vida da humanidade.

Em termos filosóficos, entre várias personalidades, distinguiremos as influências importantes de pensadores como o alemão Friedrich Nietzsche (1844-1900), o americano William James (1842-1910) e o francês Henri Bergson (1839-1941).

Nietzsche irradiou um espectro crítico e exacerbado ao Cristianismo, colocando o Evangelho no centro da crítica de uma doutrina que considerava triste e lúgubre. Em oposição propunha a alegria e a exaltação da capacidade humana para a reconstrução de uma nova vida, realmente liderada pelo homem enquanto ser livre e construído por si próprio. Recusando liminarmente a cultura como legado a receber de forma passiva, Nietzsche declina ideias eternas, modelos ou cópias paradigmáticas. Este niilismo activo destrona a imagem de Deus substituída pelo super-homem, senhor de um Eu diferente, pleno, autónomo, capaz e auto-suficiente.

William James, um dos maiores psicólogos americanos, profundamente liberal e pragmático, pretendeu enveredar o desenvolvimento da psicologia pelo caminho das ciências naturais. Defendendo o estudo exaustivo e descritivo dos diferentes estados mentais que devem ser observados de forma absolutamente harmoniosa e desapaixonada, James não reconhece a via da metafísica para a obtenção do conhecimento. Assim, o seu pragmatismo é compreendido como teoria da verdade que funciona como elo de ligação satisfatória dos vários sectores e níveis de experiência, enquanto elemento concordante com a realidade objectiva. A sua importância resulta, pois, do avanço que o seu pensamento representa no crescimento do conhecimento renovável, aberto ao novo dado da permanente pesquisa científica.

Por seu lado, Bergson, também ele como Freud descendente de família judaica, notabilizou-se pelas suas teses de intuição filosófica e pela excelência de escrita, reconhecida com o Prémio Nobel da literatura de 1928. Estudioso do tempo interior defendia que o espírito é, por essência, intuição que livremente deverá perscrutar os seus limites longínquos de serem atingidos. Assim, diferentemente do defendido por Kant, sugeriu que para além da ciência e de todos os dados por ela conquistados existe outra forma empírica de tomar conhecimento da realidade primordial, isto é, existe a intuição. Assim, não utilizando as categorias da razão, dever-se-ia dar asas à liberdade, a uma [20]

---

[20] Relembremos uma das pedras basilares dos textos marxianos, dos mais polémicos, descontinuados e objectivos, que aborda o triângulo: homem, meios de produção, natureza: "O modo de produção da vida material condiciona o processo da vida social, política e intelectual em geral. Não é a consciência do homem que determina o seu ser, mas, pelo contrário, é o seu ser social que determina a sua consciência." K. Marx, F. Engels, Zur Kritik der Politischen Ökonomie, Berlin, Dietz Velag, 1981, p. 8.

outra observação fundada no próprio movimento das coisas e na emocionalidade aí emergente. Reconhecendo os fenómenos envolventes nas sessões de médium, a telepatia e o estudo dos sonhos, expressou reconhecimento e simpatia pela exploração encetada por Freud ao inconsciente.

Com efeito, estes autores impõem posicionamentos questionantes e deslocados de eventuais programações ou preparações do futuro, como encontramos no materialismo histórico de Karl Marx[20]. A introdução de novas problemáticas e dimensões temporais, novos dinamismos conflituais nas relações humanas, entre si e com a natureza, (onde emerge uma entidade complexa e polimórfica) agem em articulação dialéctica com um sujeito mais aberto, que se renova e potencia. A natureza transforma um homem que agora também transforma a natureza; autonomia e liberdade que levanta renovadas expectativas, responsabilidades e profundas questões ônticas que exigem respostas renovadas em cada dia.[21]

Depois das conquistas racionais da Modernidade, as consequências epistemológicas em si contidas projectam o Homem para uma nova razão munida de novo uso, ou seja, ultrapassada a "ciência" da razão mágica (quase mítica) contida no âmago das primeiras aventuras ou a razão estético-correcta do tipo renascentista, encontramos a formação e consumação de uma razão técnica, que se dirige e realiza numa natureza máquina.

Queremos, no fundo, falar de chamadas de atenção para a liberdade da crítica que, construída contra o preconceito, reabria a mente do homem a novas realidades, sempre alimentadas pela dinâmica questionante, a mais própria da existência humana. Pelo exposto, verifica-se que a atmosfera intelectual, a realidade sócio-política que se desenvolve na contemporaneidade de Freud foi sendo condimentada por influências que, de forma plena, foram crescendo com ele durante toda a vida.

Assim, confiante em si e mais próximo dos segredos de um mundo que agora é feito de horizontes rasgados e distâncias encurtadas por comunicações e transportes cada vez mais velozes, o Homem começa a sentir-se portador de uma ascendente e nova forma de triunfo agora redimensionada à escala planetária.

O futuro estava à porta, a evolução e rapidez científica tinham o destino traçado para mais uma grande aventura da história da Ciência, uma das maiores. No teatro humano a razão é a vedeta primeira que arrebata o êxito colocado em cada apresentação, progressivamente autónoma do ponto divino pois, de forma altiva, vai-se libertando do seu apoio, tal é o à-vontade que sente na sua declamação, terrena, maquinal e auto-controlada.

E, pois, algures por aqui e nesta Europa que se ouve o balbuciar do primeiro filho de Amalie Nathansohn[22], bebé portador de bom augúrio pois nascera penteado, condição de criança especial, o primeiro nos estudos e no coração materno. Assim, Scholomo Sigismund Freud[23], oriundo de família judaica, nasceu pelas 18,30 horas do dia 06 de Maio do decorrente ano de 1836.

---

[21] Lembramos como o radicalismo inerente ao dualismo cartesiano (res cogitans - res extensa) ia sendo posto em causa, enquanto arquétipo ideal do conhecimento.
[22] Amalie Nathansohn (1835-1930), a terceira mulher de Jakob Freud, cedo percebeu que o seu primogénito era uma criança especial defendo, com dificuldades económicas, os estudos do filho que, aos 17 anos entrava na universidade de Viena onde, oito anos depois, já era médico especialista de Neurologia e Neuropatologia, constituindo-se como fundamental personagem em toda a vida do filho.
[23] No fim da adolescência mudou o segundo nome para Sigmund, deixando cair o primeiro.

Estamos agora mais próximos do objectivo deste trabalho, centrado numa meditação contributiva para o estudo do impacto da obra de Sigmund Freud em Portugal. Vamos ao que deveremos atender, antes de mais, sobre a personagem.

Figura impar da ciencia e do conhecimento é, também, paradigma da coragem pelos temas que abraçou e que brilhantemente desenvolveu. Enfrentando todo o tipo de críticas profissionais e pressões sociais, com desenvoltura ímpar, deu igualmente exemplo na forma estoica como conviveu com o terrível sofrimento imposto por um cancro no maxilar que nunca o impediu de trabalhar até ao fim da sua vida fantástica.

Falar de Freud será inevitavelmente falar de incessante procura, digamos até no melhor e reforçado sentido de profanação desmedida do desconhecido. E, se existia um desconhecido verdadeiramente inovador, poderia encontrar-se no centro estruturante dessa auto-confiança residente na eufórica razão. Se o Homem se encontrava convicto de ascendência sobre o controle da natureza, controlar-se-ia a si próprio? Seria ele senhor da sua consciência, da sua vontade? Não é fácil, ao tempo e sempre, questionar os limites da razão iluminista, idealista, transcendental, dialéctica ou positivista.

Contudo, obviamente, não duvidamos que o desconhecido será sempre um eterno companheiro do Homem. Para sobreviver, ele necessita permanentemente de ser questionador da dúvida que estará sempre ao seu lado, ou melhor, fará parte integrante do seu ser, que tem como principal característica a permanente procura da resposta à última dúvida que afinal nunca se atinge, pois é sempre multiplicada em progressão geométrica sobre cada resposta conseguida.

Aliás, é esta permanente insatisfação que alimenta a utopia da existência humana, capaz de transformar o jeito em arte, a hipótese em ciência e, afinal, a funda em canhão.

A nossa necessidade de questionar é intelectualmente tão imprescindível como a de respirar, não havendo fronteiras perspectiváveis para a dúvida, essencialmente no que concerne à nossa intimidade, ao nosso interior desconhecido. Neste meio, o mais subjectivo e fugidio para a satisfação da nossa curiosidade, sempre se despertaram imensas dúvidas e mais respostas, sempre inconclusivas, nomeadamente a respeito do sono, sua necessidade para a sobrevivência e todos os fenómenos menos comuns e a ele associados como o sonho.

Se olharmos para trás, encontramos na Mesopotâmia dos 2.700 a.C., as primeiras notícias referentes ao sonho como mensageiro premonitor da vontade dos deuses, devendo os súbditos seguir os seus conteúdos. Também na Babilónia, Assíria e Egipto os sonhos são vistos como profecias celestiais, como o que teve Thutmosis IV, quando a Esfinge lhe prometeu que o tornaria rei se a limpasse de toda a areia que a enterrava até ao pescoço. Retiradas as areias, Thutmosis erigiu uma lápide entre as garras da Esfinge e tornou-se rei do Egipto. Também na Grécia antiga os sonhos são globalmente recebidos como mensagens dos deuses, como encontramos em referências de Sófocles, Eurípedes e Pitágoras que via nos pesadelos o resultado da ingestão de comida estragada. Antipho de Corintia observava os seus doentes solicitando-lhes que contassem os seus sonhos. Já Aristóteles via nos sonhos uma manifestação de carácter psicológico, pois tratavam-se de expressões da vida da alma, nomeadamente quando observou a rápida movimentação dos olhos, na fase hoje designada por REM. Depois da pausa verificada na maior parte da Idade Média encontramos pequenas referências que nos indicam que os sonhos seriam semelhantes aos de hoje.

Mas, em 1766, Franz Anton Mesmer (1734-1815), amigo de Mozart,[24] diplomado em filosofia e direito, na sua tese de doutoramento sugere que a atracção universal existente entre os corpos celestes, como referida por Kepler e Newton, poderia exercer uma influência semelhante sobre a alma e sobre o corpo humano. Para ele, os seres vivos sao portadores de um fluido universal, transferível de um corpo humano para outro através de um íman. Colocando vários doentes à volta de uma grande tina ligada a várias hastes, propunha-se magnetizá-los a fim de libertar o fluido universal bloqueado nos respectivos órgãos afectados. Logo que desencadeado este processo, os doentes eram isolados com o seu terapeuta, o que lhe foi criando um mal-estar social, invocando-se problemas de promiscuidade. Esta censura social obriga-o, em 1778, a trocar Viena por Paris de onde será expulso pelas mesmas razões, em 1784.

O seu discípulo, Armand-Marie-Jacques de Chastenet (1751-1825), marquês de Puységur, considerava a crise convulsiva do doente não como resultado final do tratamento, mas como resistência do doente ao tratamento. Assim, Puységur prolongava as sessões com os seus doentes, colocados em estado de sonambulismo, para que eles guiassem as sessões em número e quantidade necessárias até à obtenção das melhoras.

O seu aluno, Joseph Deleuse (1753-1835) estabeleceu um novo processo de comunicação através do chamado espelho magnetizador, que consistia na ritualização das sessões de sonambulismo. Deleuse colocava o doente sentado à sua frente, com os joelhos colocados entre os seus e os dedos polegares unidos durante alguns minutos, enquanto o fixava energicamente, olhos nos olhos. Depois passava as suas mãos dos ombros a descer pelo corpo do doente, muito perto mas sem lhe tocar, para passar o magnetismo e o fluido benéfico e desejado para a esperada e imediata melhoria.

Por sua vez o padre Faria[25] (17 5 6-18 1 9), dos primeiros a atribuir o sonambulismo artificial a factores psíquicos, como a concentração ou a confiança, colocou o sono no centro da sua terapia, acreditando na influência sugestiva da linguagem e no efeito da palavra do terapeuta, constituindo-se, assim, como percursor da psicoterapia verbal. Para o efeito utilizava massagens terapêuticas de relaxamento, evidenciando as propriedades analgésicas e curativas do sono assistido e induzido que favorecia a libertação das capacidades auto-curativas. Ajudando o paciente a contar os seus sonhos, encontrava neles o engano e o disfarce da verdade. Nesta fase foi igualmente conhecido e tomado como objecto de investigação, o sonho da guilhotina de Louis Alfred Maury.

Mais tarde, Ambroise Liébeault,[26] médico em Pont-Saint-Vincent, perto de Nancy, propõe à sua clientela um tratamento opcional e gratuito baseado no sono provocado por sugestão hipnótica. Através deste sono hipnótico, que permitia um isolamento sensorial parcial, propunha-se retirar as ideias patológicas aos seus doentes.

Globalmente estabelecemos, até aqui, um segundo círculo identitário e caracterizador do cenário científico vigente aquando do nascimento de Sigmund Freud, como cientista e interventor no mundo do conhecimento.

---

[24] W. Amadeus Mozart (1756-1791), genial compositor e pianista alemão, com uma vida atribulada instala-se em Viena em 1782, cidade onde, eternamente, deixa o perfume da sua música, tão inalada na sociedade contemporânea de Freud.

[25] O nosso, José Custódio de Faria, (padre Faria), nasceu em Goa (30.05.1746) e veio a falecer em Paris (20.09.1819). Dirigiu a sua actividade à investigação científica e ao aperfeiçoamento da hipnose tendo como principal obra a publicação De la Cause du Sommeil Lucide.

[26] Ambroise Auguste Liébeault (1823-1904), foi o fundador da Escola de Nancy, defendendo as virtudes do sono artificial para a obtenção das melhoras e cura das afectações psíquicas.

Conhecida a sua biografia estabeleceremos agora alguns dos seus pormenores com interesse para o respectivo enquadramento. Seu pai, Jacob Freud, nasceu no ano de 1815 na província da Galicia Oriental, Império Austro-Húngaro (Polónia), na pequena cidade de Tismenica e, a sua mãe, a já atrás referida Amalie Nathason, nasceu na mesma província em 1835.

Jacob, comerciante de las, aos 16 anos casou com Sally Kaner de quem teve dois filhos; Emanuel e Felipe, nascidos em 1832 e 1836 respectivamente. Esta sua esposa faleceu em 1852, tendo ele depois efectuado outro casamento com a jovem Rebeca, sem grande repercussões futuras.

Em 1855, casa-se então pela terceira vez e agora com Amalie Nathason, a mãe do nosso Sigmund Freud que nasceu no já referido dia seis de Maio de 1856, na pequena cidade rural de Freiberg, nordeste da Morávia (hoje República Checa), situada a 240 km de Viena. Foi para esta cidade que a família Freud se mudou em Outubro de 1859, devido às poucas posses e à crise verificada nos negócios de Jacob, entretanto já ajudado pelos seus filhos do primeiro casamento, Emanuel e Felipe, economicamente bem colocados em Inglaterra.

Na bonita capital, Viena, viveu Freud desde os seus 3 anos até 1938, um ano antes de morrer. Entretanto, o seu meio-irmão Emanuel já tinha sido pai de John em 1854 e, mais tarde, novamente pai de Paulina e Berta, nos anos de 1856 e 1859 respectivamente, o que fez com que Freud já tenha nascido como tio. Assim, Sigmund Freud foi o primeiro filho do terceiro casamento de seu pai do qual nasceram outros seis irmãos; um rapaz e cinco raparigas. Alguns comentadores e biógrafos de Freud encontram nesta peculiar rede familiar, razoes das futuras inquietações presentes na sua personalidade.

Muito devotado aos estudos e leitor compulsivo e atento, Freud graduou-se com louvor no Gymnasium aos 17 anos, idade com que ingressou na Universidade de Viena, nesse ano de 1873, cursando medicina, depois de ter considerado a via de humanidades. Só passados oito anos, em vez de cinco, terminou o curso pois distribuiu-se por diferentes actividades que, muito embora enriquecendo-o, lhe retiravam tempo e disponibilidade para os estudos de medicina. Entre estas actividades distingue-se o trabalho de pesquisa que realizou no laboratório de fisiologia de Ernst Brücke [27], mestre e grande amigo que só abandonou, já formado e a seu conselho, no ano de 1882 devido a problemas de índole económica que o impediam de avançar para o matrimónio que ansiava.

Distinguimos aqui a importante influência biomédica recebida por Freud nesta fase da sua formação. Os trabalhos que efectuou e a experiência adquirida nortearam a sua base de formação científica. Jovem e trabalhador compulsivo investe nas pesquisas histológicas que lhe desenvolvem as técnicas microscópicas, assiduamente passadas em relatório onde desenvolve a existência de unidade celular entre as espécies inferiores. Estudando o sistema nervoso como realidade dinâmica de forças contraditórias aproxima-se das ideias deterministas quanto à raiz do funcionamento da psique e, assim,

---

[27] Ernst Wilhelm von Brücke (1819-1892) positivista, efectuou a união das medicinas de laboratório e hospitalar, sendo considerado o fundador da fisiologia na Áustria. Considerando-o como insubstituível amigo e mestre, Freud estudou no seu laboratório entre 1876 e 1882, onde desenvolveu as suas capacidades científicas.

das hipóteses etiológicas que abraça. Com efeito, esta experiência fisiológica que adquiriu na investigação e interpretação do estudo funcional e interdependente dos órgãos vivos e suas correspondentes regras forneceram dados que lhe permitiram perceber os desequilíbrios provocados por diversas doenças e seus sintomas, facilitando-lhe a leitura fisiopatológica do paciente, bem como a observação de perturbações de ordem anatomoclínica, próxima das disfunções celulares, normalmente associadas a outros desequilíbrios de ordem emocional e psicológica. Na verdade, a observação celular animada com dimensionamento microscópico e correspondente possibilidade de caracterização dos tecidos celulares, constituiu forte impulso científico presente na mentalidade anatomoclínica vigente onde a célula concentra a unidade irredutível dos seres vivos e daí, a sua alteração explicar a origem da maioria das doenças.

Na verdade, os grandes avanços registados ao nível da microbiología possibilitaram a progressiva separação e reconhecimento de novos agentes causais de novas doenças, nomeadamente as contagiosas que, através do referido grande avanço registado no trabalho laboratorial, vão sendo catalogadas mediante os microorganismos envolvidos. Esta influência de índole etiopatológica foi igualmente preponderante na formação científica de Freud pois, é por esta realidade científica emergente que vai pautar a posterior tipología analítica inerente à psicanálise. A propósito destas influências, deverão salientar-se, ainda que brevemente, algumas personagens incontornáveis na abordagem à cultura científica biomédica característica destes anos de 1900. Assim, Claude Bernard (1823-1878), fundador da fisiologia moderna, defendeu a definitiva aproximação da Medicina às ciências ditas exactas (Física, Química) fundamentando o rigor metodológico e experimental na observação e interpretação dos fenómenos orgânicos. "Para Claude Bernard, a investigação laboratorial era o fundamento, o suporte científico, quer da patologia, quer da terapêutica. Desse modo, a introdução do laboratório na clínica e no trabalho de investigação foi o contributo decisivo dos fisiopatologistas oitocentistas. Despontava, assim, a mentalidade fisiopatológica que, portanto, pretendia explicar as doenças e os fenómenos orgânicos à luz da fisiologia."[28] Por sua vez, Rudolf Virchow (1821-1902) incidiu a sua investigação nos terrenos da anatomia microscópica demonstrando a existência de especificidades celulares, possuidoras de vida própria, verificada para além da dos órgãos que integram. Assim, desenvolvendo os estudos de patologia celular Virchow dá seguimento à mentalidade anatomoclínica já iniciada por Bichat. Por sua vez, os já citados Louis Pasteur (1822-1893) e Robert Koch (1843-1910), ao identificarem alguns agentes causais de doenças contagiosas, desenvolvem definitivamente a concepção microbiana de doença, constituem-se como figuras fifierais da microbiología deste século XIX. Por um lado, as descobertas da fermentação láctica das doenças contagiosas (no homem, no animal, no bicho-da-seda) e o processamento laboratorial da vacinação, da autoria de Pasteur e, por outro lado, o isolamento da bactéria da tuberculose e do micro organismo da cólera, da autoria de Koch, são avanços fundamentais na conquista de uma nova medicina social e preventiva. "Depois de Bichat ter dado início à mentalidade anatomoclínica, depois de Claude Bernard ter preconizado a laboratorização da medicina, Pasteur e Koch fizeram emergir a designada mentalidade etiopatológica segundo a qual impera a concepção microbiana

---

[28] Pita, João Rui, História da Farmácia, Minerva Coimbra, 3ª Edi., 2007, p. 211.

de doença."[29] Importantíssimos e definitivos sao os progressos deste século que, como vemos, marcarão o seu presente e todo o futuro da saúde e do correspondente equilíbrio das organizações sociais e clínicas sucedâneas, nomeadamente ao nível do enquadramento científico em crescimento, como aconteceu no processo formativo de Freud.

Assim, e como já vimos, desenvolvida a sua experiência no laboratório de Brücke e logo que recém-formado foi trabalhar como interno no Flospital Geral de Viena, onde foi excelente neurologista e destacado elemento do serviço de neuropatologia do Dr. Scholz. Em 1885, com 29 anos, foi designado professor desta disciplina de neuropatologia, podendo-se já aqui notar um início de consagração do novo cientista. Interessado pelo estudo da histeria conseguiu ir, entre Outubro de 1885 e Março de 1886, estagiar com o famoso Dr. Charcot no Hospital de La Salpetiere, em Paris. Ai, aprendeu com o mestre como a histeria podia ser provocada, diferenciada de condições neurológicas e até removida por meio da hipnose, sistema mal visto no meio académico de Viena. Voltou a França, à cidade de Nancy, em 1889 a fim de aperfeiçoar a sua técnica de sugestão hipnótica com Liébeault e Bernheim[30], conhecidos pelas suas capacidades nesta polémica área da hipnose.

A 25 de Abril de 1886, abriu o seu primeiro consultório (Rthausstrasse, 7) o que lhe permitiu finalmente e em termos económicos, casar com a sua prometida e amada Marta Bernays. Deste feliz casamento teve seis filhos; Mathilde (1887), Jean Martin (1889), Olivier (1891), Ernst (1892), Sophie (1893) e, Ana (1895), a conhecida Ana Freud, a única que lhe seguiu os passos.

Até 1891 morou na Maria Theresienstrasse - 8, mudando-se depois para o conhecido endereço da Bergasse — 19, de onde só sairia para viver em Londres, em 1938 pressionado pela invasão e perseguição nazi.

uA Áustria é a minha Pátria, respondia, nela devo permanecer".

A esta vontade férrea contrapunham os amigos fiéis que não era ele que abandonava a Pátria, mas o contrário, citando o oficial do Titanic quando respondia à comissão de inquérito que o acusava de não morrer no seu navio; "não abandonei o navio, foi o navio que me abandonou". E esta a vontade e o cenário com que se depara Sigmund Freud, na Primavera de 1938, quando regressava a casa do tratamento bissemanal que efectuava ao cancro do maxilar de que padecia há quinze anos. A Gestapo à porta, passaporte confiscado pelo regime nazi que ainda lhe exigia um resgate, tudo isto já depois de, em 1933, lhe terem queimado os livros ("pornográfica especialidade judia") em praça pública. Cansado, com oitenta e um anos mas intelectualmente activo, Freud aceitou a ajuda dos seus amigos. Mudou-se para Londres, depois da necessária intervenção do presidente Roosevelt perante a embaixada alemã nos EUA e o pagamento de resgate no valor de 250 mil xelins, oferecido pela amiga e esposa do rei Jorge da Grécia, a princesa Maria Bonaparte.

"Estava resgatado finalmente o homem que vivera resolutamente, quase heroicamente, uma das vidas mais fecundas e prodigiosas da humanidade. Estava salvo para morrer livre, cerca de um ano depois, a 23 de Setembro de 1939, entre as flores que tanto amou no seu jardim de Hampstead, em Londres. O seu corpo foi cremado, sem

---

[29] Idem, Ibidem, pp. 213 e 214.
[30] Hippolyte Bernheim (1840-1919), psicólogo francês, co-fundador de Escola de Nancy com Liébeault, escreveu De la Suggestion onde defende a sugestão como elemento primordial do processo hipnótico.

nenhuma cerimónia fúnebre e as cinzas depositadas num vaso etrusco de 2200 anos, que figurava na sua colecção de antiguidades".[31] (1)

## 3. Contexto Nacional

Entretanto, como se foi vivendo o bulício europeu destes tempos em Portugal? Como foram vividas as alterações sociais, políticas, e os desafios culturais?

Como vimos, nos finais do see. XIX e no início do séc. XX o Mundo e a Europa sao globalmente marcados pelo fim da civilização liberal, acelerado pelo início da primeira Grande Guerra[32] que, no entanto, não travou a definitiva emergência do progresso que foi merecendo alargado consenso. Todavia o parlamentarismo e a aprofundada crença no diálogo conciliador rapidamente foram ultrapassados pelas lógicas do poder bruto. Depois da guerra a violência tomou conta da lógica política. A Itália de Mussolini criava formas, a Alemanha de Hitler ia-se adivinhando em Portugal que, depois da participação no primeiro grande conflito, se escondia numa neutralidade dúbia mas cómoda para a altura.

Verifiquemos alguns pormenores identitários da realidade portuguesa da época em que se regista uma continuada degradação do regime monárquico e onde a democracia parlamentar falha como solução ou atenuação da pressão republicana que, a cada dia, aumentava.

Com o desenvolvimento político gerado pelo governo de João Franco e o assassinato perpetrado em 1908 contra o rei D. Carlos, o país centra-se na proclamação da República em Portugal, logo seguida da acidulada separação registada entre Estado e Igreja, em 1911. Acentuando-se a vertente cultural que distinguimos, invocam-se desde já quatro elementos identificadores do futuro próximo: a formação da Renascença Portuguesa, em1915 a publicação do primeiro número da revista Orpheu, em 1917 são noticiadas as primeiras aparições em Fátima e em 1921 começa a publicação da revista Seara Nova.

Verifiquemos que, neste início do século XX, ao nível do conhecimento e do ensino superior o país registava, até à implantação da República, um único Sol, polo de todo o conhecimento: a Universidade de Coimbra. Mantida sob estruturas institucionais tradicionalistas onde a Faculdade de Direito[33] imperava, foi balançando entre o dinamismo e o estrangulamento da cultura, isto é, se por um lado albergava e alimentava movimentos e professores que fecundavam a inovação científica e política, também se foi arrastando num prolongado tempo de status quo tradicionalista. A monarquia parlamentar não controlava a quietude intelectual, novas personagens vão surgindo,

---

[31] Freud, O Resgatado, Semana Médica, 6:281 (1964) 1; 16.

[32] Entre 1914-18, cerca de 50 mil portugueses conviveram directamente com as metralhadoras, o gás, os bombardeamentos e todas as novidades de destruição maciça utilizada nesta primeira Grande Guerra. Os que ficaram em casa experimentaram os limites da resistência às epidemias e à fome. Entre o final do séc. XIX e o princípio do séc. XX Portugal registou a saída de cerca de 1/5 da sua população, isto é, mais de 1 milhão de emigrantes procuraram, essencialmente, o sonho americano.

[33] Por esta altura a Faculdade de Direito registava um número de alunos superior ao da soma das restantes faculdades.

novas bases científicas e políticas vão moldando o futuro. Assim, lentas mas reais alterações vao sendo incorporadas por novos personagens e docentes[34] que se vao distinguindo num complexificado puzzle sociopolítico. Do cientismo ao positivismo, do republicanismo ao socialismo, vai o pensamento e a atitude política portuguesa receber influencias e saudáveis desvios.

Depois de inúmeros desgastes provenientes das mais díspares origens, da auto-degradação verificada na Casa Real às acções da Carbonária Portuguesa, em 5 de Outubro de 1910 o Partido Republicano Português instaurou o novo regime que cedo deu sinais de debilidade expressa em golpismos políticos agravados pela eclosão da primeira Grande Guerra (1914-18). Da eleição de Manuel de Arriaga, em Agosto de 1911, até a sua resignação e posterior eleição de Bernardino Machado, 4 anos depois, surge a intermitente presidência de Teófilo Braga, eminente professor universitário, escritor e ideólogo[35]. Entretanto, com dificuldades, Portugal entra na guerra e dela sai, já em ditadura sidonista, pleno de inconsequentes paixões e contradições profundas. Inúmeras e frustradas procuras de equilíbrio político económico e social, tentadas pela República Liberal, foram caindo até ao golpe militar 28 de Maio de 1926, berço da ditadura militar que se seguiria.[36]

Com efeito, a República não teve tempo nem estruturação para tomar atempadas medidas que alterassem o pequeno ritmo da economia portuguesa. A instabilidade política, o envolvimento na Guerra, a fuga de capitais, a emigração e o galopante aumento do custo de vida ofuscaram a esperança criada e aumentaram as dificuldades portuguesas onde, um efectivo combate ao analfabetismo e o estabelecimento de reformas globais no ensino foram excepção. O rosário de boas intenções não decorreu em obra, a agricultura manteve-se pobre e pouco intensa, a indústria consagrou a greve numa política de benefício preferencial das massas urbanas. Na verdade, da propaganda efectuada na oposição, pouca obra aproximou os portugueses da prometida resolução dos problemas já existentes.

Entretanto, Óscar Carmona era já um nome introdutório de um novo estilo de política ditatorial. Quase sem dar por isso, Portugal entra na era Oliveira Salazar. Acérrimamente determinado, cedo desenvolveu um novo estilo de carisma construído

---

[34] Entre outros exemplos podemos referenciar nomes de docentes de Coimbra como Afonso Costa (1871-1937), professor de direito, viria a ser uma das grandes figuras da Iª República, entrou para o parlamento em 1900 vindo a ser, entre 1913 e 18, primeiro ministro e ministro das finanças. Bernardino Machado (1831-1944), igualmente professor de direito, veio a ser Presidente da República. Sidónio Pais (1872-1918) professor das matemáticas e deputado, veio também a ser Presidente da República.

[35] Joaquim Teófilo Braga (1843-1924), cursando direito em Coimbra, viveu intensamente o seu efervescente tempo e as polémicas da "Questão Coimbrã". Cultor de grande actividade intelectual e literária, notabilizou-se na propaganda das ideias republicanas, socializantes e profundamente anticlericais. «Em fins de 1865, escrevendo à sua namorada, Teófilo prefigura já o implacável anticlericalismo da sua maturidade: "O padre há-de ser sempre uma sombra que se não dissipa nem à força de muita luz; envolve-nos, deixa--nos na solidão de nós mesmos, no tédio do vazio, quando a alegria transpira e ri lá fora por toda a parte; torna-nos pouco a pouco a vida um remorso, a esperança um nada impalpável, porque só no-la prometem para além campa."» Homem, A. Carvalho, A Ideia Republicana em Portugal, o Contributo de Teófilo Braga, Edi. Minerva, Coimbra, 1989, p. 172.

[36] Nove anos e quinze dias após o identificado primeiro aparecimento de Nossa Senhora na Cova da Iria em Fátima.

de sábia timidez provinciana[37], pensativo recolhimento direccionado para o bem público, temperado com acentuado estilo de vida simples, saboreada num país defendido pela providência divina[38]. Este novo líder, em 1930, profere um discurso histórico onde define os contornos político-ideológicos do novo curso da nossa vida colectiva.

Durante estes anos 30 apresenta-se já a estrutura modelar do sistema económico de Salazar, baseado na estabilidade acérrimamente defendida com a constante procura de auto-suficiência, reforçada com a realidade colonial, no nacionalismo económico, protector do mercado nacional e no intervencionismo do Estado, disciplinando as contas, as exportações e, naturalmente, os sindicatos. Uma das principais bandeiras e fórmulas publicitárias do Estado Novo centrava-se nesta Lição de Salazar que, com o equilíbrio financeiro acreditado internacionalmente fazia aumentar as, posteriormente famosas, reservas de ouro que, como se veria, dramaticamente cresceriam ao ritmo do analfabetismo e iliteracia nacionais.

Mas, de leste já sopram as brisas dos discursos de Lenine e, antes que se transformem em ciclónicos ventos socialistas portadores de tragédia, Salazar, como defensor divino, fecha as janelas do país e esconde-o do mundo exterior. Devido à guerra civil espanhola, estas ameaças sao ainda mais acauteladas a partir de 1936, situação reforçada durante o desenrolar da Segunda Grande Guerra. Hitler e outras figuras proeminentes do tempo bélico sao distanciadas da crítica e veladamente interpretadas com passiva simpatia. A nossa neutralidade, compatível com a fidelidade à aliança britânica, foi acérrimamente defendida e, a nao intervenção na guerra tudo justificou. A crise e agitação social decorrentes da Segunda Grande Guerra em si e das depauperadas condições de vida, embora tão evidentes, não alteraram o detentor do poder.

Quem não trauteie e pratique lemas como tudo pela Nação, nada contra a Nação sofrerá os desígnios da polícia política, as prisões, torturas ou a morte. Caxias ou Tarrafal são santuários, próximo e longínquo, do sofrimento pela liberdade.

A Mocidade Portuguesa e sua saudação de braço no ar tratavam o futuro com o carinho do eternizável. Mas, a vitória dos Aliados e a futura candidatura de Humberto Delgado para a presidência da república, posta em apreço eleitoral em 1949, anunciam outros tempos que ainda hão-de vir.

---

[37] "Em 1935 o Notícias Ilustrado dedica, em dois números seguidos, vários artigos ao quotidiano universitário de Salazar, intitulados «Salazar, modesto cidadão de Coimbra». Escolhemos este título porque ele nos dá a indicação significativa para caracterizar uma imagem que é representada pelo próprio Salazar e pelos seus contemporâneos. E através dela pretendemos passar para outra ideia fundamental: o Estado Novo resulta em grande parte dessa imagem de modéstia e também de uma cultura e de uma ideologia que Salazar colheu em Coimbra, embora tivesse partido do Vimieiro, sua terra natal...", Torgal, Luís Reis, A Universidade e o Estado Novo Minerva, Coimbra, 1999, p. 51.

[38] "A mitificação desse povo...entra pouco a pouco no movimento geral da sociedade portuguesa, atingindo com o Estado Novo o estádio supremo da mistificação que é também automistificação, promovido como o foi sob o antigo regime o álibi de um culturalismo folclorizante, hipernacionalista, que por vezes chegou a ter um inegável carácter «populista», senão popular. Não foi por acaso que o seu único mas extraordinário filho ideológico, Salazar, se auto definiu num dia de imodéstia sublimada, como «pobre, filho dos pobres». Jamais dirigente algum soubera encontrar uma tão genial fórmula de identificação mítica com uma sensibilidade nacional filha e herdeira de séculos de pobreza verdadeira, cristãmente vivida como regenerante espiritualidade...", Lourenço, Eduardo, O Labirinto da Saudade, 3ª Edi. Gradiva, Lisboa, 2004, pp. 58 e 59.

Entretanto, fora do estrito político mas sempre na vanguarda está a arte e a literatura. Nomes como Almada Negreiros (1893-1970), Fernando Pessoa (1888-1935) constituem-se como os de figuras ímpares e proeminentes do modernismo. Com eles estão futuristas como o grande amigo de Pessoa, o poeta Mário de Sá Carneiro (1890--1916) ou o pintor Amadeu de Sousa Cardoso (1887-1918),[39] personagens fulcrais da cultura portuguesa que, com muita arte, foram comentando e documentando o seu País[40]. A força das suas obras vai-se alastrando como emblemáticas luzes que, brilhando, iluminam um crescente espaço estético e cultural que se abrirá noutros caminhos para o conhecimento em liberdade. Portugal, lentamente, alterava-se.

A marca da crise religiosa e cultural destes inícios do sec. XX encontra-se no génio anti-positivista do romântico Teixeira de Pascoais (1877-1952) onde uma saudade cósmica é pensada no mais puro mistério do ser português. O criacionismo de Leonardo Coimbra colocou inovadoras interpretações tendentes à prática de maior liberdade no pensamento e no ensino. A sua penetrante análise da ciência do tempo, tendo em vista as personalidades de Galileu, Newton e Einstein, configura a dimensão deste pensador que, descontente com o poder que serviu, viria a assinalar a sua integração à esquerda política (MED) em 1925.

Por sua vez, o idealismo de António Sérgio (1883-1969), um dos maiores pensadores e filósofos portugueses, constitui fundamental marco da reflexão portuguesa pós implantação da República. Contra tudo e todos, como fazia questão de lembrar, defendeu a filosofia de Platão, Descartes e Kant como elementos criativos do intelecto humano na procura da resposta existente entre o imediato e a actividade criadora do intelecto que se reencontra consigo na ciência, ascese dos tempos modernos. Diferente do saudosismo republicano de Teixeira de Pascoais, possuía da Europa uma visão de pátria da modernidade e o seu idealismo racionalista conduziria a cultura como o caminho do bem, o único que aproximaria o cidadão dos valores e princípios da democracia.[41] Também o grupo da revista Seara Nova, com quem veio a colaborar, se distinguiu pelas importantes publicações conseguidas no caminho de abertura às mais variadas áreas ideológicas e políticas vindo, igualmente, a constituir-se como verdadeira frente intelectual contra o sistema. Entre outros, encontramos os nomes de Raul Brandão, Jaime Cortesão, Aquilino Ribeiro, Raul Proença e, mais tarde João de Barros ou Jorge de Sena que são personalidades fundamentais na interpretação do Portugal culturalmente rico e simultaneamente ávido de liberdade e maior acesso ao conhecimento europeu e mundial.

Igualmente nas ciências em geral mas, na medicina em especial, vão-se registando evoluções progressivamente notórias. No cruzamento dos séculos regista-se a obra de algumas personalidades como a de José Tomás de Sousa Martins (1843-1897), lente

---

[39] Entre 1912 e 13 realiza-se, no Grémio Literário, uma exposição de humoristas reveladora de novos talentos da pintura como Almada Negreiros ou Jorge Barradas. O futurismo, o modernismo e o humorismo vão fundindo vários nomes importantes como Amadeu Sousa Cardoso, Santa-Rita, Almada Negreiros e Stuart Carvalhais, personagens fundamentais na compreensão da cultura e mentalidade portuguesas.

[40] É fundamental verificar a importância de inúmeras publicações que foram compaginando o fulgor da crítica e da afirmação vanguardista de teor modernista. Orpheu, Centauro, Portugal Futurista, Athena e posteriormente a Presença, são exemplos concludentes da melhor produção cultural da época.

[41] "Sermos cultos, em resumo, é sermos capazes de encontrar o bem na espiritualidade do ser pensante." Ensaios I.

da Faculdade de Medicina de Lisboa, relator da Farmacopeia Portuguesa de 1876, que se celebrizou pela sua excepcional cultura e manancial de invulgares capacidades, ainda hoje bem lembradas. Igualmente Manuel Bento de Sousa (1835-1899), professor de Anatomia e Clínica Cirúrgica e presidente da Sociedade das Ciências Médicas, foi cirurgião de grande prestígio e nomeada.[42] Também Luís da Câmara Pestana (1863--1899), cirurgião de prestígio, estudou Bacteriologia no Instituto Pasteur de Paris, vindo a fundar em Lisboa o Instituto Bacteriológico. Especialista destas matérias, veio a falecer na sequência do combate que travava contra a epidemia de peste que deflagrara na cidade do Porto.

Com a tendência reformadora decorrente da Iª República, acentuam-se melhoramentos na dinâmica dos serviços de saúde onde a aglutinação dos Hospitais Civis de Lisboa, impulsionados pelo famoso cirurgião José Curry da Câmara Cabral (1844--1920), são bom exemplo. O ensino e a prática médica foram-se aperfeiçoando em serviços centralizados de internato apoiado por figuras emblemáticas em competência e capacidade. Lembramos o exemplo de Aníbal de Castro (1880-1952), um dos mais notáveis médicos e fazedor de escola do seu tempo bem como Abel Salazar (1889--1946), professor de Histologia e notável investigador que igualmente produziu obra de vulto no campo das artes plásticas hoje patentes na sua Casa Museu. A propósito, é da maior importância registar o papel fundamental na criação progressiva de escolas que, para além do sentido estrito, também registaram preponderância no aglutinar de discípulos que, em torno dos respectivos mestres, desenvolveram técnicas e estruturaram conhecimentos e conquistas fundamentais para o progresso da ciência médica pois, "...a criação das escolas Médicas foi o fermento que permitiu o florescimento da nossa medicina a partir dos meados do séc. XIX."[43]

Fernando Bissaya Barreto (1886-1974), professor catedrático da Universidade de Coimbra, foi mais um brilhante académico dedicado a obras paralelas da maior importância ao nível da Assistência e Saúde Pública, na luta antituberculosa, introduzindo o Serviço Social em Coimbra, as Casas da Criança, a Escola de Enfermagem, promovendo a concepção do Centro Hospitalar de Coimbra e posteriormente a sua Fundação dedicada à solidariedade social. No domínio da Psiquiatria promoveu a criação dos Hospitais de Sobral Cid e do Lorvão.

Assim, e no mesmo sentido, a legalização da Ordem dos Médicos, registada em 1938, legítima herdeira da Associação dos Médicos Portugueses, (fundada em 1898) contribuiu decididamente para o fortalecimento do presente e futuro conceito de classe, tendente à sua global harmonização do espírito ético e deontológico, bem como para preservar e promover a consolidação científica. O seu primeiro bastonário, Elysio de Moura (1877-1977), pelo seu saber e obra é um bom exemplo dos critérios de excelência que se pretendiam fomentar na actividade médica, cada vez mais direccionada para as questões de saúde, vista como parte plural da superior questão da higiene pública, como acérrimamente defendeu Ricardo Jorge (1858-1039).

---

[42] Aquando da sua morte, Miguel Bombarda teceu-lhe os seguintes elogios: "Nesta hora em que finda o século que vivemos, extingue-se o homem que é a sua mais gigante glória na Medicina portuguesa." Macedo, Manuel Machado, História da Medicina Portuguesa no século XX, Edi. Correios de Portugal, 2000, Lisboa, p. 20.

[43] Costa, Jaime Celestino, Um Certo Conceito de Medicina, Gradiva, Lisboa, 2001. p. 41.

Neste sentido, igualmente ao nível das afectações mentais e do estudo envolvente da mente humana, regista-se a presença de nomes incontornáveis como Miguel Bombarda (1851-1910)[44], o seu sucessor na cadeira de Psiquiatria, Júlio de Matos (1856- -1922), que teve como Iº assistente na cadeira de Psiquiatria Francisco Puolido Valente (1884-1963), insigne professor da chamada Escola de Lisboa, a quem se deve uma das mais notáveis gerações de discípulos.[45]

Mas, o mais sonante caminho foi o percorrido por António Caetano de Abreu Freire Egas Moniz (1874-1955), professor de Neurologia em Lisboa que, provindo de Coimbra, realizou obra notável na pesquisa e no tratamento neurológico, psiquiátrico e psíquico. Coadjuvado pelo imprescindível Pedro de Almeida Lima (1903-1985), descobriu a visualização das artérias cerebrais (angiografia) e, posteriormente, a leucotomia pré- -frontal para tratamento de doenças psiquiátricas, feito que lhe valeu o Prémio Nobel de 1949, como à frente veremos mais detalhadamente.

As iniciativas, conquistas e obras destes e tantos outros eméritos cientistas, eram descritas e confrontadas em inúmeras publicações de foro médico. Destas, destacamos A Medicina Contemporânea dirigida por Miguel Bombarda, Coimbra Médica, fundada por Augusto Rocha, O Médico, dirigido por Mário Cardia, Jornal do Médico, dirigido por Armando Pombal, Notícias Médicas, dirigido por José Reis e as duas publicações dirigidas pela Ordem dos Médicos: Revista da Ordem dos Médicos e Acta Médica Portuguesa. Estas publicações, que muito contribuíram para o prestígio e a confiança da ciência médica, constituíram veículo informativo fundamental e é também por elas que, como a seguir veremos, vão surgindo alguns ecos e reacções de recepção da obra freudiana. Para além da sua especificidade e, por se tratarem de publicações de carácter eminentemente científico, estavam menos sujeitas ao azul do lápis censor.

E pois neste Portugal social, política e cientificamente centrado em si que nos vão surgir os primeiros ecos da obra freudiana. Depois do idílico espaço da Iª República, Portugal fecha-se após o 28 de Maio, carregando um fardo com peso aumentado no tempo que lhe foi minando a capacidade de abertura ao novo e, sobretudo, ao polémico, normalmente intitulado e instituído como subversivo.

Os tempos e os modos não apontavam para a inovação que não se subjugasse ao status-quo instituído pelo regime político, senhor do bom-nome e das boas práticas morais e religiosas, próprias de um país de gente de bem. E já neste contexto que é lançado o primeiro livro de Freud em Portugal, estávamos em 1932. Intitulado Sexualidade, correspondia ao original Três Ensaios Sobre a Teoria da Sexualidade, onde a sua editora, Ática, através do tradutor, Osório de Oliveira, na "nota explicativa da intenção do autor" como que se desculpa por ter avançado para tal empreendimento pois, "entendemos que das suas teorias resulta um verdadeiro pan-sexualismo. Ora isso vem contrariar a nossa concepção espiritual da vida, filha do platonismo, do cristianismo e do romantismo.

---

[44] Notável paladino da República, foi barbaramente assassinado no seu consultório precisamente no dia anterior à queda da Monarquia.

[45] Convém lembrar que alguns dos citados como Abel Salazar ou Pulido Valente foram perseguidos politicamente pelo Estado Novo, reforçando as dificuldades dos cientistas. "Em 1947 demitiram-se professores da Universidade com pretextos políticos inacreditáveis e quebra-se em Lisboa o período áureo iniciado em 1911. A Faculdade de Medicina não mais voltaria ao prestígio anterior nem iria recompor-se: por uma porta saíram professores eminentes e por outra entraram o medo e a mediocridade." Idem Jaime Costa, Ibidem, pp. 42, 43.

Se as teorias freudianas, sobre sexualidade infantil, contrariam, ofendem, e magoam mesmo a nossa sensibilidade moral, o que é certo é que a elas devemos uma parcela de verdade". A contradição contida no exposto identifica-nos com o atrás descrito. Os ambientes sócio-cultural e religioso invadiam a questão científica que, embora válida, poderia magoar a "sensibilidade". Naturalmente atentos aos valores das épocas, não podemos confundir a interpretação e a geração de 30 com a contemporânea, mas fica clara a necessidade de justificação para conteúdos que roçavam os poderes da censura como viria a acontecer com trabalhos a seguir abordados que, prematuramente, se viram acantonados na trincheira do estritamente científico e, assim, proibidos no mercado normal de acesso.

Essencialmente através das condicionantes expressas se explica a abordagem selectiva dos temas freudianos em Portugal, reservada aos mais atentos e afoitos homens de ciência que, por vezes temerariamente, escolheram a temática psicanalítica como epicentro dos seus trabalhos e publicações.

Como a seguir veremos, embora não estritamente confinada a uma elite intelectual e científica, o tema Freud é, em Portugal, tratado de forma restrita e em ambiente académico que, só por via de algumas excepcionais personalidades da nossa ciência se vai divulgando e espraiando nas vias da utilidade clínica e terapêutica e, por isso, mais útil e mais aberta à sociedade.

Identificar as principais evidências e repercussões do trabalho de Sigmund Freud em Portugal, centradas entre os anos de 1900 com tudo que envolveu este início de século e os anos de 1936, centésimo aniversário do seu nascimento, são o conteúdo do nosso propósito.

A forma de proximidade dialogante com o texto original dos diferentes autores pretende, acima de tudo, a manutenção estrita e histórica dos referidos conteúdos pois, são eles na sua essência, a documentação fulcral deste tema e o centro deste trabalho.

# CAPÍTULO I

A Recepção de Freud em Portugal

## 1. Egas Moniz (1874-1955) - Pioneiro da Psicanálise em Portugal

Nascido em Avança, Estarreja, em 29 de Novembro de 1874, António Caetano de Abreu Egas Moniz foi um cientista e investigador de dimensão mundial que, no seu pequeno país, produziu uma vasta obra impregnada de constante dinamismo e irrequietude genial, própria das figuras ímpares que nunca vacilam perante a dificuldade, a tradição ou o conformismo latentes. Ultrapassando as limitações financeiras e informativas comuns na sua terra, lutou exaustivamente pelo seu reconhecimento internacional, provando que Portugal pode ombrear sempre com os melhores.

Pragmático, ambicioso, criativo, requintado e grande empreendedor, sagrou-se como responsável por inovadora visão da patologia mental. Reconhecendo os modelos anatómicos das funções mentais, investigou a actividade do cérebro vindo a atingir a sua visualização através da descoberta da angiografia cerebral. Este marco fundamental na evolução da actividade diagnóstica virá a ser percursor da neurociência moderna. Na sequência destes árduos trabalhos, desprovidos de qualquer incentivo ou apoio estatal, atingiu a maior inovação na terapêutica psiquiátrica carecida, na altura, de apoio psicofármaco desenvolvido: a leucotomia pré-frontal. Esta técnica cirúrgica foi considerada como método eleito e capaz no tratamento de patologias mentais. Estas conquistas valeram reconhecido e premiado mérito.

Assim, a atribuição do Prémio de Oslo pela invenção da angiografia cerebral em 1945 e a do Prémio Nobel da Medicina e Fisiologia pela descoberta da leucotomia pré-frontal em 1949, constituem corolário de uma carreira ímpar e o garante do lugar que, com grande mérito, conquistou na história da medicina onde apaixonadamente deixou escola.

Licenciado em medicina pela Universidade de Coimbra em 1900[46], Egas Moniz desde cedo manifestou as suas extraordinárias capacidades e especial gosto por matérias

---

[46] Egas Moniz sempre manteve o amor e o culto do estudante e académico de Coimbra. Já depois de galardoado com o Prémio Nobel, na conferência dedicada ao tema Coimbra, Nobre Cidade, disse: "Na nossa vida há sempre um grande momento de ventura! O meu foi ser estudante de Coimbraî/Coimbra é a acrópole do meu e do vosso tempo. Aqui respira-se a atmosfera da cultura nas suas variadas formas." In: Estudos do Século XX, Ciência e Poder, n.º 5 (2005), Coimbra, Ariadne Editora, p. 13 e p. 32.

tidas como inconvenientes pela moral da época, doutorando-se no ano seguinte com a defesa da tese Vida Sexual, matéria que comporia mais tarde uma das suas principais obras onde abordaria as inerentes vertentes fisiológica e patológica. Censurado pelo regime político vigente, este corajoso e polémico livro a tudo resistiu como provam as suas inúmeras edições[47]. Como especialmente refere no seu livro Confidências de um Investigador, combateu o ambiente de estagnação universitária com muito trabalho científico que sempre conduziu com perseverança e método.[48]

Após a decisiva descoberta dos raios X[49] e depois de ultrapassada uma passagem menos conseguida pela vida política[50] que muito o ocupou, Egas Moniz deu passos decisivos na sua carreira científica com a descoberta da angiografia cerebral em 1927, tornando possível a visualização sanguínea do cérebro através de complexa teia de contrastes radiológicos. Este feito, que rapidamente revolucionou a capacidade diagnóstica da época, projectou-o para outras fronteiras nomeadamente ao nível da superação das poucas capacidades verificadas no tratamento das doenças mentais.

Conhecedor e admirador das descobertas de Ramón Y Cajal[51], obra e personalidade em que encontrou inspiração motivadora, norteou o seu trabalho investigativo na direcção e continuidade do Mestre espanhol em quem sempre se fundamentou.[52] Na verdade, as conquistas conseguidas no âmbito do conhecimento morfológico do cérebro, do neurónio e da sinapse consagraram-se como plataformas científicas impulsionadoras da investigação moniziana, especialmente dirigida para a procura das bases orgânicas do pensamento e respectivas perturbações.

[47] "Concluído o Curso médico com altas classificações preconizava-se um futuro brilhante. Era necessário elaborar uma tese para ter acesso à carreira docente. Revelou-se neste ponto a coragem e o atrevimento na escolha do tema, reveladoras já do sentimento da novidade. Apresentar à conservadora academia de Coimbra, no início do século XX, uma tese sobre "A Vida Sexual" é sem dúvida o gosto por estar à frente do seu tempo. Embora este texto tenha sido posteriormente editado e sido objecto de 16 edições, que foram sendo melhoradas, a venda nao era livre, sendo necessária uma autorização médica para comprar o livro". Caldas, Alexandre Castro, "Egas Moniz - Fundador de uma Escola de Investigação", In: Estudos do Século XX, Ciência, Saúde e Poder, n.º 5 (2005), Coimbra, Ariadne Editora, pp. 46 e 47.

[48] "O tempo da dialéctica estéril passou. Hoje, o professor tem outras obrigações a cumprir, novas iniciativas a tomar, inéditas aspirações a propor aos seus colaboradores, esforçando-se por alcançar, na assiduidade dum trabalho bem condensado, novas aquisições." Moniz, Egas, Confidências de Um Investigador Científico, Edições Ática, Lisboa, 1949, p. 21.

[49] Descoberta efectuada pelo físico alemão, (l.º prémio Nobel da Física em 1901) Wilhelm Conrad Roentgen (1845-1923), em 1895.

[50] Na conturbada passagem da monarquia para a l.ª República, Egas Moniz interveio com notoriedade na vida política nacional vindo a fundar o Partido Centrista em 1917, empenhado na defesa de medidas de tom liberal reformista conducentes à preservação e reforço da união que deveria existir entre o capital e o trabalho. Neste ano foi embaixador de Portugal em Madrid e no seguinte foi nomeado ministro dos negócios estrangeiros.

[51] Santiago Ramón y Cajal (1852-1934), histologista espanhol, recebeu o Prémio Nobel da Fisiologia e Medicina em 1906. Estudioso da estrutura fina do sistema nervoso central, postulou que este é constituído por estrutura interligada composta por biliões de neurónios distintos dispostos em teia contínua que estabelecem comunicação entre si através de ligações específicas, as designadas sinapses.

[52] "Muito ligado às doutrinas de Ramón Y Cajal, firmado na noção das conexões das células nervosas, reflecti muitas vezes sobre a génese da actividade psíquica normal e patológica na sua interdependência com a actividade neuronal. Os influxos atravessam constantemente os neurónios seguindo pelas fibrilhas; e nas sinapses produzem-se alterações, por sua vez projectadas em muitas outras células." Alocução de Egas Moniz referente à leucotomia pré-frontal, proferida no Congresso de Psicocirurgia de Lisboa em 3 de Agosto de 1949. Confidências de Um Investigador Científico, pp. 559 e 560.

Assim, dentro das doutrinas neo-maltusianas e indiciando princípios organicistas que apontavam os distúrbios funcionais orgânicos como causa principal das doenças mentais, apontou a sua investigação para as lesões cerebrais, esforço coroado com a descoberta da leucotomia pré-frontal[53] como forma de tratamento de determinado tipo de psicoses, conseguido com o corte de fibras inter ligadoras de neurónios activos. Neste percurso psicocirúrgico, mais padronizado a partir de 1935, foi constituindo um crescente grupo de discípulos que poderá ser considerado como escola de neurologia donde sobressairá o seu mais próximo colaborador, o cirurgião Almeida Lima, que muito o ajudou a superar as dificuldades impostas pelo reumatismo gotoso que toda a vida, desde os 24 anos, sofridamente o apoquentou.

Longe de merecer a consensualidade, a leucotomia levantou polémicas de ordem ética, científica e política a que o seu criador respondeu com uma sólida imagem pública e com a difusão do carácter rigoroso e científico presente em todo o seu trabalho, diferente de variantes[54] criadas após o entusiasmo registado pelas inovações e expectativas de êxito científico e mediático, previsíveis e correspondentes à dimensão inovadora de um Prémio Nobel.

Na aventura única em que transformou a sua vida, plena de fruição intelectual e de são convívio que tanto prezava encontramos, para além do médico cientista e pedagogo, uma personalidade dotada de especial sensibilidade artística e estética, atributos exemplificáveis no primor patenteado pela Casa Museu Egas Moniz, repleta de raridades peculiarmente enriquecidas em história e sentido adquirido no quotidiano e esmerado convívio do nosso cientista. Capaz das mais realizadas e fortes experiências, consumadas em áreas bem diferenciadas como a empresarial[55], a consultiva, a política e especialmente a escrita onde por excelência expressou a sua inteligência criativa e grande cultura universal, consolidou obra única. Com efeito, estes predicados tornam-se bem evidentes na quantidade e qualidade dos livros que publicou onde a escrita é, sempre que possível, arte e emoção[56].

---

[53] Corte físico, perpetrado pelo leucótomo, (instrumento cortante, criado para o efeito e semelhante a agulha grande) de pequena esfera da substância branca constituída por fibras de ligação entre os neurónios localizados nos lobos pré-frontais onde, admitia, situar-se o comando da actividade psíquica.

[54] Referimo-nos à lobotomia, técnica agressiva e deturpadora da inovação moniziana. Praticada em série, consistia no rápido acesso transorbital, sem trepanação, consumado por objecto contundente (tipo quebra-gêlo) dirigido ao lobo pré-frontal e efectuado sob anestesia local. Este método foi essencialmente praticado e desenvolvido pelo ambicioso neurologista americano Walter J. Freeman (1895-1972). Admirador de Egas Moniz, propôs a realização em Lisboa do Primeiro Congresso Internacional de Psicocirurgia realizado em 1948.

[55] "A faceta empreendedora de Egas Moniz é tão fascinante como a sua faceta de professor, de cientista e de médico. O seu pragmatismo encontra-se bem patente, por exemplo, no empenhamento que colocou na constituição da Sociedade de Produtos Lácteos, em Avanca, no ano de 1924, que posteriormente veio dar origem à Nestlé, em 1933." Pereira, Ana Leonor, Pita, João Rui, "Egas Moniz - Traços Biográficos", In: Estudo do Século XX, Ciência, Saúde e Poder, n.º 5 (2005), Coimbra, Ariadne editora, p. 22.

[56] Não resistimos a um pequeno exemplo: "Numa manhã dos começos do Outubro, quando as beladonas floridas cobrem o terreiro, as despedidas de Verão fazem coro com as dálias gigantes e a floração das lagerestroémias, enfileiradas junto ao muro, começam a fenecer, sentei-me na cadeira de espaldar da minha biblioteca, recordando o que escrevera. / Caía sobre a natureza a tranquilidade repousante dos campos cheios de ervas prometedoras. / Deixei voar a fantasia. Tudo avolumava aos meus olhos, tudo vibrava aos meus ouvidos. Levado a outra época, vivia uma existência perdida no tempo, esbatida na memória, num estado de vaga exaltação. A fantasia rompeu as cadeias em que a trazia presa." Egas Moniz, A Nossa Casa, Paulino Ferreira Filhos, Lda, Lisboa, 1950, p. 378.

Neste percurso literário que distinguimos, teve ocasião de manifestar opinião e divulgar douta sabedoria em variadíssimas áreas do conhecimento, dispensando sempre especial atenção aos principais problemas científicos e filosóficos do seu tempo. Incansável investigador dos problemas do mundo neurológico, psiquiátrico e psicológico, especialidades que leccionou e também tratou sem fronteiras no seu consultório, Egas Moniz manifestou desde cedo especial simpatia pelas teses freudianas que, diversificadamente, utilizou na sua prática clínica vindo a obter bons resultados. Assim, não se fechando em moralismos anacrónicos mas antes assumindo-se corajosamente como portador de uma extraordinária disponibilidade e abertura à inovação, que entendia como única força procriadora da novidade científica, o nosso autor atribuiu desde cedo um importante papel ao mestre de Viena, tornando-o presença assídua nas principais dissertações que dedicou às questões da psicologia e da terapêutica nervosa.

Aceitando e reconhecendo na Psicanálise um paradigma de Modernidade e na convicção de serem as suas teses indispensáveis para a problematização do conhecimento e auto-conhecimento da Humanidade, o nosso cientista como que anteviu o real interesse nascido à volta das rupturas criadas à volta de Freud cujas polémicas, apoios e ataques continuam, ainda hoje, a demonstrar evidente actualidade. Pelo exposto, não é de estranhar pois que Egas Moniz seja a primeira personalidade de expressivo vulto a fazer eco das grandes novidades provenientes da rica e sabedora Europa que, de Viena, emanava novas teses sobre o psiquismo humano e sobre a sua possibilidade de acesso e conhecimento.

Nesta tarefa divulgadora distinguimos alguns dos seus textos mais importantes onde aborda questões direccionadas à matéria psicanalítica como; A Vida Sexual (1901,2), As bases da psicanálise (1915), O Conflito Sexual (1921), Júlio Dinis e a Sua Obra (1924) e O Padre Faria na História do Hipnotismo (1925).

A sexta edição de "A Vida Sexual: Fisiologia e Patologia"[57] revista e aumentada, possui um preâmbulo reformulado onde o autor acrescenta nova informação disponível, sublinhando os contributos de Freud na evolução da pesquisa e do conhecimento científico sobre a interioridade do ser humano. Aliás, é fundamentado no trabalho do Mestre de Viena o teor do prólogo que antecede este capítulo preambular, dedicado à problemática da Psicanálise e consequentes vantagens que ela disponibiliza para o crescimento científico.

A partir da 4.ª edição foi incluído no Prólogo, "As bases da Psicanálise"[58]. Para certificar a necessidade absoluta e a justeza das suas investigações, Egas Moniz salienta logo de início desta sua alocução o carácter vital da sexualidade enquanto matéria de labor epistemológico na interpretação e compreensão do fenómeno da continuidade garantido pela constante energia presente na preservação das espécies. "As espécies, desde as mais rudimentares às mais elevadas, concentram a sua actividade em torno da sua propagação. Vivem acorrentadas a esse fim. ...a sua vida gravita inconscientemente em torno do fulcro da sua perpetuação. Tudo o mais são acidentes sem importância, episódios de limitadíssimo alcance. O que na existência há de fundamental tende para

---

[57] A Vida Sexual: Fisiologia e Patologia, Casa Ventura Abrantes, 6.ª Edição, Lisboa, 1923. (Primeira versão concluída em 1902, possui 19 edições sendo a última de 1933).
[58] Lição inaugural do curso de Neurologia, publicado em A Medicina Contemporânea, 33, 377-383, 1915.

o fim inevitável: a união dos sexos para a propagação da espécie."[59] Esta clarividência científica denota a transparência e lucidez de um espírito talentoso e culto, acima do seu tempo e sobretudo aberto a um presente projectado para o futuro. "A velha moral monástica pode ter sido levemente molestada, mas a humanidade segue o seu caminho sem perturbações graves e os adolescentes marcham para a vida sexual conscientemente, confiando em si próprios, vigorosos e fortes, sabendo o que querem e o fim que visam. E o que sucede sobretudo nos países dalém Reno e anglo-saxões, e agora, mais do que nunca, sob a influência das doutrinas de Sigmund Freud. Antes dele muitos outros vieram trazer, desassombradamente, subsídios valiosos ao estudo da sexualidade; mas a obra do mestre de Viena, sendo como que o estudo filosófico e médico do instinto sexual e das suas perturbações, conseguiu atrair a atenção geral dos estudiosos para a sua nova concepção pansexualista."[60] Esta diferença de possibilidade e abertura à abordagem de tais matérias, tão fechadas em recônditos espaços vedados ao senso comum português e à intelectualidade em geral, constituíram-se como tabus resistentes ao desenvolvimento, constantemente adiado por atávicas e continuadas trocas do conhecimento por fantasmas do proibido. Alimentados pelo silêncio da ignorância, "os pseudo-moralistas de velhos tempos vieram mais uma vez anatematizar a minha obra com o epíteto de imoral, como se a moral fosse sinónimo de ignorância. Exemplifiquemos.

A neurastenia sexual é uma terrível enfermidade que muitas vezes é o caminho para o suicídio; as práticas homossexuais levam, na sociedade actual, à maior das desonras e, por vezes, às mais desprezíveis situações; a prostituição é um problema médico-social que deve ser estudado de perto, como sendo um dos mais importantes factores da divulgação das doenças venéreas e que mais escandalosamente condena o regime social vigente.

Estes exemplos bastam para demonstrar a importância que o assunto tem e a atenção que a todos deve merecer. Muitos desses doentes, que chegam a ter pejo de fazer as suas consultas médicas, transformam a vida num suplício, amarrados à desventura duma anomalia sexual. E indispensável, por isso, que os médicos, ao menos, o conheçam e estudem."[61] Por todas estas boas razões, pela pertinência, dimensão e multiplicidade do problema já verificado na altura, Egas Moniz não teve dúvida que "a doutrina de Freud tornou-se sobretudo célebre pela importância que o Mestre de Viena atribuiu aos fenómenos da sexualidade na génese das neuroses. Os estudos sobre a sexualidade, tanto normal como patológica, tiveram sempre largo desenvolvimento na escola de Viena, onde professou Kraft-Ebing[62]. Foi por certo o terreno assim preparado pelos trabalhos de antecessor tão ilustre que levaram Giuseppe Breuer[63] e em seguida Freud à interessante concepção clínica e filosófica da psicoanálise. Nesses primeiros tempos

---

[59] Idem, Ibidem, Prólogo, pp. VII e VIII.
[60] Idem, Ibidem, pp. VIII e IX.
[61] Idem, Ibidem, pp. XIV, XV e XVI.
[62] Richard Von Kraft-Ebing (1840-1902), contemporâneo de Freud, foi professor de psiquiatria na Universidade de Viena. No seu livro "Psychopatia Sexualis" de 1888 estudou as componentes agressiva e sádica presente no instinto sexual.
[63] Josef Breuer (1842-1925) conhecido médico austríaco, amigo íntimo e quase paternal do jovem Freud, ajudou-o muito entre os anos de 1882 e 1895. Inventor do método catártico para o tratamento da histeria, participou na redacção da obra inaugural da psicanálise Estudos sobre a Histeria e desenvolveu estreita colaboração com Freud no estudo do tratamento efectuado sobre a sua doente Bertha Pappenheim, a famosa Anna O do freudismo.

ela visava simplesmente a explicar a frequência e intensidade dos sintomas de ordem emotiva e afectiva nas neuroses, em que Freud nao vê mais do que manifestações disfarçadas do instinto sexual. Para chegar a esta conclusão teve Freud de investigar a origem dos sintomas e fazer uma minuciosa exploração do psyché, quer na dinâmica afectiva, quer no mecanismo inconsciente. E todo este trabalho psicológico, seguido com método e persistência por um grande número de adeptos das novas ideias, que a princípio era apenas dirigido num sentido exclusivamente médico e no âmbito das neuroses, constituiu por fim toda uma psicologia geral. A psicanálise chega mesmo a ultrapassar as fronteiras médicas para os domínios da literatura, da filosofia, da psicologia metafísica, do direito, da teologia da pedagogia, etc. Mas mesmo no campo médico não se restringiu às neuroses... E há quem pense mesmo hoje em fazer como que uma reconstrução da psiquiatria sobre bases derivadas das novas investigações psicanalíticas."[64]

Encontramos toda a importância e força de uma corrente científica a que Egas Moniz reporta o maior valor e capacidade regeneradora das actividades psíquicas da humanidade, sublinhada com esta reflexão: «...devemos definir a psicanálise - um método psíquico de exploração e de tratamento das psiconeuroses, que assenta na investigação e explicação da maior parte das formas da actividade psíquica, quer normal, quer patológica, e na análise das tendências afectivas, sempre derivadas do instinto sexual,»[65] Manifestando, pois, clara preferência por uma distinção objectiva do sujeito epistemológico da psicanálise, sublinha que "para Freud as forças que entram em acção para determinar o curso de toda a nossa actividade psíquica são na sua maior parte inconscientes. São as que nos governam e determinam em todos os aspectos da nossa actividade cerebral, mas sempre de uma maneira mais ou menos anónima e dissimulada.

Freud define o inconsciente: o real psíquico, a realidade interna, incompleta e dificilmente conhecida pela percepção. Vivemos assim na ignorância quase absoluta de tudo o que se passa dentro de nós. A maior parte dos fenómenos mentais, mesmo os mais psíquicos, no sentido dos que defendem as ideias clássicas, podem produzir-se sem ultrapassar o limiar da consciência.

Os fenómenos complexos que exprimem o jogo das imagens ou impressões sensoriais da experiência quotidiana, a mecânica das emoções, a elaboração das aptidões motoras, compreendem a imensa maioria das nossas ideias e sentimentos. Vão-se armazenando, desde os primeiros momentos do nosso desenvolvimento infantil, no domínio do inconsciente, e aí permanecem intactos, sem se enfraquecerem e com todo o seu poder de acção sobre o organismo. E ficam assim presidindo duma maneira eficaz e contínua ao determinismo da nossa vida consciente. E nestas noções psicológicas que assenta todo o método psicanalítico."[66]

Não temos dúvidas que, se fosse necessário concentrar num único termo o núcleo do trabalho freudiano, facilmente chegaríamos à palavra inconsciente. Esta é, naturalmente, também a opinião do nosso autor que trabalha este seu texto sob influência da primeira tópica freudiana, o lugar desconhecido da consciência constituído por conteúdos recalcados que escapam ao controle do voluntário. A possibilidade do seu acesso constituirá um dos principais desafios da psicanálise, repto bem claro e evidente

---

[64] Idem, Ibidem, pp. XVIII e XIX.
[65] Idem, Ibidem, p. XX (itálico do autor).
[66] Idem, Ibidem, pp. XXI e XXII (itálico do autor).

na objectividade e profundidade presentes na abordagem moniziana que pretende, em texto claro e transparente, salientar os contornos mais marcantes do pensamento de Freud, sublinhando a importancia do impacto que as teses psicanalíticas tiveram no pensamento e no desenvolvimento intelectual do seu tempo. A dinâmica da vida psicológica, assente numa estrutura basilar designada como inconsciente, censura, instâncias mentais, sexualidade infantil, libido (seu desenvolvimento) e teoria das neuroses, sao conceitos primordiais que vão surgindo e sendo desenvolvidas nesta brilhante exposição que, ao ser lida hoje, quase nos faz esquecer que nos confronta com o ano de 1915, a meio da contemporaneidade de Sigmund Freud que ainda não sistematizou em unidade o corpus da sua tese, estando-se pois ainda um pouco longe das maiores controvérsias despertadas pela psicanálise.

Assim, depois de descrever as dinâmicas existentes na correlação de forças criadas entre o mundo consciente e inconsciente, sublinhando as diversas tipologias de complexos, Egas Moniz refere como um "...facto importante a registar, a psicanálise dos doentes mostra que os acontecimentos que presidem da maneira mais favorável à formação dos complexos activos são os que sobrevêm no período por excelência da impressionabilidade afectiva, isto é, nos primeiros incidentes que determinam o despertar da vida sentimental, e que se produzem através do desenvolvimento da criança. E esta uma noção fundamental para a escola de Freud, que liga uma importância decisiva às recordações afectivas da infância na génese das emoções, sentimentos, carácter e personalidade do adulto e, consequentemente, das neuroses e psicoses. Todo o processo psicanalítico visa pôr a descoberto estes complexos, quase sempre deformados e mascarados pela mecânica afectiva que acabamos de descrever."[67] Na verdade, muito embora a noção de complexo em geral tenha sido especialmente direccionada para as questões específicas do complexo de Edipo e de castração, verificamos que a problemática constituída pelas marcas deixadas no indivíduo pelas recordações e representações constituem elementos fundamentais na formação individual. Assim, estando dentro de nós sem o nosso comando ou controlo, deveremos estar especialmente atentos e decididamente abertos ao seu estudo e abordagem pois "os que mais nos interessa conhecer, ...estão de tal forma mergulhados no inconsciente ou tão engenhosamente mascarados pela Censura, que difícil é desaloja-los dos seus disfarces de maneira a fazê-los aparecer em toda a sua verdade sob a acção do consciente. Freud pensa, e julgo que está absolutamente dentro da verdade, que são exactamente estes complexos mais ocultos ou mais dissimulados que intervêm duma maneira mais eficaz na evolução do pensamento e na determinação dos nossos actos."[68]

Nesta origem nova, longamente investigada nos trabalhos freudianos, brilham os esforços conducentes a uma resposta clarificadora e reveladora da real origem da actividade psíquica. Aqui, e de forma fracturante, é identificado o instinto sexual, isto é, a libido sexualis, ou seja, a manifestação da pulsão sexual na vida psíquica dos indivíduos. Na verdade, "a doutrina do instinto sexual como origem de toda a actividade psíquica, constitui uma ideia subversiva que é difícil de aceitar sem uma demonstração nítida e clara. Mas o pansexualismo é alguma coisa diferente do conceito que nós temos de sexualidade.

[67] Idem, Ibidem, p. XXVII.
[68] Idem, Ibidem, p. XXVIII.

É mais geral, e Freud chegou à concepção da sua Sexualtheorie depois de meticulosas investigações que, na totalidade, nao podem ser contraditadas. E como há muito suspeitara das perturbações sexuais como base das psiconeuroses, foi levado a considerar como sexuais muitos factos e motivos que à primeira vista pareciam de outra natureza. A noção do instinto sexual tomou uma latitude maior e até uma significação inteiramente nova. Para Freud o instinto sexual chega a atingir o sentido do instinto em geral, ou da energia afectiva cinética. O instinto de nutrição e conservação pessoal, que se confunde com o instinto sexual nos primeiros tempos de existência, tem de ser relegado para um plano secundário. Sofreu uma atrofia ancestral sob a influência da civilização e é incapaz duma acção poderosa, ao menos comparável à que exerce o instinto sexual, o instinto fundamental do homem. Desde as primeiras origens infantis, vêm convergindo pouco a pouco os diversos elementos constitutivos para a formação do instinto sexual. No decurso deste desenvolvimento surgem perturbações que o deformam. Aparecem então as anomalias, que dão origem ou às psiconeuroses ou às perversões sexuais. Mas ao contrário do que ensina a psicopatologia tradicional, que separa umas das outras, Freud chega à conclusão de que "psiconeuroses e perversões sexuais são uma e a mesma doença resultante da perturbação do desenvolvimento psico-sexual." [69]

Torna-se clara a identificação e adesão de Egas Moniz ao contexto de ruptura emergente na divulgação do trabalho de Freud. Os extractos transcritos pretendem mostrar a contemporaneidade descritiva e explicativa do nosso Nobel que, tocando os pontos fundamentais da estrutura presente no freudismo, enfrenta com clareza e de forma transparente toda a rotina científica e tradicional do tempo. Assim, conferindo a importância máxima que a infância protagoniza na matéria psicanalítica, sublinha que "...o estudo directo das crianças levaram Freud a concluir que o instinto sexual se traduz primitivamente por uma necessidade especial, mas muito geral, somatório de todos os instintos e tendências em relação com a excitação sexual, quer nos seus aspectos mais orgânicos, quer nas suas mais dispersas tendências psíquicas, e que constitui uma espécie de forma sexual não localizada, o Libido. Este aparece logo com as primeiras manifestações da vida extra-uterina."[70] Esta identificação freudiana é igualmente desenvolvida e merecedora do acordo do nosso autor. Com efeito, depois de descrever os traços fundamentais da evolução psico-sexual da criança observada desde a mais tenra idade até ao estabelecimento de contactos de índole social mais alargada, sublinha com objectividade que "a vida sentimental e psico-sexual da criança é nesta fase muito mais rica do que a do adulto. Começam as suas aventuras amorosas homossexuais ou heterossexuais, que determinam a eclosão de sentimentos muito mais intensos do que no adulto. Nesse momento há nas suas tendências as raízes de todas as perversões. A criança, diz Freud, é um perverso polimorfo."[71]

Estamos perante uma designação que constitui um marco no estudo da sexualidade em geral e na evolução da própria noção freudiana de perversão, isto é, na tipicidade comportamental encontrada nos indivíduos descentrados do prazer orgásmico "normal" conseguido por penetração genital com pessoa do sexo oposto. Com efeito, conforme já referido por Egas Moniz a propósito dos trabalhos efectuados por Krafft-Ebing (1893) e Havelock Ellis (1897), o estudo sistemático das perversões sexuais encontrava-

---

[69] Idem, Ibidem, pp. XXIX e XXX (itálico do autor).
[70] Idem, Ibidem, p. XXXII (itálico do autor).
[71] Idem, Ibidem, p. XXXV (itálico do autor).

-se em plena ordem do dia quando Freud começou a elaborar a sua teoria da sexualidade. A sua fundamental diferença reside na interpretação que faz do fenómeno sexual em si e na sua especial tendencia corn que irrompe nas idades mais jovens, ainda parcialmente libertas de censuras sociais mais pesadas e, portanto, mais disponíveis para dar liberdade às tendencias perversas subjacentes aos sintomas neuróticos alimentadores da procura do prazer preliminar. Esta verificação de uma sexualidade infantil, aceite como realidade desde a mais tenra idade, conduz a investigação freudiana à identificação de uma disposição perversa de contorno polimorfo presente numa sexualidade difusa e precoce.

Como vemos, Egas Moniz aceita a novidade freudiana como sistema inteiramente válido para uma abordagem global da vida psíquica, vista por um prisma diferente, mais polémico e menos contemplativo com as tradições culturais e científicas do tempo, impondo uma dinâmica de permanente ruptura com a globalidade dos cânones estabelecidos. Esta temática continua, aliás, a merecer tratamento especial no preâmbulo que se segue.

O destaque dado às doutrinas freudianas mantém-se no Preâmbulo desta obra onde se reforça a abordagem à sexualidade infantil com a qual e desde logo, o nosso autor se identifica. "O instinto sexual surge nas primeiras idades sob uma forma vaga e imprecisa. Esta doutrina, a princípio apenas sustentada por Freud, começa a ter muitos prosélitos, em cujo número enfileiramos. Fiá, por certo, exagero em algumas das interpretações do mestre de Viena, mas será erro grosseiro teimar ainda hoje no princípio, que durante muito tempo se julgou assente, e defendemos nas precedentes edições, de que o instinto sexual só começa a manifestar-se depois que as glândulas e órgãos genitais se acham desenvolvidos.

Bem entendido que o instinto sexual, ou, com mais precisão, o libido sexual, que começa a aparecer na primeira infância, mesmo antes da criança conseguir a sua primeira independência pela marcha, é apenas um esboço dessa força ordenada e concreta que, nos indivíduos normais, determina, irreversivelmente, a aproximação dos dois sexos."[72]

As investidas que enceta sobre o passado identificam o seu posicionamento nos campos ético/moral, sócio/cultural e científico do seu tempo; matérias complexas e subjectivas que, no entanto, aborda com total clareza e objectividade. A vida sexual é já entendida numa contextualidade multidimensional onde o instinto e cultura são identificados como componentes integrantes da realidade complexa e dinâmica que constitui a função genética mais importante: a sobrevivência da espécie. Na verdade, ao salientar a terminologia instinto e libido, como atrás se verifica, o nosso autor situa esta sua reflexão no âmbito significativo da pulsão ( Trieb), a força ou carga energética que reside na origem da actividade motora do organismo e do psiquismo inconsciente da humanidade e que contribui, decididamente, para a sua caracterização enquanto sexualidade profundamente dinâmica e distinta. Para além das posteriores distinções com pulsoes ligadas a necessidades primárias, a pulsão sexual é vista como um impulso do qual a libido constitui a energia. Assim sendo, o exemplo que nos é fornecido com a satisfação da necessidade de nutrição obtida através da sucção, constituirá uma fonte de prazer agora identificada, onde os lábios são promovidos a zona erógena e originária de futura pulsão.

---

[72] Idem, Ibidem, p. 1 (Itálico do autor).

Portanto, "da mesma forma que há a necessidade da nutrição há também, nos indivíduos normais, a necessidade impulsiva da realização do acto sexual. Nas sociedades há mais do que a satisfação dum desejo imperioso donde nos advém o prazer dos sentidos: há uma satisfação mais elevada: a saciedade dum complexo maior de necessidade e de aspirações, destacando-se de entre todas a da perpetuidade da nossa existência, legando as nossas qualidades intelectuais e físicas a novos seres."[73] Para além da conjugação do instinto aqui ainda abordado na sua globalidade e em paralelo com a pulsão, não deixa de impressionar a clareza e sagacidade científica presente nesta abordagem que nos remete para futuros desenvolvimentos da problemática constituída pelo binómio sexo e morte, especial envolvente da questão genética emergente na sequência dos avanços registados nos finais da segunda metade do século XX. Deste modo, e sem nos desviarmos da temática em causa, não poderemos deixar de registar a notável capacidade do autor, bem expressa em toda a sua escrita, demonstrando sempre a capacidade de ver antes, capacidade que continuamente o certifica.

Depois de descrever pormenores interessantes que envolvem um historiar da posição da mulher como elemento disputado no seio do desenvolvimento social e familiar, sua relação com as vestes versus pudor e sensualidade, reforça o seu posicionamento de assumida proximidade com as teses do Mestre de Viena, nomeadamente no que concerne à validade que também atribui à carga energética presente no inconsciente: "Primeiro deve haver a escolha da mulher, depois a da companheira. Primeiro deve mandar o instinto, depois o raciocínio. Aquele é mais duradoiro do que este, persiste por mais tempo, e assegura, quando bem orientado, uma melhor prole.

Não há amor sem desejos sensuais. Nisto está o distintivo que o separa da amizade.

O chamado amor religioso tem sempre, bem oculto por vezes, é verdade, um fundo todo sensual, embora inconsciente. E bem característica esta oração que Friedreich encontrou num velho missal:

«Oh! Pudesse eu ter-te encontrado, meu encantador Imanuel, pudesse eu ter-te no meu leito! Como gozaria a minha alma e o meu corpo! Vem, entra em mim, meu coração será o teu quarto!»"[74]

Esta frontalidade é componente indissociável no discurso do autor que, indiferente a preconceitos ou tabus, revela algum desassossego com a evolução da realidade sóciopolítica do seu tempo que urge corrigir e melhorar com a colaboração do desenvolvimento científico permitido por maior e melhor conhecimento intrínseco do homem, agora mais observado pelo prisma do desenvolvimento das afectações de natureza psicológica, olhadas como que de fora da esfera e do peso da cultura e, sobretudo da moral institucionalizada.

Este posicionamento epistemológico não o impede de questionar o equilíbrio absolutamente necessário às sociedades evoluídas, abordando o sentido fundamental nelas dado ao papel do amor enquanto intérprete de regras vitais inerentes ao corpo e evolução social. "As sociedades monógamas, superiores às primitivas sociedades polígamas, souberam transformar o homem no pai desvelado e cuidadoso. Mas ao lado desta vantagem, com o aumento do estado neuropatológico da sociedade, tem crescido a sensualidade que, impelindo as massas aos excessos e à libertinagem, tenta destruir as

---

[73] Idem, Ibidem, p. 2.
[74] Idem, Ibidem, pp. 5 e 6. (Friedreich, Diagnostik der psych, Krankheiten, p. 247 - citação do autor).

bases fundamentais da sociedade de hoje: a moralidade e o amor de família. Pode mesmo enunciar-se a seguinte lei que a história nos demonstra: quanto mais extravagantes e mais espalhadas sao as aberrações do sentido genésico, tanto maior é a decadência dos povos onde elas se observam.

E sendo assim, e sendo a neurose a característica da civilização de hoje e, especialmente, na Europa, da raça latina, segue-se que o amor deve ser na nossa sociedade mais ou menos mórbido.

E é-o."⁷⁵

Este reconhecimento da existência de uma afectaçao de tipo psicogénico, presente numa sociedade portadora de contornos tendencialmente doentios pressupõe esta referida proximidade interpretativa que, assim, antevê igualmente uma sociedade progressivamente portadora de novos desafios mobilizadores de uma ciência que, atenta, só se cumprirá numa renovação continuada.

Estão, assim, lançadas as margens condutoras deste esmerado trabalho de quase seiscentas páginas onde as vertentes fisiológica e patológica da sexualidade são dissecadas separadamente.

A parte dedicada à patologia da vida sexual é aquela que distinguimos como mais interessante para a identificação das influências recebidas pelos trabalhos de Freud. Aqui, o nosso autor vai, de quando em quando, relembrando a fulcral importância das novas questões e métodos que as teses psicanalíticas levantam ao tempo e sem as quais qualquer avanço científico se tornará impossível.

Assim, Egas Moniz tece várias considerações e alertas, essencialmente dirigidos à necessidade de renovada e militante atenção, entendida como condição absolutamente necessária para enfrentar as patologias sexuais, tendo em conta a sua multifacetada presença nas diferentes camadas da sociedade, tendo bem presente a sua proliferação percebida como um real problema que urge enfrentar de forma decidida. "Devemos ligar maior importância aos excessos de libertinagem que fazem descer o nível moral até o último extremo, e, sobretudo, a influência das taras nervosas e que constitui a causa fundamental da existência de tais desordens. Até hoje não foram ainda preconizados nem aconselhados processos alguns de tratamento. A persuasão e a hipnose devem ser tentadas. São as perversões morais uma questão médico-social que tanto deve interessar ao sociólogo como ao médico. Chamamos a atenção dos que nos lerem para este assunto, porque a sua importância é grande na vida das sociedades e, até hoje, não tem sido estudado convenientemente no campo da patologia mental."⁷⁶ ⁷⁷

Sendo clara a terminologia e a defesa dos valores do seu tempo, também o é a convicção e confiança que Egas Moniz confere às inovações freudianas e o tom de alerta que imprime reforçando a necessidade de combater a inércia normalmente estabelecida nos meios científicos, sentados em meios e diagnósticos desgastados pelo tempo, manifestando reacção e mesmo rejeição à novidade, como quase sempre acontece.

Na Conferência O Conflito SexuaF⁷, Egas Moniz estabelece de forma imediata os parâmetros que norteiam o teor das suas investigações, concentradas num aturado trabalho que o encanta desde os primeiros contactos havidos com as teses freudianas

---

⁷⁵ Idem, Ibidem, p. 7.
⁷⁶ Idem, Ibidem, p. 556.
⁷⁷ Conferência efectuada no Congresso Luso-Espanhol das Associações para o Progresso das Ciências, 1921.06.30, In: Portugal Médico, 3.ª série, n.º 9, pp. 385-401.

e correspondentes leituras dos textos originais. Esta actividade foi normalmente encarada com espírito de missão, dotando-lhe a maior atenção e plena dedicação, utilizando em pleno as suas extraordinárias capacidades científicas, culturais e linguísticas, direccionadas que foram para este tema, desde a primeira edição de "A Vida Sexual".

Na verdade, como abordagem inicial e paradigmática, identificam-se com absoluta nitidez que "duas grandes forças movimentam e impulsionam a humanidade. Essas forças a que chamaram instintos são a base de toda a nossa actividade física e psíquica. Uma é o instinto da nutrição e da conservação pessoal; outra é o instinto sexual, ou da reprodução. Foi Freud quem primeiro chamou a atenção para este aspecto do problema sexual, dando-lhe a importância e o valor que merece e que até então os seus predecessores lhe não tinham atribuído."

Seguidamente, o nosso autor sublinha a importância que as descobertas de Freud assumiram no seu percurso científico-profissional através das suas experiências psicanalíticas lembrando, a propósito, a importância que Josef Breur desempenhou nos primeiros tempos do caminho freudiano, dando-lhe a conhecer as suas experiências de tratamentos efectuados à sua jovem paciente Bertha Pappenheim, a futura e celebremente designada Anna O. A metodologia utilizada nos tratamentos ministrados, cuja recuperação histórica tanta tinta fez correr, foi-se centrando progressivamente na purga dos seus sintomas histéricos acentuados, conseguida pela própria evocação dessas perturbações que tanto a apoquentavam. Este relembrar, acelerado pela palavra indutora do médico, provocava uma forte descarga da energia emocional concentrada na doente, sequência que lhe proporcionava grande alívio, registando-se aqui, os primeiros passos do processo da talking cure, cura pela palavra, posteriormente consagrado como método catártico, futuro suporte basilar de todo o sistema freudiano.

Este estudioso convívio foi conduzindo o nosso autor a uma crescente receptividade que ultrapassou o campo teórico. Com efeito, abraçou experimentalmente os métodos psicanalíticos com o tratamento de casos concretos em que foi aplicando as novas técnicas.

"Iniciou-se, assim, a prática da psicanálise, cuja técnica pouco a pouco se foi aperfeiçoando a quem devemos, hoje, grandes triunfos clínicos.

Seja-me permitido recordar, em rápido resumo, um caso pessoal.

Trata-se de uma doente de 30 anos que esteve nove anos paralítica dos membros inferiores onde existiam, por fim, fortes retracções. Essa doente, que foi observada por vários médicos, nada pôde conseguir da terapêutica instituída. Quando foi entregue ao meu cuidado clínico ensaiei durante dois anos todos os tratamentos psicoterápicos que pude imaginar. Apenas obtive melhoras da sua parésia dos membros superiores e dos músculos do tronco, que foram as últimas perturbações a instalar-se.

Foi então que recorri à psicanálise.

De dedução em dedução consegui averiguar que a causa primária do mal se filiava em acontecimentos desagradáveis que muitíssimo a impressionaram alguns anos antes da sua paralisia. A doente como que se esquecera do que lhe dizia respeito, mas auxiliada por mim foi pouco a pouco avigorando a sua memória, recordando particularidades que lhe era penoso exumar do esquecimento a que as tinha votado. Pois feita esta averiguação e após um pequeno isolamento de 8 dias em que lhe fiz a reeducação da marcha, consegui que ela pudesse caminhar, voltando a fazer a vida de movimento de antes da doença.

Foi este facto que me patenteou as vantagens deste processo terapêutico."

Dificilmente se poderá ser mais claro quanto à impressão causada pelo método psicanalítico em Portugal, neste ano de 1921, tão bem assumido e entusiasticamente descrito por Egas Moniz. Na verdade, considera que, em absoluta concordância com a tese freudiana mais criticada, a origem primeira das neuroses reporta a perturbações da função sexual, isto é, a etiologia das neuroses é de índole sexual. Com efeito, este processo conclusivo assenta no confronto com a realidade social que o nosso autor vê essencialmente expressa nos jovens em geral. Este conflito mantém-se e aumenta em idades mais adultas, alimentando o conflito interno do indivíduo a contas com a sua interioridade recalcada e submissa a uma energia ditadora: a libido.

Ficará assim mais claro que o conceito global de sexualidade, na teoria psicanalítica, está longe de considerar dentro de si apenas as actividades e o prazer dependentes do funcionamento do aparelho genital mas sim, toda uma panóplia de actividades existentes desde a infância que proporcionam um prazer irredutível à satisfação presente em necessidades fisiológicas fundamentais. Deste modo, a sexualidade entendida em estrito senso como instinto, isto é, concebida como comportamento pré-formado e característico da espécie, encontra-se pois desde o início da vida no seu seio, logo, na génese da humanidade, sujeitando-se por isso e desde cedo, a desvios da normalidade representada pela fixa relação composta pela união dos órgãos genitais consumada no coito estabelecido entre parceiros de sexo oposto. Indicando numerosas transições verificáveis entre a designada sexualidade normal e a perversa, Freud identifica como sintomas eminentemente neuróticos as realizações de desejos sexuais efectuados de forma deslocada e portadora de comportamentos desviantes. Esta realidade verificada desde a infância levanta, como vimos, a problematização da característica eminentemente precoce da sexualidade e da perversão cujas afectações, normalmente, apenas se manifestam de forma patológica na idade adulta.

"Este processo de investigação clínica leva-nos à conclusão de que, quando procuramos investigar as tendências afectivas, especialmente nas psiconeuroses, chegamos quase sempre à conclusão de que elas derivam de perturbações da vida sexual.

Por isso nos referimos ao processo terapêutico da psicanálise que é ao mesmo tempo, um meio de investigação psicológica. Foi ele que nos veio mostrar a grande importância que tem a sexualidade, quer na vida normal, quer na vida patológica. A vida orgânica e a vida psíquica andam, assim, em torno da função sexual.

Muitas perturbações mentais nas neuroses e até nas psicoses dependem das alterações da normalidade sexual. A luta entre a necessidade de satisfação da libido e as oposições de toda a ordem vindas do meio exterior é a mais grave perturbação da vida do indivíduo e aquela que mais se repercute na esfera mental. Esse conflito surge nas primeiras idades, com o alvorecer das actividades cerebrais e perde-se no ocaso da existência, mesmo depois de aniquiladas as funções reprodutoras."

Como vemos, as muito criticadas teses pansexualistas, são aqui aceites e defendidas por Egas Moniz, certo que está do valor epistemológico que encerram e da capacidade de utilização prática que contêm. Estas teses e práticas terapêuticas, logo que consumadas após correcto diagnóstico, são conducentes a resultados positivos, manifestados em melhoras acentuadas e mesmo curas atingidas em pacientes sobre os quais se tinham já extinto os métodos e terapêuticas até aí existentes. Uma das rupturas principais do sistema freudiano é, como sabemos, admitir como certa a existência de uma sexualidade marcante antes do desenvolvimento físico total, isto é, existente desde a mais tenra infância e anterior à sua consumação activa.

"A sexualidade surge no homem com as primeiras manifestações da vida extra-uterina, tendendo a satisfazer-se duma maneira difusa, sem se localizar às regiões genitais. A libido depende, nessa época, especialmente da excitação de algumas regiões da pele ou das mucosas que circunstancias especiais tornam mais sensíveis. O fim sexual consiste em provocar uma certa satisfação pela excitação dessas zonas erógenas. Estas tanto podem ser os órgãos sexuais externos, como região anal, os lábios, e até mesmo certas porções de pele. Freud considera como a primeira manifestação da sexualidade a sucção do mamilo no aleitamento. Em seguida, generaliza-se a sucção do dedo ou dum objecto qualquer, o que muitas vezes, determina um sono tranquilo A vida sentimental infantil é muito mais intensa e muito mais cheia de episódios do que a do adulto. E nessa idade que as aventuras amorosas homossexuais ou heterossexuais se sucedem com intensidade."[78]

Esta descrição tão clarificadora e muito próxima do texto freudiano encaminha, com mestria, o seu receptor para entender estas manifestações crescentes desde o início da vida, como iniciais do instinto sexual que, embora não possam ainda ser constituídas como as primeiras experiências da sexualidade, já a condicionam e como que a preparam para um futuro muito próximo. Mas esta liberdade total, ou melhor, absolutamente natural, cedo começa a confrontar o outro, isto é, a conformidade educacional que fortemente a pressiona censurando o instinto, cortando as asas da liberdade libidinal. E a entrada na esfera do só autorizado contraposto ao agora já proibido, é o início do longo percurso da frustração decorrente da inevitável luta entre prazer e ofensa que o desejo tornará eterna e, em termos sociais, perdida. O desenvolvimento desta frustração, o desgaste desta luta constante travada no duro terreno do querer e não poder, com armas entrelaçadas entre o designável planeta consciente e o universo inconsciente, constitui a base e a novidade da investigação freudiana tão solidamente explicada e difundida pelo nosso autor.

A prática de certos actos que a criança sabe que são incorrectos ou quase criminosos traz-lhe íntimos desgostos. Procura evitá-los. Por vezes não o consegue, mas nem por isso deixa de estar em luta com a sua personalidade ética.

Sente sobre si a influência da educação e do meio social e religioso em que vive. São essas aquisições psíquicas as forças repressivas que recalcam dentro do inconsciente os factos que a incomodam.

São essas forças que permanecem na sombra, as que principalmente nos governam, mas sempre de uma maneira anónima e dissimulada. Vão-se armazenando, desde os primeiros momentos do desenvolvimento infantil, no domínio do inconsciente, e aí permanecem intactos, sem se enfraquecerem, com todo o seu poder de acção sobre o organismo. São eles que presidem duma maneira eficaz e contínua ao determinismo da nossa vida consciente."[79]

---

[78] É muito evidente a proximidade de Egas Moniz a extractos dos textos originais que, como os seguintes, lhe despertaram o maior interesse: "A voluptuosidade de chupar absorve toda a atenção da criança, adormece-a e pode mesmo levá-la a ter reacções motoras, uma espécie de orgasmo. Muitas vezes também, a sucção acompanha-se de toques repetidos do peito e das partes genitais externas. Assim, as crianças passam muitas vezes da sucção à masturbação. A sucção fez-nos conhecer os três caracteres essenciais da sexualidade infantil: ainda não conhece objecto sexual, é auto-erótica e o seu fim é determinado pela actividade de uma zona erógena". pp. 96 e 99 de Três Ensaios Sobre a Teoria da Sexualidade, Sigmund Freud, Livros do Brasil, Lisboa, 1999.

[79] Itálico do autor.

Na verdade, encontramos no terreno do inconsciente uma parte muito mais considerável de tendências sexuais do que de outras tendências e instintos. Com efeito, ao contrário das tendências e dos elementos instintivos socialmente aceites que permanecem nao recalcados no consciente, os elementos da sexualidade, ao serem combatidos na sua livre expressão pela sociedade e pelas tradições da moralidade religiosa, permanecem recalcados em inquieta ebulição, agora detectável no inconsciente pelo óculo psicanalítico. Este novo observador de uma nova complexidade nunca antes identificada confronta o conhecimento do homem consigo próprio, dentro de si mesmo. Por isso, novas fronteiras podem ser abertas enquanto e simultaneamente velhos caminhos e respostas poderão ser fechadas pois a humanidade confronta-se, mais objectivamente que nunca, com contradições que encerram o mais puro do seu ser como a sua animalidade contrastante com a sua racionalidade, a sua natureza com a sua cultura, a sua liberdade com a sua ética, a sua individualidade com a sua comunidade e, acima de tudo, a sua originalidade e criatividade únicas, com a sua repressão, com a conformidade social.

Nesta realidade dinâmica distingue-se o surgir do processo de recalcamento; o atrás referido filho da eterna conflitualidade verificada entre o desejo, a pulsão e a impossibilidade cerceante, fundamentalmente gerada na normatividade social que, ao proibir e ou criticar, alimenta um penoso e complexo processo desencadeador da frustração e da profunda incomodidade imbuída de características mórbidas. Um elemento vital verificado neste encadeamento processual é a libido, libido sexualis, força manifestada em várias fases da vida de diferentes formas e com diferentes fases de desenvolvimento mas, sempre presente desde a mais tenra idade pré-genital. Da neurose até à perversão sexual, a complexidade desta temática apenas se encontra decifrável através da descodificação possibilitada pelo processo psicanalítico que Egas Moniz utilizou.

"Basta que lhes resuma em algumas palavras um caso bem concludente: uma senhora de 25 anos, casada, com um filho, apresentava um forte acesso de ansiedade melancólica, o primeiro que teve, e que a trazia num estado de excitação dolorosa, com repetidas crises de choro e grande mal-estar.

Investiguei debalde as causas orgânicas e psíquicas do seu estado. Nada somático e nada tóxico que pudesse explicar o seu estado mórbido. A psicoterapia, pacientemente empregada, não lhe trouxe melhoras apreciáveis. Recorri à psicanálise, principiando por exame dos sonhos. Numa série de algumas dezenas deles reconheci que, ao lado de episódios banais e sem importância, que eram variáveis, havia uma parte basilar, constante, que se repetia com maior nitidez e que se referia evidentemente à vida sexual. Esta doente via, durante os seus sonhos, animais, com especialidade répteis, que passeavam no seu quarto, ou mesmo por cima do seu leito e que lhe repugnavam. Ora no simbolismo dos sonhos está averiguado que esses animais são o disfarce do órgão genital masculino.

A doente via muitas vezes incêndios dentro do seu quarto; sentia um ar irrespirável; acordava com sufocações. Devia referir-se ao acto sexual. ...pude, a breve trecho, averiguar que existia um desgosto íntimo que a torturava e que em parte estava perdido no seu inconsciente. Essa doente, esposa e mãe, nunca sentira a libido sexual e alguém lhe dissera que, se não a sentisse, isso desagradaria ao marido. A ideia de quebrar a sua felicidade conjugal, devido ao que supunha uma extraordinária aberração orgânica, foi a causa do seu estado mórbido. E, tanto a neurose dependia desse facto que, em seguida a chegarmos a esta confidência, bastou uma simples conversa para imediatamente ficar curada. A interpretação dos sonhos dos neurópatas, que sao inteiramente diferentes dos sonhos dos indivíduos normais, é uma das mais interessantes aquisições da escola de Freud. Tem-se trabalhado em precisar o valor simbólico das imagens oníricas e sobre algumas delas não pode haver dúvidas. E esse um dos mais interessantes capítulos da psicanálise."

Este excelente testemunho de Egas Moniz demonstra, com toda a clareza, a aceitação teórica e a capacidade prática dos métodos emanadas de Viena, revelando igualmente o entusiasmo que lhe despertaram e o reforço científico que consubstanciaram no aumento da diversidade e na qualidade das soluções médicas disponibilizadas. Nesta alocução aberta, o nosso autor deixa bem clara a importância que é reconhecida aos princípios da teoria da libido enquanto pedra de toque da metodologia psicanalítica. Aqui, a pulsão é a força psíquica que tem a sua fonte energética incidente numa parte do corpo, alvo da satisfação que, quando não atingida, dá lugar à sua substituição que acontecerá de forma transgressora. Esta sumária complexidade, inerente à sexualidade humana, demonstra a impossibilidade da sua redução a uma simples função biológica, dotando de importância estratégica toda a envolvente da teoria da libido na evolução explicativa registada pela interpretação freudiana. A sexualidade, o conflito sexual, coloca-se como um problema de primeira linha na abordagem à complexidade do inconsciente, centro dimensional e nuclear do comportamento humano, como reconhece e aceita Egas Moniz.

"A importância e o interesse que este assunto tem despertado demonstra-se pela divulgação que a psicanálise, e consequentemente o estudo da sexualidade, está despertando em todo o mundo, nomeadamente nos países da Europa e na América do Norte, onde as publicações e as revistas sobre o assunto se multiplicam. A doutrina psicanalítica pretende formar o carácter do homem nos seus traços primordiais. A energia bem orientada no sentido sexual anda ligada, em perfeito paralelismo, a energia de todas as funções morais práticas.

E estudando estas dependências e associações que a psicanálise quer fazer mais um longo e triunfal caminho."

O caminho triunfal que Egas Moniz antevê e preconiza será afinal a consagração de um método investigativo novo, confrontante entre a realidade consciente e voluntária do indivíduo e o seu outro lado significativo, o inconsciente das palavras, acções e produções imaginárias. A sua finalidade situar-se-á no nível da investigação psicoterápica, conduzida pela palavra que, devidamente libertada da resistência e do controle, permite o acesso à interpretação controlada do lado desconhecido da mente, dos processos mentais e seus desvios. Mas, este caminho triunfal só poderia ser atingido com o acesso a uma nova abordagem do homem, agora mais visível no escuro do seu interior e, portanto, diferente por se poder conhecer melhor, por poder aceder mais de perto às suas profundas teias de complexidade. Nada mais que um homem novo porque, revisto em todas as suas multifacetadas perspectivas, pode compreender-se, pode reinterpretar-se nas mais variadas áreas, exemplificáveis da mitologia à arte, da história à literatura, da ética à política, podendo assim, até aspirar a reconstruir-se.

O Padre Faria na História do Hipnotismo[80] é o título de uma Conferência feita em

---

[80] Conferência plenária realizada na Faculdade de Medicina, no primeiro centenário da Régia Escola de Cirurgia de Lisboa, em 19 de Dezembro de 1925.

1925. "O padre Faria[81] foi quem defendeu, pela primeira vez, a verdadeira doutrina sobre a interpretação dos fenómenos sonambúlicos, fulcro em torno do qual voltejam todas as suas doutrinas filosóficas. Foi ele quem ensinou que o sono hipnótico não deriva de quaisquer fluidos ou forças especiais dos magnetizadores, como até aí se supunha, mas simplesmente da susceptibilidade dos indivíduos sobre que operava. O padre Faria proclamou uma verdade quando ainda ninguém ousara encarar o problema do sonambulismo terra-a-terra, em intervenções de fluidos ou de forças sobrenaturais. Só mais tarde, quando as escolas de Nancy[82] e de Paris[83] chamaram atenção sobre o assunto, e Charcot[84], com o poder da sua autoridade e o fulgor do seu talento o trouxe para o ensino oficial sem receio das críticas em que o enredavam, vieram a confirmar-se as doutrinas do desditoso e incompreendido padre português. E é só ultimamente que os neurologistas lhe citam o nome, prestando justiça à sua clarividência. E glória bastante para o nosso país, que no campo científico nem sempre marcou de maneira tão saliente como noutros ramos da sua actividade."[85]

Reforçando a importância acrescentada que Faria teve com o seu trabalho de recuperação da credibilidade fragilizada por aventuras como as de Mesmer, Egas Moniz descreve de forma pormenorizada e entusiástica a vida, obra e descobertas do padre português que com "o sono lúcido, desembaraçava-se de todas as influências a que o julgavam submetido, para ser um fenómeno natural, apenas dependente das qualidades do concentrado, cuja classificação havia de vir a ser feita no campo patológico. Inquestionavelmente, deve-se ao padre português a descoberta do processo sugestivo da hipnose. Cabe-lhe ainda a glória de descrever manobras físicas adjuvantes, que depois dele foram empregadas com pequenas alterações. Pode dizer-se com inteira verdade que a prática hipnótica está hoje onde Faria a deixou."[86]

---

[81] José Custódio de Faria, (padre Faria), nasceu em Goa (30.05.1746) e veio a falecer em Paris (20.09.1819) onde se envolveu nas querelas da Revolução. Dirigiu a sua actividade à investigação (de carácter científico) e aperfeiçoamento da hipnose, agora obtida por renovadas técnicas de concentração despoletadas por técnicas verbais e psico-sensoriais a que globalmente designava como sono lúcido. Na sua principal obra De la Cause du Sommeil Lucide, Faria afasta-se das teses de Mesmer e aperfeiçoa o método do marquês de Puységur, contribuindo com um enorme avanço para os conhecimentos da época, cujo reconhecimento se consumou apenas com Liébault e Bernheim. A técnica hipnótica que Freud recebeu de Breuer foi esta, substancial e decididamente fundamentada por José Faria.

[82] Fundada por Ambroise Auguste Liébeault, (1823-1904), médico francês de grande reputação, utilizou e desenvolveu com bons resultados, técnicas de hipnose (método de sugestão inventado pelo temático padre português José Custódio de Faria), fundamentais na evolução da história da psicoterapia. Em 1882 recebeu o especial contributo do colega Bernheim, Hippolyte (1840-1919) que, ao defender uma utilização mais racional do seu método, dirigiu especial atenção aos pacientes mais susceptíveis de receber a hipnose, especialmente entendida como sugestão em estado de vigília, capaz na obtenção êxitos terapêuticos. Foram importantes as querelas mantidas especialmente com Charcot, que não atribuía valor terapêutico ao método hipnótico, por si apenas visto como simples estado patológico. Interessado nas experiências ali efectuadas, Freud visitou Nancy em 1889.

[83] Fundada por Jean Martin Charcot (1825-1893), definia a carácter neurótico da histeria, interpretada como um mal de origem estrutural e não recuperável pela terapêutica hipnótica.

[84] Jean Martin Charcot, médico neurologista francês, foi professor na Salpêtrière onde estudou a histeria através do recurso à hipnose e trabalhou a Iconografia Fotográfica. Distinguindo a crise epiléptica da histérica, abriu caminho ao conceito de neurose entendida como afectação com origem traumática. A sua personalidade e obra registaram um papel fundamental na formação do jovem Freud.

[85] Conferência plenária realizada na Faculdade de Medicina, no primeiro centenário da Régia Escola de Cirurgia de Lisboa, em 19 de Dezembro de 1925. pp. 12, 13 e 14 (Preâmbulo).

[86] Idem, Ibidem, pp. 88, 89.

Com efeito, o nosso autor demonstra, de várias formas, o maior interesse pelas questões do hipnotismo, revelando sempre grande informação e atenção aos confrontos de ideias e correntes presentes nas diferentes controvérsias emergentes desta luta que compõe a conquista da evolução científica em direcção a um maior conhecimento dos processamentos do intelecto humano. As escolas, para além das maiores personalidades presentes nesta pesquisa e problemática donde emerge Sigmund Freud, estão presentes na observação do autor e na sua concordante abordagem ao percurso de Faria que "deambula entre as duas interpretações que mais tarde foram os estandartes das escolas de Nancy e da Salpêtrière, que se degladiaram numa arrastada controvérsia de que todos ainda se recordam. A escola da Salpêtrière, com Charcot, liga o hipnotismo sempre à histeria; a de Nancy, com Liébault, Bernheim e outros, considera-o um fenómeno fisiológico. Não sabemos se, ainda hoje, a escola de Nancy, tem muitos adeptos; a interpretação de Charcot, que julgamos firmada em factos incontroversos, é, por certo, a mais seguida."[87]

A evolução terapêutica propiciada com todo o trabalho efectuado sobre a diversidade do hipnotismo é decididamente impulsionada pelo contributo de Faria que prepara novos patamares interpretativos e o consequente alargamento das fronteiras epistemológicas presentes no percurso freudiano que Egas Moniz identifica e reconhece. "Passando da sintomatologia do sonambulismo às suas aplicações terapêuticas, podemos ir buscar à prática de Faria muito do que se fez em tratamentos sugestivos à sombra do sono hipnótico durante o período em que dele se serviram correntemente na clínica. Quando iniciámos os nossos estudos neurológicos, há uns 25 anos, ainda ele se praticava diariamente em alguns hospitais que frequentámos. Mas, a breve trecho, foi abandonado como mais prejudicial do que útil. A psicoterapia e, mais tarde, a psico--análise de Freud vieram desvendar novos horizontes à terapêutica psíquica. Na histeria, a psicoterapia, auxiliada da electroterapia em casos renitentes, dá curas quase sempre instantâneas."[88]

O grande peso reconhecido ao trabalho de Faria é reforçado por uma identificável característica de continuidade na abordagem científica e terapêutica do futuro, como lhe reconhece o nosso autor; "Podíamos aproximar do simbolismo dos sonhos, de Freud, algumas passagens da obra do célebre hipnotizador, visto ele colocar, por vezes, o sonambulismo ao lado do sono natural, entrando em conta com os sonhos, tudo derivando, segundo a sua interpretação, de gradações do sono mais ou menos profundo."[89]

Em nosso entender, ficaria incompleta toda esta fundamental contribuição dada pelos escritos em apreço e direccionados à introdução das teses freudianas em Portugal, sem a devida nota da importância que assumiu a vida e obra do padre Faria. Referenciando diferentes vertentes da vida desta figura controversa do seu tempo, Egas Moniz demonstra solidez informativa, sublinhando a personagem criada pela inspiração de Alexandre Dumas em Conde de Monte-Cristo, absolutamente contrastante com o esquecimento a que foi votado pela sua prole. "Em Portugal ficou pouco menos que esquecido. Apenas o conheciam do romance de Dumas, sem que a gente desatenta se

---

[87] Idem y Ibidem, p. 90.
[88] Idem, Ibidem, pp. 107 e 108.
[89] Idem, Ibidem, pp. 119 e 120.

lembrasse da obscura personagem portuguesa que deu origem ao prisioneiro do Castelo d'If. Tentamos hoje contribuir para resgatar mais de um século de quase completo esquecimento, mostrando a visão esclarecida do padre português na apreciação de fenómenos de intrincada textura psíquica. O padre Faria foi bem maior na realidade do que na lenda."[90]

No trabalho Júlio Denis e a Sua ObrcP[1], de 374 páginas, Egas Moniz assinala com clareza o contexto relacional verificado entre a imagem literária e o momento psicológico, entendido como resultado de uma inter-relação dependente e centrada numa prefiguração do inconsciente freudiano. Na verdade, o enredo de Júlio Dinis[92] contém a presença de elementos indicadores de uma constante descoberta necessária e possível sobre um outro que, por um lado se encobre e por outro se permite visionável, construindo uma trama de contexto e linguagem artística muito própria.

Esta constatação estética desenvolve no nosso autor a interpretação da arte como elemento ideal para o aumento do dinamismo nos processos de auto-reconhecimento, libertadores de um caos que limitaria a emancipação humana.

Na Carta-Prefácio do Prof. Ricardo Jorge[93] de terminologia interessante e apurada, o professor ressalva a personalidade e figura de João Semana, o médico Júlio Diniz em si retratado em tão densa obra cuja qualidade intelectual, tão oportunamente, recebeu a atenção da escrita e da reflexão do autor desta obra, reconhecido pela sua douta proximidade às teses provenientes de Viena. "O Egas Moniz assenta o grifo de neurologista ao rastrear a individualidade psico-literária de Júlio Diniz. Discípulo do famoso Freud, um dos grandes dominadores do pensar contemporâneo, aplica ao seu protagonista o sistema da psico-análise, que tanto hoje anda na berra. ...e não sofre dúvida que a psico-análise se tornou um instrumento crítico de alta valia. As biografias têm-se ressentido do seu influxo. Hei-de ler com mais detença o seu ensaio, e até doutrinar-me consigo sobre os mistérios do freudismo. Até morrer, aprender."[94]

Este prefácio, para além de revelar a admiração sentida em relação ao escritor Júlio Diniz e o carinho dedicado ao colega Egas Moniz, identifica a diferença de pressupostos científicos e interpretativos em que ambos se encontram na altura. Não escondendo a curiosidade inerente ao corpo das novas técnicas e teses interpretativas difundidas pela psicanálise, Ricardo Jorge assume cuidados em relação aos resultados e métodos terapêuticos oriundos da vaga vienense.

Indiscutivelmente o livro Júlio Denis e a Sua Obra, enceta uma dedicada e atenta abordagem à vida e obra do autor Júlio Diniz, percorrendo pormenorizadamente as

---

[90] Idem, Ibidem, p. 176.
[91] Júlio Denis e a Sua Obra, Egas Moniz, Casa Ventura Abrantes, 4.ª Edi., Lisboa, 1925.
[92] Júlio Dinis (1839-1871) é o pseudónimo literário de Joaquim Guilherme Gomes Coelho. Romancista de vulto e figura incontornável da literatura portuguesa, publicou versos, novelas, contos e romances onde se distinguem As Pupilas do Senhor Reitor (1867), Uma Família Inglesa (1868), A Morgadinha dos Canaviais (1868) e Os Fidalgos da Casa Mourisca (1872). Senhor de um estilo próprio, próximo do romantismo, esboçou personagens essencialmente boas onde o cenário do campo brilha idílico em ambiente de preferencial harmonia social. Médico de formação e actividade, cedo começou a padecer dos males da tuberculose, doença que lhe condicionou a actividade, vida e sofrimento constante até à prematura morte.
[93] Ricardo Jorge (1858-1939), professor da Escola Médico-cirúrgica do Porto e insigne higienista, foi um acérrimo defensor do desenvolvimento dos serviços de sanidade e saúde pública.
[94] Júlio Denis e a Sua Obra, Egas Moniz, Casa Ventura Abrantes, 4.ª edi., Lisboa, 1925, pp. XV e XVI.

suas variadas facetas como escritor, como médico e, essencialmente, como homem inserido no seu espaço e tempo onde se notifica a entidade social do escritor que se pretende escondido sob pseudónimo. Doente, sofre camufladamente com as recaídas e rejubila com as melhoras que, avidamente, procura no Funchal. Retratando com nitidez o familiar e amigo extremoso, Egas Moniz expõe nesta obra elementos analíticos de profundidade assinalável, transcrevendo e sublinhando extractos de cartas, poesias e textos diversos que se vão edificando como fontes especiais. Delas, retira as respectivas interpretações que cruza com elementos e características individuais devidamente inseridas no contexto temporal e psicológico do romancista e do poeta que emergem da complexidade individual do cidadão Dr. Gomes Coelho. Na verdade, o médico Egas Moniz interessa-se muito pelo médico escritor doente que, atingido pela tuberculose, indicia uma especial sensibilidade e emotividade, especificidades que aguçam a curiosidade e reforçam a abordagem moniziana.

Insuficiente ficaria pois, o estudo de tão pujante e multidimensional entidade, sem o necessário enquadramento psicológico dos seus escritos, propiciadores a uma enriquecedora abordagem de tom psicanalítico. Assim, com sublinhado gosto, Egas Moniz dedica um sugestivo capítulo desta obra ao tema "Júlio Denis e a Psicoanálise", onde demonstra a importância do tema e a sua extrema utilidade para o trabalho interpretativo em apreço.

Partindo do relato de um sonho efectuado por Cecília, numa passagem de Família Inglesa, o nosso autor realça os pormenores aí existentes pois "esta descrição, que terá passado desapercebida à maioria dos leitores como episódio de pouca monta, é deveras interessante. Não há muito tempo que um médico e psicólogo de Viena, o professor Sigmund Freud, lançou primeiramente no meio médico, donde alastrou para o campo filosófico e até literário e social, as bases de um novo processo de análise psíquica que, a princípio, era apenas destinado a conseguir uma terapêutica das neuroses. Nas doutrinas de Freud há princípios que são hoje universalmente admitidos e a que o ilustre psicólogo deu um valor que até aí se lhes não tinha dado. A nossa vida é dirigida mais pelos fenómenos passados a dentro da esfera da inconsciência, do que pelos chamados actos conscientes. Aquilo de que não nos apercebemos no campo da mentalidade manda mais em nós do que o que vem à superfície do nosso conhecimento. Para chegar a esta conclusão, estabeleceu Freud um método muito pessoal de investigações psíquicas, em que avultam as derivadas da análise dos actos falhados da vida corrente, dos sonhos, do estudo das associações de ideias quando saem espontaneamente sem que qualquer esforço de atenção venha imprimir-lhes uma orientação determinada, da sua observação experimental... Júlio Denis, em duas passagens do seu romance Uma Família Inglesa, e muito antes de Freud, roçou, embora ao de leve, por dois desses métodos de observação psíquica, agora tão empregados, como aqui a pouco demonstraremos. No presente trabalho, de vez em quando nos metemos adentro da técnica psicanalítica para conseguir penetrar no psiquismo do romancista..."[95]

Não pode ser mais clara a intenção e o gosto de Egas Moniz pela temática e fórmula de abordagem introduzida por Sigmund Freud, do que pretender praticar no escritor que apaixonadamente estuda, as sintomatologias interpretativas do próprio dissertador. Assim "...rebuscámos nos seus apontamentos, nas suas obras incompletas, nos seus primeiros

---

[95] Idem, Ibidem, pp. 358 a 360.

trabalhos literários, a explicação de orientações futuras, estudando desde o início a formação do seu carácter, das suas predilecções e das suas tendências. Tudo isso nos escaparia se não déssemos a importância que os psicoanalistas dão aos actos incompletos, à espontaneidade das revelações associativas quando ainda censura - vá o termo técnico, - não tem deturpado ou recalcado de novo no desconhecido, isto é, no inconsciente, as ideias que afloram ao limiar da consciência. Sem esta investigação, sem um aturado estudo destas fontes, este trabalho de crítica literária perderia o pouco interesse e valor que queiram atribuir-lhe. São origens de investigação que hoje não podem desprezar-se."[96]

E desta vontade de entrar no mais fundo possível da intimidade da pessoa do escritor e do artista, que se alimenta a curiosidade científica de Egas Moniz que pretende "...analisar as obras de arte segundo a psicologia individual dos que as produziam, isto é, explicando o mecanismo da composição de uma obra literária, de um quadro, de uma estátua, etc., através das tendências, das aspirações, dos desejos e predilecções dos seus autores. A psicanálise, quando bem conduzida, consegue reconstituir a sua génese através dos incidentes da sua vida, que é necessário aprofundar nas diversas modalidades com que se apresentam. A psicanálise pretende ainda ir mais longe: chegar ao estudo completo da própria emoção artística, procurando as razões determinantes da invencível admiração pelo talento e pelo génio."[97]

Com esta convicção na metodologia interpretativa a seguir, o trabalho moniziano prossegue o desvendamento de uma proximidade classificável como de premonitória das teses freudianas, identificando as respectivas passagens que, a seu ver, não oferecem dúvida ao leitor atento e conhecedor das teses do cientista vienense: "Se o quiséssemos apreciar com rigor, à face do simbolismo de Freud, chegaríamos a conclusões um pouco imprevistas, mas que não se afastariam fundamentalmente das que lhes quis atribuir Júlio Denis, o que abona extraordinariamente as suas raras qualidades de observador."[98]

Como no sistema freudiano, também a análise de Egas Moniz não se esgota no contributo dado pelo estudo interpretativo do mundo onírico. Aqui chama a atenção à existência de outro caminho mais directo que, pretende descrever e utilizar na sua observação pois, "...ao lado da interpretação dos sonhos, há um outro método psicoanalítico, que consiste no exame psicológico directo das associações de ideias, ou exegese das ideias espontâneas. O processo a que nos vimos referindo consiste em levar o observado a abandonar-se completamente, para o que se mantém deitado e na maior tranquilidade. Em seguida pede-se-lhe que transmita tudo o que lhe vem à mente sem constrangimento nem qualquer desejo de defesa. É preciso que deixe seguir em completa liberdade o curso das ideias e das imagens. As respostas às questões devem ser dadas sem que a mais leve crítica as deforme. Em certos estados especiais, pode espontaneamente revelar pensamentos íntimos, alguns mesmo esquecidos pelo observado, outros que ele desejasse ocultar."[99]

Este fascínio pelo desconhecido a que Egas Moniz apela, galvaniza a expressão artística que se consuma numa visão interpretativa do ignoto. E com ela que pretende conquistar,

---

[96] Idem, Ibidem, pp. 360 e 361.
[97] Idem, Ibidem, p. 363.
[98] Idem, Ibidem, p. 366.
[99] Idem, Ibidem, p. 367. O autor cita uma passagem dos Fidalgos onde o comportamento de Berta é atraiçoado por forte sentimento íntimo, onde distinguimos esta passagem: «Quem tem no coração um segredo que de todos quer recatar, trai-o muitas vezes, à força de disfarçá-lo».

para si e para o conhecimento, a superação emancipadora dum universo ainda caótico, conseguida através da sua própria génese, e no profundo da sua própria reflexão estética. Assim, é sublinhada a extraordinária lucidez detectada em Júlio Dinis que o encanta na sua empírica serenidade, sempre seguida pelo nosso autor em transcrições e passos significativos de uma obra, plena de significancias presentes na profundidade do seu estilo e em todas as suas formas e expressões de exteriorização. " Não é preciso mesmo que seja a palavra ou o gesto a denunciá-los; pode ser a pena. Esta exposição de fenómenos psíquicos verdadeiros é a razão de ser do método psicoanalítico.. ."[100]

Compreende-se bem a importância dada ao estabelecimento de alguns paralelismos encontrados entre alguns pormenores da vida de Júlio Dinis e as suas repetidas referências, que se mantém dirigidas a uma vontade ou existência profunda, tanto mais revelada quanto mais o pretendeu evitar. Assim, Egas Moniz reforça a importância destas passagens, por si tão bem detectadas, quando identifica este outro como um interpretável futuro inconsciente freudiano. Encontra-se aqui a literatura como espaço e lugar de confronto entre duas entidades, um eu e um outro que, reconhecidos, constituem elementos constitutivos de um universo representativo e ciente da existência de um desconhecido que, em nós se faz transportar, sem se deixar ver, apesar de se exprimir constantemente.

Na verdade, o modo como é atribuída a importância dada ao romancista português, reforça a convicção que o nosso autor detinha perante o global das teses psicanalíticas.

"Não vamos, ... afirmar que o autor de Uma Família Inglesa foi um predecessor de Freud. Seria injusto enfeixá-los no mesmo campo filosófico, pois as qualidades máximas destas duas individualidades marcam em campos diferentes; mas não receamos aventar que Júlio Denis era um extremo psicólogo, que, mais de quarenta anos antes dos trabalhos do Mestre de Viena, já dava valor, embora sem interpretação de conjunto, e em trabalho exclusivamente literário, a processos de investigação psíquica que só últimamente criaram foros de processos científicos. E basta que lhe reconheçamos este mérito para que o seu nome perdure como psicólogo de rara originalidade."[101]

Se Egas Moniz não o defende, poderemos nós questionar se será assim enquadrável ou não interpretar Júlio Dinis como que um predecessor de Freud, após a leitura deste livro? Não será o seu conteúdo também interpretável pela imagem de espelho que revela, escondendo-se?

Obviamente, não se pretende aqui uma resposta ou muito menos uma conclusão sobre tão volátil e complexa matéria interpretativa. Certo é que a criatividade e a linguagem artística podem e devem, como sabemos e pretendia Freud, analisar e observar a intelectualidade humana, não sendo pois nunca de descurar a arte em geral e a literatura em especial como expressões de excelência interpretativa da humanidade, acedendo a leituras, até si, totalmente desconhecidas e, portanto, indecifráveis.

---

[100] Idem, Ibidem, pp. 368 e 369. Sao ricos os extractos das citações apresentadas: «...entre muita coisa insignificante, é raro que uma ou outra palavra, um ou outro sinal não simbolize, não denuncie a ideia dominante que o possui. Ora, muitas vezes, estes acessórios têm ainda bastante analogia com o facto principal, para que um espírito investigador, sabendo-os, possa ir por eles, de dedução em edução, até ao fundo dos nossos pensamentos.» As referências ao que constituirá o inconsciente freudiano continuam bem nítidas nestes extractos escolhidos por Egas Moniz: «Daí vem o perigo...a pena da mão que se move sob a vontade deste guia, o qual não tem a direcção necessária para não deixar no papel vestígios das suas curiosas memórias».

[101] Idem, Ibidem, p. 374.

Qualquer ruptura epistemológica não acontece fechada em si, num determinado momento histórico definido. A sua consumação só é possível através de complexa multiplicidade de acontecimentos historicamente identificáveis que, ao se congregarem, concentram forças que promovem e provocam a ultrapassagem da incapacidade explicativa sua contemporânea, isto é, a superação das respostas existentes que urge suplantar.

Ciente da realidade epistemológica que o rodeava, Egas Moniz apontou-nos o caminho da liberdade intelectual como o único que, também de forma exemplar para os mais jovens (de muito trabalhadora, permanente e incansável)[102], lhe proporcionou conseguida realização científica, sedimentada numa extraordinária e imprescindível capacidade cultural que lhe permitiu ser, de Portugal, um dos seus mais distintos filhos, dos primeiros e dos mais credíveis divulgadores da obra e da problematização encimada por Sigmund Freud.

Como vimos, nas diversas obras consultadas, verificamos o profundo conhecimento que o nosso autor possui em todas as temáticas abordadas. Assim, para além de Freud, torna-se interessante revelar os principais autores cuja bibliografia é indicada e consultada por Egas Moniz: Pierre de Eancre - Tableau de L'inconstance des Mauvais Anges et Demons, Paris, 1612; Mesmer - Mémoire sur la Découverte du Magnétisme Animal, Geneve et Paris, 1772; Marquis de Puységur - Mémoire pour Servir à Lhistoire et à rétablissement du Magnétisme Animal, Paris, 1784 e Du Magnétisme Animal, Paris, 1805; Bodin — De la Démonomanie des Sorciers, Paris, 1587; Deleuze — Histoire Critique du Magnétisme Animal, Paris, 1813; Abbé Faria - De la Cause du Sommeil Lucide, Paris, 1819; Chateaubriand - Mémoires D'Outre-tombe, Paris, 1842; Alexandre Dumas - Le Comte de Monte-Cristo, Paris, 1841; Charpignon — Rapperts du Magnétisme Avec la Jurisprudence et la Médecine Légale, Paris, 1860; Carpentier - Mesmerismus and Spiritualismus, Revue Philosophique, Paris, 1877; Friedberg - Uber den Hipnotismus von Gerichtrartzlichen Stadpukte. Deutsche mediz. Wochensgrift, 1880; Hofmann - Nouveaux Elémentsde Médicine Légale, Paris, 1881; J. M. Charcot - Note sur les Divers Etas Nerveux Déterminés par LHypnotisation sur les Hystéro-épileptiques, Paris, 1882, Leçons du Mardi, Paris, 1887, Leçons sur les Maladies du Système Nerveux, Paris, 1892; Paul Janet - De la Sugestion Dans L'Etat D'Hypnotisme, Paris, 1884; Bernheim - De la Suggestion Dans L'Etat Hypnotique, Paris, 1884; Cesare Fombroso - Studi Sull'ipnotismo, Torino, 1886; Pierre Janet - Les Actes Lnconscients et le Dédoublement de la Personalité Pendant le Somnambulisme Provoqué, Paris, 1886; Fiébault - Traitement par Suggestion Hypnotique, Paris, 1886; Charcot - Leçon sur L'Hysterie et Syphilis, Paris, 1887; Fiébault - Le Sommeil Provoqué et les Etats Analogues, Nancy, 1866; Bernheim - Hypnotisme, Suggestion et Psycothérapie, Paris, 1903.

---

[102] " Não basta que o iniciado na investigação seja inteligente e estudioso, é preciso que a sua actividade mental se sinta insatisfeita com as conquistas realizadas e as teorias científicas em curso, procurando alcançar novas luzes a bem da ciência. Se lhe faltar aquela energia e perseverança indispensáveis, de sorte a desanimar ao menor contratempo ou aborrecimento com as contrariedades que sempre surgem; se a sua altivez de pensador se não ligar intimamente ao esforço necessário no campo experimental, suportando com coragem os insucessos sucessivos; se a sua fé se quebrantar ao contacto dos resultados obtidos que não vêm em apoio das suas concepções iniciais; se não souber conter os seus desânimos enveredando por nova orientação, quando os primeiros trabalhos naufragarem, faltam-lhe condições fundamentais de investigador e não tardará a retirar-se da senda, aborrecido e desiludido." Egas Moniz, Confidências de Um Investigador Científico, 1949, Edições Ática, Lisboa, p. 217.

## 2. Sobral Cid (1877-1941) - A Psiquiatria e a Psicanálise

Como o mais ilustre psiquiatra do seu tempo, José de Matos Sobral Cid[103] elaborou inúmeros estudos, textos, conferencias e lições sobre os mais diversos temas sempre apaixonadamente estudados e que, com grande erudição, foi explanando ao longo da vida. "Sobral Cid nao precisa que o apresentem; na cátedra colegas e discípulos o admiram; nos tribunais, o seu parecer é procurado como indispensável e escutado com o respeito devido às maiores autoridades; na clínica da sua especialidade é o Mestre venerado."[104]

E nesta dimensão que se interpreta esta conferência A Vida Psíquica dos Esquizofrénicos. Pensar Autista e Mentalidade Arcaica, proferida na Sala dos Capelos da Universidade de Coimbra, em 16 de Março de 1924.

Nesta brilhante alocução, a esquizofrenia é exposta como uma afectação diversificada e possuidora de quadros heterogéneos e resultantes de um quadro de grande incoerência na afectividade, no pensamento e na acção. Neste sentido, o doente está intensamente distanciado da realidade exterior, virando-se predominantemente para uma vida fantasmagóricamente fantasiada, criada e recriada no interior da sua vida psíquica.

"Aparentemente desprendido da vida terrena, o esquizofrénico acalenta e nutre no mais íntimo da sua personalidade recônditos afectos, inconfessáveis desejos, por vezes formidáveis aspirações - paixões idealistas e platónicas, ambiciosas pretensões nobiliárquicas e heráldicas que a sua situação cruelmente desmente, loucos e inexplicáveis apetites de riquezas, de mando, de honrarias, e até os mais utópicos projectos de vastas reformas políticas e sociais. Somente - e é esta a diferença capital que os separa dos não-esquizofrénicos - em vez de se manterem no domínio da realidade e de dirigirem centrifugamente a sua actividade sobre o meio, procurando obter mediante o seu próprio esforço a tangível realização dos seus desejos, evadem - se dela, voltam decidamente as costas ao mundo objectivo, ensimesmam-se e comprazem-se em procurar na fantasia uma espécie de auto-satisfação das suas aspirações - satisfação meramente

---

[103] José de Matos Sobral Cid (1877-1941). Um dos mais notáveis psiquiatras do seu tempo foi o primeiro mestre da Psicopatologia. Brilhantemente licenciado na faculdade de medicina de Coimbra, onde regeu várias cadeiras como professor, transferiu-se para Lisboa onde veio a ser catedrático de Psiquiatria. Transportando em si a peculiar época estudantil conimbricense do final do séc. XIX, marcou a ciência médico-psiquiátrica da primeira metade do séc. XX, especialmente entre os anos 20 e 40 onde adquiriu especial relevo ao introduzir inovadora classificação nas doenças mentais e novos modelos classificativos na Psiquiatria. Defendeu acérrimamente as técnicas de tratamento humanizado para os alienados tendo, igualmente, efectuado profundos trabalhos de investigação na área da Psiquiatria forense onde, com grande rigor, explanou estudos comparativos em exames morfológicos, neurológicos, clínicos e psicológicos. Toda a sua cultura, estilo claro e primoroso ficaram registados em inúmeros escritos e conferências que multiplicou durante toda a vida. Contemporâneo de Elisio de Moura e Egas Moniz, teve como mestre Júlio de Matos, personalidades que, consigo, compõem uma geração de extraordinária qualidade científica. Insigne pensador do universo do ensino e da intelectualidade, teceu reformas e reorganizações, ainda hoje munidas de contornos de actualidade essencialmente tecidas aquando da sua experiência governativa, pós implantação da República, enquanto Ministro de Instrução Pública.

[104] Prefácio na obra de Sobral Cid, Psicopatologia Criminal - Casuística e Doutrina, editado pela Livraria Bertrand, Lisboa, 1934, da autoria do Professor Doutor Azevedo Neves. J. M. Sobral Cid, Obras, Fundação Calouste Gulbenkian, 1984, Lisboa, Vol. I, p. 277.

subjectiva, mas que acaba por adquirir para eles o valor de realidade. O sonho substitui a acção; o sonhado tem o valor do vivido."[105]

Com efeito, nesta sintomatologia encontramos um estado de demência essencialmente caracterizado por um isolamento objectivo do paciente que fecha o seu sujeito dentro de si mesmo. Este isolamento fá-lo afastar-se da realidade enquanto vai abraçando um preponderante estado de delírio, mais ou menos agraciado com o reforço imagético, sempre confundido e tomado por realidade.

Acentuando a verificação de uma tendência para o surgimento de conjuntos, mais ou menos pertinentes, de representações ou recordações carregadas de fortíssimo valor afectivo, o nosso autor identifica o caminho e o papel dos complexos neste estado demencial ou pré-demencial tipo. "A ideia central e as que em volta dela se vão constelando, tendem a constituir um todo único, mais ou menos independente da restante actividade psíquica; e é justamente a estes sistemas autónomos de representações, ligados entre si, mais por um vínculo afectivo do que por laços associativos de ordem lógica ou racional, que por comodidade de exposição os psicólogos chamam Complexos.

A noção de Complexos é essencialmente dinâmica, ou melhor dizendo, evolutiva. Nascem das mais profundas tendências instintivas do ser - instinto de conservação, instinto sexual e suas sublimações - e tomam esta ou aquela forma, consoante os instintos prevalecentes em cada momento da evolução da personalidade e as facilidades ou obstáculos que a sua satisfação encontra no meio exterior."[106]

É notória a presença de Freud no encadeamento do raciocínio e discurso de Sobral Cid. Na verdade, um complexo constitui-se e toma corpo a partir do desencadeamento de histórias particulares verificadas nas relações interpessoais especialmente ocorridas durante a infância podendo, com correspondência à sua intensidade, estruturar e condicionar os comportamentos, as atitudes e o jogo relacional das emoções.

"Um dos complexos que mais precocemente surge e se desenvolve desde o alvorecer da existência, é o que resulta da fixação da afectividade da criança - ou da sua libido, se preferirmos a linguagem Freudiana - sobre um dos progenitores - complexo parental. Frequentemente sucede que o amor filial se dirige e concentra preferentemente no progenitor do sexo oposto - sendo o pai ou mãe, por assim dizer, o primeiro namoro deste ou daquele dos seus filhos.

A este primeiro amor da criança nem sequer falta o sentimento de ciúme do outro progenitor, que de certo modo lhe disputa o lugar e a priva dos carinhos que ela desejaria exclusivamente para si; sentimento este admiravelmente simbolizado pela tragédia grega do parricídio de Edipo, o Rei. (Complexo de Edipo).

Os actos de satisfação erótica da criança e a consequente fixação da libido sobre o próprio corpo, exprimem-se desde a segunda infância por um complexo especial de narcisismo - quase constante nos adolescentes - e que consiste na contemplação deleitosa de si próprio, na procura de ornatos, no culto e preocupação da linha; em suma, num conjunto de tendências auto-eróticas, ainda isentas, nessa idade, da componente heterossexual da «coqueterie»."[107]

---

[105] Idem, Ibidem, p. 114.
[106] Idem, Ibidem, p. 133.
[107] Idem, Ibidem, pp. 134 e 135.

O nosso autor mantém a proximidade com o pensamento freudiano, nomeadamente na visão do especial complexo de Edipo onde, como se vê, se verifica um real investimento do sujeito individual num objecto sexual, promotor de uma ligação libidinal com ele. Esta realidade indicia uma perspectiva fálica imaginária com a qual o sujeito aborda a realidade, isto é, o mundo exterior. Assim, a sua satisfação pressupõe e depende das determinações simbólicas do inconsciente, situação que inviabiliza a resolução do complexo de Edipo. Neste sentido, a castração do sujeito é assumida, desencadeando um conflito que, consigo, transporta um fracasso promotor da total frustração obtida no cenário da realidade. A fuga desta desencadeia mecanismos compensadores, tão mais doentios quanto mais afastados do real.

"Não menos frequentes são na psicose os complexos de agradável colorido sentimental, radicados no instinto sexual, ávidos de satisfação e que, no entanto a personalidade se vê compelida a reprimir ante as exigências da ética ou a consequência da impossibilidade da sua expansão - apetites inconfessáveis que a nossa censura moral condena ou que força das circunstâncias não permite expandir.

Com efeito, sempre que - graças ao perfeito conhecimento da história pregressa ou a uma psicanálise feliz - nos é possível seguir ao arrípio o curso dos acontecimentos e remontar às origens da psicose, vamos encontrar no ponto de partida um conflito psíquico, mais ou menos dramático, de que resulta uma situação penosa e insuportável à consciência.

Em certos casos, o conflito debate-se, adentro da personalidade, entre um desejo abnorme, tão imperioso como inconfessável, e a consciência moral (censura) que implacavelmente o repudia; entre as forças culturais frenadoras e as tendências instintivas."[108]

Importantes estas referências do nosso autor que continua na plena utilização dos conceitos freudianos não esquecendo o superior papel desempenhado pela censura. Na verdade, ao tratar-se de uma função de carácter permanente e dirigida ao controle selectivo da passagem e comunicação estabelecida entre elementos do inconsciente e do pré-consciente, a censura adquire o estatuto de originária do recalcamento, processo de reconhecimento fundamental para toda a estratégia da terapêutica psicanalítica.

"A personalidade, mesmo a mais simples, não constitui um todo homogéneo. Assim como no domínio somático o indivíduo que se nos apresenta como um congregado complexo de diversas formações anatómicas - espécie de confederação de órgãos e aparelhos funcionando solidariamente - também nos domínios do psiquismo a introspecção e a psicanálise nos permitem distinguir dentro da personalidade um certo número de centros de acção, mais ou menos autónomos, de focos dotados de actividade própria; de sorte a resolver a aparente unidade do «eu» numa pluralidade de funções psíquicas, relativamente independentes e no entanto harmoniosamente solidárias entre si.

Com o desenvolvimento natural, auxiliado pela educação e cultura, os instintos mais grosseiros e egoístas são progressivamente sublimados\ isto é, orientam-se sucessivamente para objectos de ordem cada vez mais elevada, no sentido de uma crescente adaptação à vida social e de uma mais profunda diferenciação do «eu».

Por sua vez, uma força repressiva - a censura - que a educação progressivamente fomenta e desenvolve, espreita e policia vigilantemente a consciência, prestes a afastar

---

[108] Idem, Ibidem, pp. 142 e 147.

do seu âmbito ou a recalcar no seu íntimo todas as tendências instintivas anti-sociais, cuja presença se torna insuportável ou simplesmente penosa à moral. O pejo, o pudor é uma das suas expressões. Representações e ideias que pela sua natureza nao ofendem nem escandalizam a censura, e como tais anodinas e neutras, passam assim a surgir na consciência com o insólito valor afectivo que o transfert lhes conferiu. Evidentemente estas duas operações psíquicas - repressão e o transfert — podem associar-se, sucedendo--se uma à outra. Quantos complexos indesejáveis, depois de energicamente reprimidos, nao tornam a reaparecer disfarçadamente na consciência a coberto de outro pavilhão.

Repressão, sublimação, transfert, eis pois os grandes processos bio-psíquicos que presidem à longa e laboriosa gestão da personalidade humana e mediante os quais ela consegue passar da anárquica autonomia dos complexos a um regime unitário, hierárquico e centralista, no qual todas as tendências instintivas parciais se subordinam a uma tendência dominante."[109]

Na verdade, a inibição voluntária de uma conduta consciente, ideia ou afecto cujo conteúdo é desagradável, constitui o papel da repressão que, associada à força de uma pulsão liberta de objectivo sexual e onde prepondera o especial papel enriquecedor do estético identificado no contexto freudiano de sublimação, compõem a especial matéria de um tratamento posterior trabalhado pela acção do transfert psicanalítico.

E inequívoco que Sobral Cid demonstra um profundo conhecimento das teses psicanalíticas, suas interligações teóricas e funcionais, não abdicando delas na sua explanação e descrição do funcionamento da psique humana. Na verdade, toda a aventura que tais teses transportavam, continham caminhos teóricos e práticos de explicação e compreensão de afectações como o autismo esquizofrénico que o ocupou nesta importante conferência. Demonstrando a importância do reconhecimento dos complexos que, apesar de reprimidos e de todas as cadeias proibitivas que enfrentam, se fazem sentir, Cid sublinha, em especial, a importância verificada na ausência fundamental de diferenciação entre o sensorialmente vivido e o representado. Nesta ausência encontra o indício da chave que permitirá um êxito futuro para o tratamento psiquiátrico que, reforçado com os meios psicanalíticos, tenderá a atenuar o autismo esquizofrénico.

"Eis Meus Senhores, em rápido escorço, a moderna concepção psicológica da Esquizofrenia, tal como ressalta dos trabalhos fundamentais do Prof. Bleuler[110] e da escola de Zurich, e que hoje têm o consenso quase universal dos alienados de todos os países. Devemos dizer ainda que esta concepção se inspira em grande parte nos postulados psicológicos de Freud e que ela representa uma aplicação feliz à teoria das Psicoses dos métodos psicanalíticos."[111]

Sublinha-se a naturalidade com que Sobral Cid reforça a fundamental sustentação das suas teses; Eugen Bleuler e Sigmund Freud. O primeiro enquanto fundador dos próprios termos esquizofrenia e autismo, elementos sempre presentes em todo o seu trabalho e cujos conceitos foi enriquecendo e personalizando. O segundo enquanto criador do mapa científico por onde se rege, dos recônditos desejos à complexa interligação dos complexos, da moléstia do trauma à ómnia presença do inconsciente.

---

[109] Idem, Ibidem, pp. 153, 4 e 5.
[110] Eugen Bleuler, (1857-1939), psiquiatra suíço, foi um pioneiro da nova psiquiatria do séc. XX. Amigo e defensor de Freud, inventou os termos esquizofrenia e autismo fundando uma escola de pensamento que perdurou como fundamental até ao surgimento de soluções provenientes da farmacologia.
[111] Idem, Ibidem, p. 161.

## 3. Fernando Pessoa (1888-1935) - Freud, Instâncias e a Heteronímia da Arte

Fernando Antonio Nogueira Pessoa nasce a 30 de Junho de 1888 em Lisboa onde, depois de inúmeras aventuras percorridas de forma única, vem a falecer em 30 de Novembro de 1935, fulminado por violenta crise hepática.

Pelos 5 anos é surpreendido com a morte de seu pai, perda agravada dois anos mais tarde pelo segundo casamento da mãe, figura ímpar do corpo afectivo do jovem Fernando. A inevitável perda da sua concentração afectiva deixa marcas no crescimento do poeta, constituindo trauma fundamental em toda a sua formação e desenvolvimento. O padrasto, João Miguel Rosa, é cônsul de Portugal em Durben, realidade que arrasta o percurso do jovem Pessoa para a África do Sul, país onde realizou toda a sua brilhante formação, até aos 17 anos, lidando e pensando na língua de Shakespeare, autor que entre outros, avidamente foi cultivando. Com efeito, o inglês é a língua com que aprende e pensa, utilizando-a como ferramenta de vida[112]. Depois de se iniciar em diferentes modelos de escrita, onde vão já surgindo as primeiras personalidades literárias, regressa a Lisboa. Estávamos em 1905, ano em que inicia nova etapa de vida e onde encontramos várias experiências profissionais titubeantes que, de forma evidente, apenas se destinaram à sobrevivência da única razão de existir; a sua escrita.

As influências e referências recebidas por uma sólida formação permitiram a explosão criativa deste nosso autor, senhor de obra única que, aqui, apenas referenciamos a propósito do nosso tema. Na verdade, desde a publicação em A Aguia dos três artigos sobre a "Nova Poesia Portuguesa", do conhecimento dos célebres heterónimos Alberto Caeiro, Ricardo Reis e Álvaro de Campos em 1914, da Orpheu em 1915, da Athena de 1924 até ao ano de 1926 (quando sofre dois profundos abalos; a congestão cerebral de sua mãe, ainda a viver em Pretória e o suicídio do seu grande amigo Mário de Sá Carneiro perpetrado em Paris), a vida de Pessoa centra-se num permanente tufão de criatividade vital que, alimentada de lágrimas secas, lhe formata a existência.

Na verdade, em contraste com a sua pose afável e cortês, a sua obra emana uma imensa diversidade e riqueza de vida interior, superiormente transformada em obra literária absolutamente ímpar, onde se cruzam contrastantes crises de pessimismo terrível com momentos de exaltada criação, tenebrosas lutas entre sentidos do mistério e o cepticismo mais corrosivo.

Da exigência extrema em relação à verdade sobre si mesmo, à lucidez sobre os meandros, motivações e forças patenteadas foi, em um, muitos. Por outro lado o fraccionamento experimentado na sua personalidade, emoção, inteligência e expressão de infindas vivências constroem uma multiplicidade de formas de sentir, pensar, de ser. A aguda sensibilidade, o deixar-se guiar pelo paradoxo, pela armadilha da falsa verdade e da sinceridade infantil, colocada no mais complexo da tumultuosa experiência adulta, pinta a vida como quadro único em cores de delírio, só possíveis em tinteiros de vivência excessiva. Movendo-se por detrás de uma multidão de personagens, ensaia no palco da despersonalização para, através doutros, se tentar dizer cada vez mais, de si e a si próprio.

---

[112] Em 1903, entre 600 candidatos, ganha o prémio de melhor ensaio de inglês, o Queen Victoria Memorial Prize.

"Acerquei-me de uma cómoda alta, e, tomando um papel, comecei a escrever de pé, como escrevo sempre que posso. E escrevi trinta e tantos poemas a fio, numa espécie de êxtase cuja natureza não consegui definir. Foi o dia triunfal da minha vida, e nunca poderei ter outro assim.[113] Abri com o título O Guardador de Rebanhos. E o que se seguiu foi o aparecimento de alguém em mim, a quem dei desde logo o nome de Alberto Caeiro...aparecera em mim o meu mestre.

Aí por 1912, salvo o erro...veio-me à ideia escrever uns poemas de índole paga. Esbocei umas coisas em verso irregular...e abandonei o caso. Esboçara-se-me contudo, numa penumbra mal urdida, um vago retrato da pessoa que estava a fazer aquilo. (Tinha nascido, sem que eu soubesse, o Ricardo Reis).

E, de repente, e em derivação oposta à de Ricardo Reis, surgiu-me impetuosamente um novo indivíduo. Num jacto, e à máquina de escrever, sem interrupção nem emenda, surgiu a Ode Triunfal de Álvaro de Campos."[114]

Eis os heterónimos pessoanos contados de viva voz.

Muitos personagens foi construindo no decorrer da vida, pois "é, de facto, dos seus seis anos, por certo da época que se segue a esse aniversário feliz de 1894, a primeira fase expansiva da sua tineta imaginativa. E ele próprio quem reporta a essa época a criação da sua primeira personagem mental - Chevalier de Pas -, «um certo Chevalier de Pas dos meus seis anos, por quem escrevia cartas dele a mim mesmo, e cuja figura, não inteiramente vaga, ainda conquista aquela parte da minha afeição que confina com a saudade»"[115]. Diversas figuras munidas de maior ou menor personalidade literária são criadas ao longo dos seus diversos tempos; Alexander Search ou Charles Robert Anon foram, pelos 16 anos, elementos assinaláveis nos primeiros passos da caminhada pessoana, identificadora da sua formação inglesa, preponderante até 1908.

Esta fragmentação do sujeito representa uma das mais vincadas expressões de heteronímia, um drama em gente como chamou, bem expresso em complexa metafísica onde não faltaram as respectivas biografias e considerações críticas mantidas entre si próprios, assentes nos respectivos contornos, complexidades e mundividências.[116] O seu profundo conhecimento da filosofia grega e alemã[117] permitia-lhe uma ginástica conceptual capaz de desenvolver qualquer temática ontológica, antropológica ou cosmológica, fundamentadoras de problemáticas colocadas em campos diversos: desde a universalidade presente na questão da essência e existência de Deus, à particularidade e heterodoxia presentes na construção lógica, filosófica e cultural expressas na construção e personalização de cada heterónimo.

---

[113] Dia 8 de Março de 1914.
[114] Fernando Pessoa, PDE, pp. 201 e 202.
[115] Vida e obra de Fernando Pessoa, João Gaspar Simões, Publicações D. Quixote, 6.ª Ed., Lisboa, 1991, p. 51.
[116] "Fernando Pessoa, Álvaro de Campos, Alberto Caeiro - três nomes distintos de um só Artista cuja Arte é, realmente, uma synthese-somma, e não uma synthese-subtracção dos outros de si... Fernando Pessoa tem ainda mais nomes... / Isto revela no Poeta uma complexidade, uma multiplicidade e uma variabilidade muito característica do nosso tempo e muito e muito reveladoras de faculdades excepcionais." José Régio, n.º 3 da revista Presença de 8 de Abril de 1927, p. 2 (itálico e reticências do autor).
[117] Entre outros, anota e comenta textos de Heraclito, Platão, Aristóteles, bem como de Descartes, Kant e Leibniz. Vide António de Pina Coelho, Textos Filosóficos de Fernando Pessoa e Fundamentos Filosóficos de Fernando Pessoa.

Indubitavelmente, a imensa estrutura de subjectividades que pode ser encontrada e estudada sem fim, numa obra e personagem como Fernando Pessoa, constitui matéria única para a análise psíquica e respectivo estabelecimento de contornos inerentes a tal personalidade.

"A origem dos meus heterónimos é o fundo traço de histeria que existe em mim. Nao sei se simplesmente histérico, se sou, mais propriamente, um histérico-neurasténico. ...A origem mental dos meus heterónimos está na minha tendência orgânica e constante para a despersonalizaçao e para a simulação. Estes fenómenos - felizmente para mim e para os outros - mentalizaram-se em mim; ... fazem explosão para dentro e vivo-os eu a sós comigo."[118]

A objectividade pretendida nestas considerações é reforçada pelo amigo, estudioso e biógrafo, João Gaspar Simões. "Parece-me que não pode haver dúvidas quanto à origem das considerações que Fernando Pessoa foi levado a fazer acerca da génese dos seus heterónimos na carta referida. ...«sou um histero-neurasténico com a predominância do elemento histérico na emoção e do elemento neurasténico na inteligência e na vontade (minuciosidade de uma, tibieza de outra)», assim me confessava ele numa carta de 11 de Dezembro de 1931, persuasão essa que o acompanhou pela vida fora,..."[119]

Como em outros contextos, também confirmou na sua carta de despedida a Ofélia: "O meu destino pertence a outra Lei, de cuja existência a Ofelinha nem sabe, e está subordinado cada vez mais à obediência a Mestres que não permitem nem perdoam."[120]

A relação com o elemento feminino, o amor heterossexual ou não, mantém-se em dúvida na descodificação objectiva de uma personalidade, de uma singularidade, digamos, tão múltipla, tão complexa e especial. No entanto, como nos diz Gaspar Simões, "Se homossexualidade havia, era apenas platónica. A anormalidade da sua vida sexual denuncia-se, claramente, na espécie de repulsa que lhe merece o amor físico entre homem e mulher... Embora não nos queiramos enfeudar a uma explicação psicanalítica da frustrada sexualidade de Fernando Pessoa, o certo é que não podemos deixar de render culto às penetrantes análise da libido, quando a libido se patenteia, realmente, de uma forma tão flagrantemente anormal... O certo, contudo, é que em casos como o presente — o de alguém que não logrou realizar-se sexualmente mercê de uma inibição com raízes numa fixação sexual infantil, a qual afastou do adulto qualquer possibilidade de vir a encontrar-se com criaturas do sexo daquela que foi a causa prematura dessa fixação sexual, uma vez que a pureza do sentimento que a criança vota à mãe lhe não consente conceber uma união carnal com alguém que patenteie afinidades físicas com a entidade «sacralizada» - há noventa e nove probabilidades em cem de encontrarmos na libido infantil a desejada solução do problema."[121]

Concludente esta abrangente dúvida de Gaspar Simões. "Mas não terá seja o que for de homossexualismo a maternidade mental que lhe permitiu criar a família de heterónima? Pessoa, dando vida a Álvaro de Campos, a Ricardo Reis e a Alberto Caeiro, não falando nos demais heterónimos, denuncia, talvez, uma fecundidade mental muito

---

[118] Vida e obra de Fernando Pessoa, João Gaspar Simões, Publicações D. Quixote, 6.ª Ed., Lisboa, 1991, p. 234. Referência a uma carta enviada a Adolfo Casais Monteiro.
[119] Idem, Ibidem, p. 233.
[120] Idem, Ibidem, pp. 443 e 444.
[121] Idem, Ibidem, pp. 452, 453.

mais parecida com a da mãe que gera filhos no seu ventre de carne do que com a do escritor que concebe personagens no seu ventre de substância cinzenta."[122] De todo o modo, relevamos esta interpretação, tendo em conta a proximidade do biógrafo e correspondente que, com a sua proximidade, nos coloca interpretações, sempre questionadas[123] e questionáveis, perante a dimensão do estudado em causa. Mas, João Gaspar Simões é ainda mais directo na sua análise objectivada pelo óculo psicanalítico, neste extracto do seu artigo publicado na revista Presença[124]. "Freud, para explicar a essência da arte, fala em sublimação. Certas tendências sexuais infantis inibidas evadir-se-iam por uma esfera diferente, isto é, não sexual, assumindo, dessa maneira, aspectos puramente ideais (não práticos). O «complexo de Edipo» e toda a misteriosa vida sexual infantil têm, pois, uma influência decisiva sobre a futura vida da criança. O chamado «fundo sentimental» do artista é quase sempre uma sobrevivência dessa remota agitação sexual dos primeiros tempos de vida."[125]

Esta temática conduz-nos igualmente à questão da simulação, do fingimento e do jogo real-irreal em permanente disputa nas linhas e entrelinhas da arte em geral e da poesia em especial. Neste particular "...Pessoa aceitava que o irreal não podia ser irreal sem ser real. «O Aparente», dizia, «é uma realidade irreal, ou uma realidade real - uma contradição realizada». E, deste modo, os seus heterónimos, dramaticamente concebidos como personagens irreais de um drama real, drama que era a própria existência de Fernando Pessoa», tornavam-se personagens reais desse mesmo drama: eram a única maneira sincera ao alcance do poeta de realizar sinceramente a sua personalidade, visto que, inibido de o fazer no plano das emoções, que é o plano da vida, só no plano da inteligência o podia conseguir. Com efeito, só aí o poeta — o poeta superior — pode, real e verdadeiramente, ser sincero."[126]

Do mesmo modo, o controverso do artista perante o demasiado fechado e lógico é rejeitado pelo génio. Como, a propósito, bem comentou João Gaspar Simões: "Se Pessoa fosse realmente um artista que não soubesse senão mentir, pequeno artista teria sido. Freud deve ter errado em muitos pontos da sua doutrina, mas não, com certeza, quando insinua o calvário do homem incapaz de pronunciar uma palavra, por mais

---

[122] Idem, Ibidem, p. 454.
[123] Por exemplo, António Quadros, questiona oportunidade na aplicação da análise interpretativa exclusivamente baseada nas teses freudianas pois "...é contra a radicalização das interpretações freudianas. Freud e a escola de Viena inauguram certamente um capítulo novo e fundamental no estudo da psique humana, pondo em relevo o lugar das pulsões sexuais, dos traumatismos infantis, da libido, dos recalques, do complexo de Edipo, etc., no comportamento dos humanos. Sabe-se no entanto que as suas análises nem sempre foram suficientemente abertas, porque tinha o monodireccionismo obsessional de todos os grandes descobridores." António Quadros, Fernando Pessoa — Vida, Personalidade e Génio, D. Quixote, Lisboa, 1984, 4.ª Edi. p. 138 (itálico do autor).
[124] Presença, folha de arte e crítica, revista quinzenal sediada em Coimbra, dedicou-se essencialmente à arte e literatura. Inovadora na apresentação e grafismo, foi fundada pelos directores Branquinho da Fonseca, José Régio e João Gaspar Simões em Março de 1927 foi, durante os seus 56 números (até Fevereiro de 1940), das mais importantes publicações do género feita em Portugal. Para além dos directores, possuiu um leque de colaboradores de absoluta excelência como José Régio, Branquinho da Fonseca, Vitorino Nemésio, Pedro Homem de Melo, António Botto, Mário Sá Carneiro e António Nobre, entre outros.
[125] Revista Presença, folha de arte e crítica, Coimbra, Nov. - Dezembro, 1930, ano quarto, n.º 29, volume segundo, p. 10.
[126] Vida e obra de Fernando Pessoa, João Gaspar Simões, Publicações D. Quixote, 6.ª Ed., Lisboa, 1991, p. 249. — Como dizia Pessoa: fingir é conhecer-se.

banal, em que se não traia alguma coisa do seu ser profundo. Quando um poeta diz que nao sabe senão mentir perde, momentaneamente, a faculdade de medir a credulidade de quem escuta. O belo dá sempre a mão à verdade."[127]

A questão da identidade, tratada em si própria e enquanto matéria de levantamento psico-analítico, transporta-nos para o domínio do analisável, do interpretável à luz do optimismo disponível para um acervo indutivo do científico. Questionar o objetivamente analisável de uma personalidade como Fernando Pessoa coloca-nos, inevitavelmente, perante o limiar máximo do objectável confrontado com o especulativo. Não pretendendo entrar no domínio do ensaísmo, sentimo-nos suficientemente à vontade para conferir o imenso campo psicanalítico que uma obra como a pessoana abre nas suas linhas e entrelinhas e, também, nomeadamente pelas abordagens que de forma objectiva estabelece. Como não poderia deixar de ser, confrontado com alguns comentários e análises sobre si escritos, Fernando Pessoa manifesta algum desconforto compreensível, enquanto rejeita liminarmente a sua capacidade ou possibilidade funcional. Mas, como quase sempre, não encerra a matéria e, muito menos a pretende esgotar. Sobre estas questões e novos desafios, nomeadamente lançados por comentadores e estudiosos, como Gaspar Simões[128], Pessoa estabelece considerações, embora que breves, importantes para a compreensão de tal paranoia de tipo interpretativo.

Assim, esta possibilidade do conhecimento do âmago humano "... não atingiu ainda o comando dos meios de aprofundamento, e em parte, busca aprofundar pontos da alma humana que não haverá nunca meios para aprofundar. Entre os guias que induziram no relativo labirinto para que entrou, parece-me que posso destacar o Freud, entendo por Freud ele e os seus seguidores. Acho isto absolutamente compreensível, não só pelas razões gerais acima expostas, mas pela, particular, de que Freud é em verdade um homem de génio, credor de um critério psicológico original e atraente, e com o poder emissor derivado desse critério se ter tornado nele uma franca paranoia de tipo interpretativo. O êxito europeu e ultra europeu do Freud procede, a meu ver, em parte da originalidade do critério; em parte do que este tem da força e estreiteza da loucura...; mas principalmente de o critério assentar numa interpretação sexual."[129]

---

[127] Revista Presença, Coimbra, Julho, 1936, ano décimo, n.º 48, volume segundo, p. 22.

[128] "A leitura dum poema de Mário de Sá Carneiro ou Fernando Pessoa desconcerta. / Nada de mais natural. / Um génio é sempre desconcertante, porque nos surpreende por aquele lado pelo qual nós supúnhamos não poder vir a ser desconcertados - pelo lado da sensibilidade e da inteligência. / A arte, e, particularmente a literatura, é uma transposição da vida: dos sentimentos, das sensações, da inteligência que o homem tem dela quanto é artista. É uma transposição, porque entre os sentimentos, as sensações, as ideias vividas e a sua expansão formal há uma verdadeira transição - uma fatal, invencível, involuntária transição.../ Daqui o culto da arte infantil, da arte primitiva, da arte negra, da arte dos loucos. Daqui o sucesso de Bergson com os seus dados imediatos da consciência, e a actualidade de Freud com o seu processo da Psicoanálise, em que a livre emissão das ideias é aceite como a mais profunda, essencial e clara revelação do carácter; em que os sonhos, os erros, os lapsus-linguoe adquirem um valor inestimável para o conhecimento da personalidade humana; e em que o sub-consciente aparece terrivelmente vasto, inexplorado, e tão rico de possibilidades que, com ele, e à sombra das teorias freudianas, se esboça já uma renovação crítica e da educação infantil. E no que uma tal atitude pode haver contribuído para o aparecimento das mais estranhas, bizarras e imprevistas formas de arte deve-se facilmente poder avaliar." Gaspar Simões, n.º 14-15 revista Presença, de 23 de Julho de 1928, pp. 2 e 3 (itálicos do autor).

[129] Revista Presença, Coimbra, Julho, 1936, ano décimo, n.º 48, volume segundo, pp. 17 e 18.

Encontramos aqui um início meditativo direccionado, com alguma malícia, a Gaspar Simões, colocado num estado etário e crítico-interpretativo de crescimento. Mas Fernando Pessoa vai mais longe e nao pode deixar de estabelecer algumas considerações a propósito, revelando um pouco do que pensava de tal teoria, apoiando-se num desenvolvimento centrado em si e, como lhe é tão natural, munido de tom introspectivo.

"Ora, a meu ver (é sempre "a meu ver"), o Freudismo é um sistema imperfeito, estreito e utilíssimo. E imperfeito se julgarmos que nos vai dar a chave, que nenhum sistema nos pode dar, da complexidade indefinida da alma humana. E estreito se julgarmos, por ele, que tudo se reduz a sexualidade, pois nada se reduz a uma coisa só, nem sequer na vida intra-atómica. E utilíssimo porque chamou a atenção dos psicólogos para três elementos importantíssimos na vida da alma, e portanto na interpretação dela: (1) o subconsciente e a nossa consequente qualidade de animais irracionais, (2) a sexualidade, cuja importância havia sido, por diversos motivos, diminuída ou desconhecida anteriormente; (3) o que poderei chamar, em linguagem minha, a translação, ou seja a conversão de certos elementos psíquicos (não só sexuais) em outros, por estorvo ou desvio dos originais, e a possibilidade de se determinar a existência de certas qualidades ou defeitos por meio dos efeitos aparentemente irrelacionados com elas ou eles. Não tenho lido muito do Freud, nem sobre o sistema freudiano e seus derivados; mas o que tenho lido tem servido extraordinariamente - confesso - para afiar a faca psicológica e limpar ou substituir as lentes do microscópio crítico."[130]

Não nos restará qualquer dúvida em relação à extrema qualidade presente na faca de Fernando Pessoa e, muito menos, na perceptível competência do seu bem afiado gume, polido em amolador de base freudiana. A obra do nosso brilhante poeta, entre outras características, pauta-se por se incidir num pendor eminentemente crítico que se vai apresentando nos cenários sociais e políticos dos seus diversos heterónimos que, circulando em movimentos de linhas secantes, compõem uma substância nuclear ontológica de um complexo eu dissidente. Este conglomerado identitário produz uma poética artisticamente classificável nos mais elevados níveis da totalidade e da perfeição, aqui e ali pautada por uma idiossincrasia galopante que, em espasmos de criatividade, esventra os terrenos da ficção metapsicológica evocando um recalcamento crónico, alimentado por rejeições e pulsões perdidas num tempo que recria como eterno.[131]

As considerações de Pessoa, se por um lado expressam alguma distância do freudismo, não deixam de transparecer envolvimento, curiosidade e receio. Receio por qualquer confronto com uma estranha chave que, alguma vez, descodifique o segredo da intimidade, do lar, alcova do solitário e genésico guerreiro. Assim, "...reconheço o poder hipnótico dos freudismos sobre toda a criatura indigente, sobretudo se a sua inteligência tem a feição crítica. O que desejo agora acentuar é que me parece que esse sistema e os sistemas análogos ou derivados devem por nós ser empregados como estímulos da argúcia crítica, e não como dogmas científicos ou leis da natureza."[132]

---

[130] Revista Presença, Coimbra, Julho, 1936, ano décimo, n.º 48, volume segundo, p. 18.
[131] "Converta-me a minha última magia / Numa estátua de mim em corpo vivo! / Morra quem sou, mas quem me fiz e havia, / Anónima presença que se beija, / Carne do meu abstracto amor cativo, / Seja a morte de mim em que revivo; / E tal qual fui, não sendo nada, eu seja!" Fernando Pessoa, extracto de O último Sortilégio.
[132] Idem, Ibidem, p. 18.

É identificável um reconhecimento eminentemente contributivo da psicanálise para um conhecimento especialmente vocacionado para o homem em si, num envolvimento vocacionado polemizante que, com um traço de interesse, transparece e emerge das considerações de Pessoa. Mas, Freud mexia em matérias abrangentes do íntimo do poeta, um íntimo que pretendia absolutamente impenetrável, terreno sagrado, virgem e sem atmosfera. Lá, só o poeta só, na sua solidão, podia entrar no momento do seu êxtase criativo. Um recôndito Ego, sem espaço para o outro.

Na verdade, o poeta não hesita em abordar as emoções desencadeadas pelos comentários tecidos e objectivados a propósito do Mestre de Viena. "Nem esqueci, é claro, que, lá para trás nesta carta, escrevi qualquer coisa sobre «afiar a faca psicológica» e «limpar ou substituir as lentes do microscópio crítico». Registo com orgulho, que pratiquei, falando do Freud, uma imagem fálica e uma imagem irónica; assim sem dúvida ele o entenderia. O que concluiria não sei. Em qualquer caso, raios o partam!"[133]

A ironia pessoana, penetrante e nervosa, mostra o nosso poeta, vestindo trajes de cromatismos diferentes, envolvendo a sua personagem múltipla, carente e genial, crítica mas também apodíctica, numa confrontação permanente que se abre sobre um alguém, eterno e desconhecido.

Afigura-se-nos importante um propositado estudo sobre novas leituras, sempre possíveis e desejáveis numa obra com a dimensão da agora abordada. Embora certos que a sua principal força, na recepção de Freud em Portugal, reside na própria importância do autor, interessa sublinhar as suas referências ao mestre de Viena, lidas numa contextualização psicanalítica que, transversalmente, poderá fundamentar um prisma interpretativo interessante para a hermenêutica pessoana. As suas referências dirigidas a Freud indiciam um afastamento não definitivo, ou seja, um distanciamento próximo, um tocar em algo que não pretende aprofundar, como se de movimentação de auto defesa se tratasse.

Também neste sentido se apela à verificação de um sentir plural, português de essência e alma pois, no seu todo, Fernando Pessoa identifica e identifica-se numa contextualização colectiva de um povo, de uma nação Portugal que, de forma sofrida, personifica como destino pulsional, reservando a sua arte para um aturado trabalho onírico, sítio e refúgio onde a alma do poeta descansa e se renova.

Neste sentido e como vimos, munida de uma expressão criativa genial, expressa em constante transe de autognose que se passeia num oculto e esoterismo transbordantes, a obra de Pessoa é também eminentemente nacionalista, nunca deixando de transmitir um cunho cosmopolita da sua ideia de Portugal, nação predestinada à acção imperial e civilizadora, muito embora o preocupasse o, infelizmente ainda actual, constante estado de atraso.

Com tudo e especialmente com Portugal, esteve preocupado.

Neste sentido, assumiu a especial missão de agitar e influenciar as gerações futuras a fim de melhorarem e estimularem a imagem da Pátria cá e além fronteiras. Assim, o Quinto Império de ordem espiritual urge como mola fundamental de nova ordem, um império de cultura e valores assumidos e corporizados no espírito da língua portuguesa. "A minha pátria é a língua portuguesa".[134]

---

[133] Idem, Ibidem, p. 20.
[134] Ojyra Poética de Fernando Pessoa, Vol. II, p. 573.

O seu sentido de vida foi só um: dar corpo à alta missão intelectual de que, desde cedo, se sentiu portador. Erguer alto o nome português foi o seu desígnio e luta que, sem limites ou medo do excesso ou extravagância, com o brilho único da estrela que passa, perseguiu até ao fim.[135]

A ciência cognitiva de hoje fundamentará uma subjugação do intelecto perante a confrontação do tumulto dos sentimentos, também verificáveis como estímulos de argúcia crítica, de contínua reinterpretação.

Para além do pequeno mas interessante tropeço nas calçadas psicanalíticas, fica-nos a imagem também dada pela via freudiana, de um Fernando Pessoa, poeta português, apaixonado pelo conhecimento, escritor gnosiológico, intransigente perseguidor do que de escuro existe no claro, incessante perseguidor da verdade e do seu País.

### 4. Abel de Castro (1900-1947) - A Curiosidade e a Correspondência

Abel de Castro (1900-1947), escritor, jornalista e professor licenciado em histórico-filosóficas, desde cedo manifestou muita curiosidade pelas ideias liberais e reformistas. Acérrimo adepto da Igreja Baptista, escreveu textos e livros de cunho religioso onde defende a instrução popular, a liberdade e a democracia. A negação Baptista dos dogmas e a proximidade às questões sociais explicam a sua liberdade de espírito e a consequente atracção a novas e contemporâneas formas de conhecimento como a Psicanálise.

Esta curiosidade levou-o a abordar o estudo das teses freudianas com que, progressivamente, se foi identificando. Assim, no seu livro de 1927, A Valorização do Esforço,[136] dedica especial atenção a diversas vertentes do estudo da Alma, Deus, Corpo e Beleza. A esse propósito recupera alguns sentidos de Totemismo, Tabuismo e Animismo tecendo considerações várias sobre vida, razão, alma e Deus onde reconhece que "...há no entanto uma super-razão, enigma para o homem no século actual, e que bem pode chamar-se a Vida. As últimas obras do sábio Sigmund Freud sobre a psicologia colectiva, vêm claramente confirmar o que dizemos. Freud vê no instinto religioso uma manifestação colectiva do Libido, sendo Libido a natural tendência ao Prazer. Neste termo se inserem todas as manifestações de amor, desde a sua forma sexual à sua forma colectiva, a mais pura e estilizada. Ele vê também no instinto religioso a influência enorme do Inconsciente ligando-nos com a Vida, e isto é ainda manifestação de Amor."[137]

Encontramos aqui, numa evidente atmosfera de cunho religioso, um esforço reinterpretativo de conceitos globalizados de prazer, amor e alma que, depois de expostos a novas categorizações, nos poderão revelar novas constelações do universo humano.

---

[135] "Visceralmente anti social, preferia a morte ao acomodatismo que inevitavelmente espera aquele que dura de mais e que, durando, acaba prisioneiro daquilo de que sempre procurou evadir-se: a glória terrena." História da Poesia Portuguesa do Século XX, João Gaspar Simões, Empresa Nacional de Publicidade, Lisboa, 1959, p. 503.

[136] Interessante a bibliografia identificada por Abel de Castro, registando-se alguns nomes de vulto como, entre outros, William James ou Henry Bergson. Directamente relacionado com a psicanálise encontramos L'Introduction à la Psychanalyse; Totem et Tabou; Psychologie Collective et Analyse du Moi e La Psychopathologie de la Vie Quotidiene de Freud e A Vida Sexual de Egas Moniz. Por estas escolhas verificamos o real interesse do autor por estas matérias sublinhando-se (já em 1927) a importância do nosso Egas Moniz como autor de consulta.

[137] Abel de Castro, A Valorização do Esforço, Imprensa Moderna, 1927, Porto, p. 28.

"A Alma, é pois, a verdadeira e absoluta unidade imaterial, ou, digamos melhor, de uma materialidade desconhecida. / Seja como for, e o problema da sua origem nao nos importa, a alma é uma unidade de vida e assim funciona na existência humana. No organismo ela acciona a vida motora funcional, presidindo ao mecanismo da vida e tendo tal função, que uma das partes totalmente senhora dos órgãos tem o nome de Inconsciente."[138]

A este propósito, nesta concentração de estudos e investigações efectuadas sobre essa unidade transcendente que é a alma Abel de Castro, depois de diversas considerações, toma posição clara. "Assim, das teorias modernas aquela que perfilhamos e que mais nos pode ajudar no nosso estudo, é a de Freud, célebre neurologista austríaco. E o ramo da ciência em que esta teoria se enfileira chama-se Psicanálise.

Freud notou que os fenómenos de psicopatologia mantinham uma certa relação com os fenómenos sexuais, e daí a sua análise da alma e o seu belo estudo sobre os complexos, o que veio dar uma nova orientação às ciências psicológicas."[139]

Para melhor explanação do que expõem, o nosso autor utiliza, como noutros capítulos deste livro e do que posteriormente escreveu em 1935 (.Filosofia Elementar), um quadro esquemático das ideias fundamentais, intitulado Teoria Psicoanalítica de Freud. Neste quadro resumo e explicativo da dinâmica fundamental do sistema freudiano, o nosso autor aproxima-se do conceito de complexo e de toda a inovadora teia de interdependências presentes nesta descodificação da vida afectiva e intelectual. Aqui, surge o "Real Psíquico" como "realidade interna incompleta, dificilmente conhecida pela percepção"[140] Não deixando de se constituir como uma abordagem ainda embrionária às matérias em causa, já possui conceitos elaborados e interpretados como inconsciente, consciente, pré-consciente, instância, censura e complexos, em cuja composição sublinha elementos representativos ou intelectuais, elementos motores e elementos afectivos.

"Piá, portanto, elementos chamados, por Freud, Complexos de origem puramente sexual, que vivem no Inconsciente e são uma das bases da vida psíquica.

Amor, que para Freud é a base de toda a Vida, é-o também para o Cristianismo, que pelos lábios de Jesus, declara: «Deus é Amor»"[141] [142]

Não podemos deixar de assinalar esta muito própria interpretação de Abel de Castro, rodeado do seu espiritualismo, criativamente alimentado pela já assinalada liberdade intelectual que, de forma motivada, empreende na sua escrita. "Há, pois, mais e mais necessidade de estudo, para a compreensão da vida. Tomar conhecimento do Inconsciente que em nós habita, usar bem da Instância e Censura, ampliando-as, a fim de saltar com os inconscientes para o Consciente, sublinhando, assim, o libido, é uma das finalidades da existência. O homem que bem se conhece, melhor conhecerá o Mundo que o cerca.

Esta curiosidade pelo mundo que nos cerca constitui, efectivamente, a pedra de toque animadora de Abel de Castro nesta sua escrita que, de forma questionante, pretende harmonizar ciência e religião, ambicionando encontrar e ajudar a encontrar

---

[138] Idem, Ibidem, p 29. Itálicos do autor.
[139] Idem, Ibidem, p 32. Itálicos do autor.
[140] Idem, Ibidem, p. 33.
[141] Idem, Ibidem, p. 34. Itálicos do autor.
[142] Idem, Ibidem, p. 33. Itálicos do autor.

novos conhecimentos sobre o enigmático íntimo da humanidade. Assim, apesar da notória coabitação entre elementos de fé e ciência, o seu texto deixa-nos a fundamental preocupação colocada na procura, objectivada em si própria, em campo aberto e sem concessão a qualquer restrição de tipo dogmático.

E pois neste contexto de investigação pura, bem alimentada pela energia da curiosidade, que nos surgem as demandas escritas a Freud e cujas respostas constituem documentos que são, até ao presente, os únicos em Portugal assinados pelo Mestre de Viena. Escritas em inglês, estas respostas identificam o teor das cartas[143] de Abel de Castro, ocupado que estava a recolher o maior número de elementos para as fundamentações que pretendia colocar nas suas meditações, nomeadamente na escrita deste seu livro A Valorização do Esforço que posteriormente enviou para Viena, recolhendo o respectivo agradecimento na segunda carta que recebeu de Freud. Na verdade, encontramos nestas cartas um Freud absolutamente disponível para o atendimento de toda a genuína curiosidade que fosse manifestada sobre os seus trabalhos.

Na continuidade da sua escrita, provavelmente também encorajado pelas respostas do Mestre de Viena, Abel de Castro surge com outro livro Filosofia Elementar no ano de 1935. Especialmente dedicado aos estudantes, pois "durante as lições magistrais, os alunos apreendem a exposição do seu Mestre, necessitando porém de ter um guia de ensino por onde possam em trabalho individual e sossegado assimilar a matéria que na aula lhe foi sabiamente exposta."[144] Identificando o ensino a que especialmente se dedicou, o autor dirige-se a uma juventude a quem convida para tarefas intelectuais como forma de auto-concentração. Também aqui encontramos referências de simpatia e concordância global para as teses defendidas por Freud.

Num aditamento à temática dos caracteres da consciência (intitulado O Problema do sub-consciente e do inconsciente. Psicoanálise de Freud), distingue os fenómenos em conscientes, semi-conscientes e inconscientes. Neste propósito, utiliza as novas dinâmicas que conhece. "Se bem que haja livros de filosofia, em que o Conscinte, Subconscient e e Inconsciente nos sejam apresentados como um conjunto de entidades de vida, autónoma e trabalhando entre si como dispositivos absolutamente materiais, com «Zonas e Planos», de tal maneira que se nos afigura uma série de caixinhas interceptando-se umas às outras, entendendo que devemos ser verdadeiros no que escrevemos para o público, e, como tal, arredamos essas concepções absolutamente mitológicas e materialistas, para darmos sobre este assunto, o que a Psicologia nos pode dar, - construção de espírito - aliada à Psicanálise de Freud que, se teve muitos erros e exageros, teve porém o condão de vir patentear um novo dinamismo, ou aspecto dinâmico, melhor diremos, da vida da Alma."[145] Embora manifestando conhecimento das críticas dirigidas à psicanálise, o nosso autor reconhece-lhe o valor e a dinâmica inovadora que em si transportou novas classificações e normas explicativas, especialmente úteis nesta fase de crescimento das investigações em psicologia.

"Freud, supôs num belo exemplo que poderíamos fazer uma imagem analógica interessante da nossa vida psíquica, do modo seguinte.

---

[143] Estas cartas de Abel de Castro nunca foram encontradas.
[144] Abel de Castro, Filosofia Elementar, Livraria Sá da Costa, Lisboa, 1935. Prefácio do autor.
[145] Idem, Ibidem, p. 1, (Aditamentos).

Suponhamos um grande salão de dimensões mais que 10 vezes maior do que outro que lhe fique contíguo, mas a ele ligado por um estreito corredor. O salao grande, seria a sede das forças inconscientes, e o salao pequeno, o das forças conscientes, sendo o corredor, o espaço ocupado pelas forças semi-conscientes, que aí receberiam as influências da «Instância» e da «Censura». A Instância seria uma espécie de guarda-portões que teria a função, de quando uma força inconsciente quisesse passar a consciente, modificá-la, dando traços de memória e avivando a sua energia. A Censura seria uma força proveniente da educação adquirida, novo guarda-portão que, quando a força inconsciente quisesse passar a consciente, lhe lembraria os conhecimentos adquiridos. Se estas duas forças - guarda-portões — conseguissem limpar o inconsciente de todas as tendências mórbidas e carregadas de «libido» ou sentido do prazer, para as tornarem conscientemente intelectivas, as forças inconscientes pouco se demorariam no corredor do «Subconsciente» e seriam transformadas em conscientes, mas, se a Censura e a Instância, o não conseguissem, conseguiriam ao menos efectuar a repressão das forças inconscientes para o lugar onde estavam, e estas, aí impossibilitadas de vir a ser conscientes por «Sublimação» do «libido» efectuado pela Censura e Instância, permaneceriam latentes no estado inconsciente e, mais tarde ou mais cedo, criariam processos de se mascararem, transformando-se, por simples disfarce, criando os sonhos, apresentando-se então na nossa vida onírica sob os aspectos mais disformes que o sonho parvo apresenta, ou a pseudo obra de arte."[146]

Confrontando-nos com uma exposição aceitável para a época, o nosso autor esforça-se por nos descrever o esquema comunicativo entre as duas entidades primordiais da actividade intelectual vista pelo sistema freudiano, complementado com imagens semelhantes às originais tendentes a uma mais fácil compreensão. Nunca olvidando uma omnipresença constante do inconsciente, a dinâmica esquemática que pretende retratar a actividade censória é suficientemente demonstrativa da sua importância explicativa, dos escapes encontrados que vão desde os actos falhados até à mais complexa teia explicativa do mundo onírico.

Muito embora não possamos detectar um trabalho de longa meditação interpretativa nestas breves passagens tecidas por Abel de Castro sobre o mister da psicanálise parece-nos, no entanto, evidente o seu interesse eminentemente histórico na recepção de Freud em Portugal, nomeadamente num autor que, fora do campo médico, percebeu o alcance e a importância das inovações científicas que ocorriam no seu tempo. Este reconhecimento é tão mais evidente quanto mais importante se notabilizaria a sua singular iniciativa, hoje bem apelidável de pró activa, sendo o primeiro a dirigir-se por escrito ao grande Mestre de Viena.

Na verdade, as quatro respostas que obteve, para além da sua singularidade o do interesse do próprio conteúdo em si, também nos revelam um Freud simpático, de estilo e humor afáveis, capaz de corresponder às imensas solicitações a que era sujeito, para além de toda a actividade científica diária que, escrupulosamente, cumpria. E de salientar que constava das intenções de Abel de Castro a partilha desta documentação, conforme consta na informação referente às obras em preparação publicada no início deste seu segundo livro. Mas, o programado terceiro livro, O Instinto Religioso, com a visita da prematura morte, já não viria a ser publicado.

---

[146] Idem, Ibidem, pp. 3 e 4.

## 5. Seabra Dims (1914-1996) - A Psicanálise e Sua Desconstrução

Joaquim Seabra Denis nasceu em Sangalhos em 1914. Em 1938 já se licenciava em medicina pela Universidade de Coimbra onde, seguidamente na Faculdade de Letras, tirou o curso de Ciências Pedagógicas. Esta sólida formação, associada a um brilhantismo intelectual potenciado pela grande capacidade de trabalho, sao características que cedo foram sendo notadas e registadas através de activa colaboração em jornais e revistas, bem como expressas em entusiásticas divulgações do teatro, da declamação e do esperanto, do qual ministrou cursos e elaborou dicionário inédito.

No início dos anos quarenta foi residir para Lisboa onde desenvolveu a sua longa e recheada vida profissional, especialmente dedicada à psiquiatria e a vertentes da psicologia e da psicopatologia. Reforçando a sua formação especializada através de inúmeras participações em cursos e estágios ministrados além fronteiras, exerceu clínica em vários hospitais da capital onde, igualmente, desenvolveu intensa actividade científica acumulada com a liderança de cursos de Psiquiatria, Higiene Social e Enfermagem Psiquiátrica, participando igualmente na organização de um plano nacional de assistência psiquiátrica.

Todas estas áreas científicas estão contempladas na vasta obra escrita que nos deixou em inúmeros artigos, capítulos e livros publicados em Portugal e no estrangeiro onde, desde cedo, obtiveram assinalável eco e reconhecimento.

Faleceu em Lisboa em 1996.

No domínio da psiquiatria e da história da psicologia distinguimos a obra Psicanálise[147], publicada em 1943, expressa assinalável solidez científica, desenvolvendo uma clara explanação das teses freudianas, devidamente confrontadas e criticadas. Com efeito, apesar da sua formação assentar em moldes organicistas, Seabra Denis não envereda por uma crítica radical ao freudismo, seguindo antes uma aprofundada e dissecada análise às capacidades e limites da psicanálise, método científico também por si utilizado e merecedor do seu reconhecimento e aplicabilidade prática efectiva.

Esta obra dividida em três partes, trata: na primeira, de uma pormenorizada explanação das teses freudianas; na segunda, estabelece um trabalho crítico aos fundamentais pontos expostos na primeira parte para, finalmente na terceira, apresentar elementos comparativos entre teses, questões e defecções levantadas pela psicanálise.

Seguindo a ordem tomada pelo autor, vamos aproximando temáticamente estas três partes, tentando estabelecer um percurso dialógico com todo o livro.

Depois de uma breve resenha biográfica, Seabra Dinis sublinha as capacidades de trabalho de Freud que, durante toda a infatigável vida, efectuou um percurso único onde "...o seu génio investigador e insaciável não quis limitar ao campo estritamente médico donde partira. E de passo a passo, vai estendendo a psicanálise à interpretação da vida do homem normal. Estabelece que todos os indivíduos estão sujeitos a acidentes vários de natureza erótica, perturbadores da evolução normal da personalidade. Daí a vantagem duma pedagogia psicanalítica que consiga libertar o homem de tais embaraços. Proclama que a tendência do espírito humano para a unificação, para a síntese, é uma prova da raiz erótica (sexo-união-unidade) das funções mentais superiores. Mas não fica por aqui,

---

[147] Editada pela Biblioteca Cosmos, dirigida por Bento de Jesus Caraça, na subsecção de "Ciências Psicológicas e Sociológicas" da colecção "Ciências e Técnicas" n.º 76-77, Lisboa, 1945.

e vai utilizar também a psicanálise como instrumento para a interpretação da vida social. Para explicar os movimentos da história, as religiões, as lutas dos homens, o entrechocar das ideologias, etc., vai buscar Freud toda a teoria psicanalítica."[148]

Atento às tendências universalizantes a que as teses freudianas por vezes se pretenderam alcandorar e que, conjuntamente com os temas polémicos e tabus em que ousou mexer, lhe valeram acérrimas críticas, o nosso autor ainda assim não esconde natural admiração pelo mestre de Viena. "Nem as estocadas de toda a ordem sofridas pela sua doutrina, nem as cruéis perseguições anti-semitas de que foi vítima, nem o terrível carcinoma maxilar superior, minando inexoravelmente a sua saúde durante mais de 15 anos, conseguiram enfraquecer o entusiasmo juvenil que o animava de prosseguir, sem tréguas, na sua luta e na sua senda para aprofundar e enriquecer os nossos conhecimentos sobre a vida mental.

A sua vida é um raro e admirável exemplo de perseverança e heroicidade no trabalho."[149]

Assim, mantendo distância crítica e atenta às ramificações e evoluções das teses científicas em geral e das psicanalíticas em especial, o nosso autor mantém durante todo este seu trabalho um elevado nível de objectividade patenteando claras intenções divulgadoras, não incompatíveis com as capacidades crítica e avaliativa, sempre presentes. "O efeito de decantação da experiência e do tempo levou a Psicanálise ao seu devido lugar. Já não se faz hoje grande bulha à sua volta. Rejeitaram-se alguns dos seus princípios e tendenciosas interpretações, aceitam-se outros. Coarctou-se o seu campo de acção, mas aproveitaram-se muitos dos seus ensinamentos. / Por motivo de ordem didáctica, não vamos expor os princípios da psicanálise na ordem cronológica por que o autor os foi formulando. Seguiremos o caminho que nos parece proporcionar ao leitor a compreensão mais fácil e mais rápida do assunto."[150]

Vamos seguir esta ordem do autor, intercruzando as duas primeiras e principais partes deste livro, onde na primeira se dedica especialmente à explicação divulgadora da psicanálise e na segunda expõe uma confrontação crítica das teses freudianas.

Assim, inicia a sua abordagem pelos actos falhados onde, depois de esmiuçar os seus diversos grupos e formas de ocorrência, sublinha as conclusões retiradas deste tipo de afectações referindo o seu espaço mergulhado no inconsciente onde as tendências recalcadas, de natureza sexual ou não, se tornam perturbadoras da actividade consciente ocasionando, assim, os lapsos, erros, esquecimentos ou perdas repetidas ou temporalmente irrecuperáveis.

Neste sentido, citando Freud, considera a interpretação dos sonhos como a base de segurança do sistema psicanalítico, tendo em conta o grande determinismo colocado sob esta pesquisa detectora do conteúdo latente, sector fundamental do processo onírico dos adultos e sua directa influência de desejos recalcados que pretendem fugir da censura. Como explica, "a elaboração onírica consiste em processos de condensação e de dramatização. Em geral, o conteúdo do sonho manifesto é mais reduzido do que o do sonho latente, do qual ele representa um resumo. E a este processo de abreviação que se dá o nome de condensação."[151]

---

[148] pp. 8 e 9, (Introdução).
[149] p. 11, (Prefácio).
[150] pp. 11 e 12, (Introdução).
[151] p. 25, itálico do autor.

Condensação, deslocamento, dramatização, marcha regressiva, elaboração secundária, inversão de sentido e de sucessão de acontecimentos são processos camufladores da realidade que se fecha e esconde no conteúdo latente e que merecem a abordagem discriminada do nosso autor, preocupado que está em explicar como chegará o método psicanalítico ao verdadeiro conteúdo do processo onírico do adulto. "Como, partindo do conteúdo manifesto do sonho, se pode chegar ao seu conteúdo latente? Qual a técnica a utilizar pelo analista para desmascarar o sonho e surpreender a sua verdadeira face? Muito simples: basta pedir ao sujeito, depois de ter contado o sonho, que vá transmitindo, sem qualquer reserva, tudo o que lhe ocorra à consciência a propósito do sonho. Os pensamentos e sentimentos que ele vai comunicando, por este processo de associação livre, devem estar em relação com o sonho e permitem, portanto, a sua interpretação. E que Freud não acredita na liberdade e na espontaneidade psicológicas. Tal crença implica uma atitude anti-científica. Nada do que pensamos surge ao acaso. Todas as ideias, todas as recordações, todas as representações são rigorosamente determinadas."[152]

Assim, como explica Seabra Dinis, ao conteúdo manifesto corresponderão cadeias representativas do conteúdo latente aclaradas por técnica complementar e inovadora, isto é, pelas associações livres que, depois de descodificadas, nos conduzem ao elemento original, ou seja, ao desejo recalcado. Este trabalho com as associações livres obedece a regras bem específicas que o nosso autor especifica de forma dissecada e com clareza. Assim, identifica as condições idealizadas para que um ambiente relaxante e propício à total liberdade espiritual fosse criado, facilitando as livres associações. "Freud aconselha mesmo uma sala especial, pouco iluminada, em semi-penumbra, com o sujeito estendido numa chaise-longue e o analista por detrás dele para o não perturbar. Deste modo, as ideias subirão à tona da consciência, umas após outras, não ligadas por qualquer laço lógico e intencional, mas por forças e relações afectivas determinantes. E para além do conteúdo manifestado do sonho, surgirão os desejos, os impulsos recalcados que estão na base da sua formação."[153]

Certificando a grande maioria da representação simbólica como manifestações dos jogos e desejos de índole sexual, Freud alerta para dificuldades bem sublinhadas pelo nosso autor visto que, por vezes, o estabelecimento de correlações interpretativas torna-se impossível, pois o sujeito observado não manifesta qualquer reacção associativa, situação que é verificada repetidamente na globalidade dos indivíduos analisados. Aqui, é encontrada uma simbologia colectiva, interpretada como património comum que, designável como super-inconsciente, se revela em âmbito cultural universalista, isto é, um inconsciente colectivo que marca presença e dá corpo único ao legado humano. Assim, conhecedor das cadeias interpretativas viabilizadas pelas associações livres, capaz da distinção dos elementos eminentemente individuais confrontados com os tendencialmente colectivos e, munido do código simbólico descodificador do universo onírico, o observador está capaz de aceder ao mais profundo da mente humana, como sintetiza e exemplifica Seabra Denis:

"Em resumo, podemos condensar a interpretação freudiana dos sonhos no seguinte quadro:
    Iº — Como o acto falhado, o sonho tem um sentido;

---

[152] p. 28, itálico do autor.
[153] p. 29, itálico do autor.

2º - O sonho é a realização dum desejo nao satisfeito ou recalcado;
3º — O sonho é sempre egocêntrico;
4º - Mais frequentemente que o acto falhado, embora nem sempre, o sonho tem um significado sexual;
3º - O sonho está relacionado quase sempre com acontecimentos da véspera."[154]

Esta síntese identifica-nos as características tidas por Seabra Deniz como fundamentais para a obtenção de uma capacidade interpretativa eficaz desse complexo universo onírico.

Num posterior balanço crítico, o nosso autor retoma esta questão que reporta da maior importância pois, "o princípio estabelecido pelo Mestre de Viena, de que o sonho é a realização dum desejo insatisfeito, se bem que admissível, parece não possuir a universalidade que lhe foi atribuída, pois há inúmeros sonhos que não cabem dentro dessa unilateral explicação. Entre outros possíveis mecanismos oníricos, basta frisar que certas sensações experimentais durante o sono a — o ruído da chuva na janela, um súbito vendaval, a constrição duma parte do corpo (dum membro, do pescoço, etc.), demasiado frio ou calor, a simples posição do corpo em decúbito dorsal, etc. - podem muitas vezes determinar (temo-lo verificado experimentalmente) o conteúdo dos sonhos.

Todavia, é mister reconhecer que os sonhos, na sua maioria aparentemente emaranhados ou caóticos, se tornam ordenados e claramente compreensíveis, vistos à luz da doutrina freudiana."[155]

Com efeito, esta possibilidade interpretativa é abordada pelo nosso autor, com detalhe, chamando a atenção a alguns casos práticos experienciados:

"Uma nossa doente psiconeurótica que, apesar de ter, voluntariamente, cortado relações com o namorado (José) e de pretender esquecê-lo, continua a gostar dele, teve, durante o tratamento psicanalítico, o seguinte sonho: «eu ia subindo uma escada atrás dum rapaz desconhecido mas que me parecia ser o meu antigo namorado. De súbito, vejo um largo salão pintado de vermelho. O rapaz desapareceu sem eu dar por isso, e, ao fundo do salão, vejo passar um velhote da minha terra e ouço uma voz chamá-lo: «Manuel».

Eu conhecia o velho e sabia que não era esse o seu nome. Por isso gritei: «— Não é Manuel, é José».

Interrogada sobre o significado do sonho, não sabia compreendê-lo.

Para o psicanalista não é, porém, difícil interpretá-lo.

A subida da escada e a entrada no salão (= a cavidade) são a expressão simbólica do seu desejo de ligação erótica com o ex-namorado. Apesar de símbolo, ela tem a vaga intuição, enquanto sobe a escada, de que o desconhecido é ele.

Ora ela tem querido sempre esquecê-lo e recalcá-lo. Por isso, a censura intervém e fá-la desaparecer. Em vez dele, surge um velho, que tem, na realidade, o mesmo nome: José. Ela ouve uma voz dizer: Manuel. E que a censura não permitia ouvir o seu verdadeiro nome. Mas a doente emenda: não é Manuel, é José.

A cor vermelha do salão está em relação com a fobia do vermelho, que era um dos principais sintomas desta psiconeurose, e cuja génese não importa desenvolver aqui.

---

[154] Idem, Ibidem, p. 33.
[155] Idem, Ibidem, pp. 1 3 1 e 152.

Neste sonho revelam-se, portanto, processos de dramatização, simbolizaçao (escada e salao) e deslocamento (a alusão ao namorado é feita através do velho que tem o mesmo nome)."[156]

Como vemos, esta possibilidade interpretativa assenta na configuração do desejo recalcado transfigurado e assim disfarçado em cenários e personagens indirectas e não evidentes, por vezes expostas em turbilhão de imagens e acções que entrelaçam a penumbra de sentido latente com evidências de sentido manifesto. Esta multiplicidade presente na exposição das diversidades oníricas encontradas essencialmente no adulto, ajuda a decifrar cenários afastados da envolvência do desejo, pesadelos realizados pela acção da censura que, vergando iniciais estados afectivos de prazer, revelam prolongada imposição do recalcamento que os transforma definitivamente em desprazer e sofrimento.

Todos os mecanismos psíquicos que sustentam a interpretação onírica executam um trabalho que se expõe na maior complexidade a que Freud chegou a equiparar a descodificação hieroglífica, tal o manancial de variáveis expostas em símbolos alteráveis por diversas fórmulas de condensação e de deslocamento que, nos doentes mais profundos, atinge níveis de descentramento elevado colocando à frente elementos acessórios que se destinam a encobrir os determinantes. Estes, por serem centrais, possuem peso específico no inconsciente sofrendo, assim, especial atenção da vigilância censória municiadora da condensação que, por um lado omite e por outro sobredetermina elementos objectados pela interpretação psicanalítica em todo o seu esforço e luta até ao limite do analisável, até ao umbigo do sonho como designou Freud.

De todo o modo, denota-se a extrema influência exercida pela sexualidade no processamento e desenvolvimento da psique humana, dentro e fora do universo onírico. Na verdade, Freud, ao construir uma nova visão da sexualidade, substancialmente diferente da tida no seu tempo, procede a uma ruptura com os conceitos de sexologia existentes, estendendo a sua noção para uma disposição psíquica universal, desarreigada do seu fundamento biológico e genital, reconstruindo-a como essência da actividade humana presente nas várias fases da vida e desde a infância. "Daqui se compreende que a sexualidade represente a viga mestra de todo o edifício da Psicanálise.

Mas a noção freudiana de sexualidade ultrapassa, de longe, o âmbito que até então se lhe atribuía. Alcança uma extensão especial e temporal que ninguém antes lhe ousara conceder."[157] Sublinhando a distinção feita entre a sexualidade existente na criança e no adulto, o nosso autor apresenta a libido como a força do desejo cujo evolução atravessa várias fases, expostas nas teses freudianas do desenvolvimento psico-sexual, identificando a sua distribuição pelo corpo em zonas simples e especiais, designadas como erógenas, a partir das quais podem ser emanados comportamentos de tipo perverso.[158]

Uma das questões mais conhecidas e controversas da sexualidade infantil é a sua subdivisão em estádios que apresentam fases diferentes na evolução da criança, confrontada com o seu corpo e com uma força que lhe é inerente e identificada por Freud

---

[156] Idem, Ibidem, pp. 33 e 34, itálicos do autor.
[157] Idem, Ibidem, p. 39
[158] Descreve aqui várias fases como as buco-labial, sádico-anal, exibicionista e voeirista, presentes na construção da criança como perverso polimorfo.

como pulsao sexual. Esta pulsao e seu desenvolvimento é assemelhada à tipicidade da sexualidade adulta perversa e suas típicas formas de expressão, como: o sadismo, exibicionismo e "voyeurismo", presentes numa libido ainda não organizada como no adulto mas suficientemente capaz de lhe condicionar o comportamento que, muito embora retirado de qualquer primado de genitalidade, se manifesta diversificadamente em contexto polimorfo.

Assim, neste encadeamento evolutivo, Seabra Denis apresenta o período genital primário ou fálico onde a libido infantil começa a invadir as zonas genitais. Nesta fase, surgem novas curiosidades e descobertas promotoras do aparecimento e eventual posterior desenvolvimento de complexos variados como o de castração parental e familiar. Deste período, Seabra Denis salienta a complexidade relacional estabelecida entre o desenvolvimento psico-sexual, absolutamente individual da criança em si mesma, e o crescente contacto com os outros, com os pais e muito especialmente com a mãe, entidades exteriores donde recebe carinhos e prazer mas donde também começa a receber as primeira repreensões, restrições ou mesmo castigos.

"Em breve, sob a acção repressora dos pais, a libido infantil vai entrar num período de latência que se estenderá até à instalação da puberdade. Depois dos 5 anos, a actividade erótica entra num período de recolhimento. E o chamado período de latência. (A contra-sexualidade).

Até aqui, ela estava sujeita ao princípio do prazer. Agora, porém, vai entrechocar-se com o princípio da realidade.

A criança procura dar satisfação, sem freios de qualquer espécie, às suas pulsões libidinais, ao instinto erótico, seguindo apenas o princípio do prazer, sob cujo império até agora tem vivido.

Mas, cedo, obstáculos de várias ordens vêm impedir ou dificultar tal satisfação. O princípio do prazer encontra pela frente o princípio da realidade, ao qual tem de adaptar-se.

A acção educativa do meio familiar e social cedo começa a reprimir os impulsos eróticos da criança. Ela já não pode procurar o prazer à sua vontade, segundo os caprichos do momento. Está agora sujeita à censura dos educadores que lhe erguem uma barreira à satisfação desordenada dos seus desejos. Mas em breve, por um mecanismo complexo de identificação, que a seguir descreveremos, a censura, de exterior torna-se interior e passa a ser feita pela própria criança, através duma nova instância, o super-ego que se encarrega de vigiar e reprimir a actividade sexual. O super-ego de Freud corresponde, de certo modo, à consciência moral."[159]

Esta descrição identifica-nos, com clareza, o processamento presente nesta fase do crescimento da criança e a correspondente emergência da capacidade crítica e auto-crítica, personalizada nesta instância da segunda teoria do aparelho psíquico. Na verdade, Seabra Denis dá relevo a esta matéria citando e descrevendo alguns pormenores deste vigilante Uber-Ich, especialmente destinado a intensa função crítica. Assim, separado do ego, assume papel valorativo de modelo com função de juiz que pretende controlá-lo através de progressiva instauração de códigos normativos expressos por actividade censória omnipresente na actividade humana, consciente e inconsciente.

---

[159] Idem, Ibidem, pp. 50 a 53, itálicos do autor.

Desta forma, constitui-se depositário geracional de valores tendentes ao constante aperfeiçoamento de uma consciência moral que se auto-observa. A relação problemática estabelecida entre a criança e o pai e posteriormente com a mãe é ultrapassada com a resolução da questão edipiana, conseguida com este essencial papel auto-crítico e auto--punitivo decididamente imposto aos impulsos de índole libidinal

E nesta fase que se atinge o período puberal ou adolescente. "Há uma revivescência das zonas erógenas da infância, uma onda momentânea de auto-erotismo e narcisismo, ao mesmo tempo que a situação edipiana se reactiva. Tudo se vai, porém, resolver numa unidade ulterior - período genital secundário - que traduz a fase culminante da evolução da sexualidade.

Os órgãos genitais adquirem a primazia sobre todas as outras zonas erógenas. A anarquia da actividade erótica infantil que se exprimia pela simples procura e realização do prazer em si mesmo, sem outra finalidade fora do próprio prazer, dá lugar agora a uma sexualidade unificada e dirigida no sentido da procriação."[160]

Atingida a idade adulta, a sexualidade em si mesma mantém distinção da genitalidade mas cresce sob uma disposição perversa-polimorfa a partir da qual se desenvolve toda a sexualidade adulta, tanto do neurótico, do pervertido ou do designado normal. Assim percebe-se que, muito para além da procriação, a meta do instinto sexual, da libido, encontra-se algures nos campos da fruição onde todo o corpo é universo erógeno, libidinosamente existente em desejos de ordem psicossexual inconsciente e portadora de traços de perversão que, aqui e ali, afloram qualquer sexualidade, mesmo a dita normal.

"Como em todo o processo biológico, pode suceder que o desenvolvimento psicosexual do indivíduo sofra acidentes de diversa ordem que impeçam ou alterem a centralização normal da puberdade.

Pode dar-se uma paragem ou fixação em qualquer fase da actividade erótica infantil, e o indivíduo ficar entregue a alguma ou várias das suas primitivas tendências libidinais que se satisfazem fora do fim superior da reprodução. O indivíduo buscará o prazer sem qualquer desígnio procriador. Impedida de se satisfazer por caminhos normais, a libido rompe a unidade, dificilmente criada, da sua longa evolução, quebrando a cadeia pelo anel mais frágil. As tendências sexuais são dotadas de extraordinária plasticidade. Quando uma não consegue satisfazer-se, pode encontrar-se compreensão na satisfação duma outra."[161]

Com esta clareza, o nosso autor descreve-nos algumas situações desviantes, identificadoras da realidade evolutiva que confronta o indivíduo em si próprio, com o outro, com o social e com a norma. Assim, fala-nos da fixação que se pode registar numa qualquer fase erótica infantil a que corresponderá um comportamento perverso equivalente; da incapacidade adaptativa à realidade que impõe uma regressão às fases iniciais da sexualidade; da total renúncia à satisfação sexual que sofrerá uma sublimação projectada em objecto exterior normalmente de cariz artístico, religioso ou mesmo social. Com efeito, a fixação identifica-se no adulto que persiste na procura de satisfações ligadas a objectos, imagens ou tipos de satisfação libidinal já desaparecidos e pertencentes ao passado pré-genital, revelando uma incapacidade evolutiva da libido

---

[160] Idem, Ibidem, pp. 54 e 55.
[161] Idem, Ibidem, pp. 55 e 56, itálico do autor.

que se mantém neuróticamente paralisada. A este fenómeno não se afasta a regressão, correspondente ao retorno a estádios arcaicos da sua vida libidinal aos quais posteriormente se fixa, como fórmula de resposta às intoleráveis insatisfações que vivencia no seu presente libidinal e do qual, desta forma, se pretende desvincular de forma superadora.

Por seu lado, pela sublimação da pulsao sexual, o indivíduo alcança realizações de grande relevo em áreas científicas, sociais ou especialmente artísticas que, em nada parecem possuir qualquer fonte de índole sexual e que implicam a superação da pulsao através de uma satisfação não sexual mas a ela assim equiparada e, quando plenamente atingida noutro objecto de forma contundente, se consumará. Assim, a sublimação, enquanto fenómeno de formação de instâncias ideais, constitui resposta eficaz às exigências do ideal, do ego ideal que se transcende e se completa quando não pretende a ascensão a objectivos demasiado elevados.

Este novo olhar sobre a obra humana e esta eminente relação entre Psicanálise e Arte são retomadas uns capítulos à frente por Seabra Dinis quando estabelece paralelismos com o universo onírico e toda a força do inconsciente enquanto inesgotável fonte de inspiração e recolha de elementos humanos absolutamente indispensáveis; "Incapaz de adaptar directamente os seus desejos ao princípio da realidade, o artista vai realizá-lo no reino da imaginação. Os homens vibram emotivamente com a leitura, contemplação ou audição duma obra de arte, porque ela lhes satisfaz as mesmas recalcadas aspirações existentes no próprio artista e que foram móbil da criação dessa mesma obra de arte. Neste sentido têm os psicanalistas publicado estudos sobre as obras e a biografia de vários artistas célebres, procurando através delas descobrir os complexos dominantes e demais acidentes psico-sexuais dos seus autores, à luz dos quais elas aparecem, reciprocamente, mais esclarecidas".[162]

De todo o modo, a fortíssima presença que a sexualidade ocupa no desenvolvimento individual é posteriormente retomado por Seabra Dinis que, polemiza esta preponderância, "que até aí nunca lhe fora concedida, como instinto motor e orientador de toda a vida, mesmo espiritual, do homem".

Entendendo o domínio da sexualidade para trás da época puberal e remontando-o até à extrema infância, Freud derruba as ideias clássicas dominantes sobre o assunto e separava o sexual do genital, sempre até então confundidos. O essencial é que Freud atribuiu ao instinto sexual o papel preponderante, quasi singular, em toda a evolução da personalidade. E esse um dos seus erros capitais. Erro, não tanto por condensar em dois grupos apenas todos os instintos e demais tendências inatas, como, antes, por submeter a formação de toda a personalidade, quase exclusivamente, aos factores biológicos, e mais: nos factos biológicos primários. Não que Freud esqueça por completo a importância de outros factores não biológicos; mas remete-os sempre para um papel de segunda ordem."[163]

Na posterior vertente crítica desta sua obra, Seabra Dinis considera que "a originalidade deste autor reside, antes de mais, em atribuir à actividade psíquica inconsciente um papel de primeiro plano na nossa vida mental, susceptível de influenciar, em larga medida, como motor profundo, a própria actividade consciente.

[162] Idem, Ibidem, pp. 118 a 120.
[163] Idem, Ibidem, pp. 139, 141 e 142.

É uma aquisição científica facilmente verificável, que já não se pode contestar e que só por si acarretou frutuosas consequências para o progresso da psicologia.

Que, porém, no fundo de toda a nossa actividade psíquica se encontrem sempre, ou quase sempre, como a psicanálise pretende a fazer crer, motores determinantes inconscientes, actuando mais ou menos veladamente, ou mesmo desencadeando fortes reacções conscientes, mas constituindo eles, afinal, o primo movens - não pôde ser comprovado."[164]

No entanto, esta referida aquisição científica que o inconsciente representa, é apresentada citando o apelativo exemplo do iceberg que, com facilidade, ajuda à visualização do mundo consciente e do universo inconsciente. Igualmente, é-nos mostrada a zona intermédia do pré-consciente, onde trabalha a censura na tomada de decisões sobre a possibilidade de comunicação a dispensar às tendências para acederem a um eventual chamamento dos níveis do conhecimento consciente. Como vimos, esta "censura não é mais do que o resultado da acção da educação, da consciência moral, dos bons costumes, das regras e restrições surgidas no contacto do indivíduo com a realidade exterior.

As tendências profundas inconscientes, contrárias aos princípios orientadores, às normas de conduta da censura, são consideradas inaceitáveis ou indesejáveis e impedidas de se manifestarem livremente na consciência."[165] Aborda-se aqui o fenómeno do recalcamento, processo inconsciente que força a tendência reprimida a uma clausura gradeada no nível inconsciente, onde se manterá ligada à pulsão reprimida. Este mecanismo defensivo tem um papel fundamental no equilíbrio, no crescimento e na manutenção do Eu e correspondente adaptação à sua vivência gregária confrontante entre o prazer e a realidade, forças tão conflituantes e em permanente ebulição desde a mais tenra idade. "O Eu verifica que não pode continuar a reger-se apenas pelo princípio do prazer e que tem de renunciar à satisfação imediata dos seus impulsos, adaptando-le à realidade. Este processo educativo do Eu torna-o «razoável» e adaptado ao princípio da realidade. E certo que a satisfação das tendências egoístas já não é agora imediata e tão intensa, mas é, sem dúvida, mais segura. O indivíduo, portanto, lucrou com essa adaptação. Por isso, Freud considera a passagem do princípio do prazer ao princípio da realidade como «um dos progressos mais importantes no desenvolvimento do Aí/».[166]

Esta questão do princípio da realidade aproxima-nos do estabelecimento e elaboração da conduta enquanto tomada de consciência das necessidades do próprio sujeito e no percurso de descoberta dos fins, objectos e meios considerados próprios para as satisfazer. E aqui que o Eu assume as funções de resolução das tensões num percurso de aproximação e ajustamento à realidade. Assim, a força do Eu corresponde ao seu grau de liberdade em relação às duas instâncias Id e Super-Eu, denotando-se a importância de pulsões ou forças que diminuam a acção do Eu, provocando-lhe perdas do equilíbrio. Para que tal não aconteça é necessário que a descarga da pulsão seja direccionada para objecto conseguido através de escolha adequada e assumida pelo Eu. E pois a ele que caberá essa escolha que poderá recair sobre objecto de substituição plenamente

---

[164] Idem, Ibidem, pp. 137 e 138.
[165] Idem, Ibidem, pp. 60 e 61.
[166] Idem, Ibidem, pp. 62 e 63. Itálico e aspas do autor.

satisfatório, como atrás referido no caso da sublimação. Tal só é possível quando a referida liberdade do Eu não é travada pela fixação a um objecto do passado que se encontre interiorizado. A finalidade de todo este processo encontra-se na redução das tensões e da dissociação, condições fundamentais para a integração consagrada na capacidade e na prática direccionada pelo princípio do prazer.

"Com a libido, porém, já tal não sucede. Ela não precisa, de início, de se adaptar à realidade. Para se satisfazer, não necessita de entrar em contacto com o mundo exterior. Encontra-se em si mesma o seu próprio objecto. A fase auto-erótica infantil aí está a atestá-lo. A criança, nos primeiros tempos, encontra o prazer em si própria, no seu próprio corpo, não necessita, por isso, de se sujeitar à realidade. Assim se compreende que a libido se conserve mais independente do que o Eu, que desenvolva mesmo uma certa insubmissão à realidade que não precisa de acatar.

Surge assim um marcado antagonismo entre as tendências egoístas e as tendências sexuais.

O Eu, adaptando-se ao princípio da realidade, tem de opor-se às manifestações da libido, na medida em que elas se furtam a essa adaptação."[167]

Encontramos aqui a importância dada pelo nosso autor a esta luta na imposição de princípios reguladores onde a procura da satisfação já não é efectuada pelos caminhos mais curtos, mas sim por adiamentos ou desvios escolhidos em função das imposições do mundo exterior. Esta capacidade presente na secundarização da pulsão representa pois e em última análise, a possibilidade de acesso à cultura através de um sujeito, de um Eu, que também se constrói na renúncia do princípio do prazer quando, deixando de ser consumado de imediato, isto é, quando adiável, abre espaço à ciência. Assim, a descarga motriz imediata tendente à satisfação da pulsão sofre uma contundente transformação apropriada à realidade sem que, no entanto, o princípio do prazer desapareça de toda a actividade psíquica onde, aliás, permanece em modo primário e enquadrado na esfera do inconsciente.

Com efeito, "o impulso, condenado e recalcado pela censura, fora do conhecimento do Eu, não se liberta por isso da sua energia. Toda a sua carga afectiva permanece com ele no inconsciente, em estado de tensão latente, sempre pronta a escapar, aberta ou veladamente, à vigilância da censura."[168] A luta dinâmica, permanentemente travada entre os desejos tendentes a emergir ao pré-consciente ou ao consciente e a instância psíquica que o pretende evitar travestindo-os, fazem da censura uma função permanente de barragem selectiva e inibitória que constituirá a base original do recalcamento, processo defensivo onde o nosso autor encontra carga afectiva promotora do desenvolvimento de diversos tipos de complexos.

O forte valor afectivo presente nas representações e recordações existentes em terrenos parcial ou totalmente inconscientes, essencialmente desenvolvidos na infância, compõem a estruturação da personalidade e da orientação do desejo futuro da criança e seus correspondentes níveis psicológicos expressos em atitudes e especialmente em emoções. Os complexos envolvem assim o crescimento estruturado do futuro adulto, especialmente quando se manifestam na fase evolutiva dos círculos sociais e correspondente relacionamento com os Pais. Um dos exemplos mais típicos é o registado

---

[167] Idem, Ibidem, p. 63.
[168] Idem, Ibidem, p. 64. Itálico do autor.

com o complexo de Édipo onde encontramos, como o nosso autor, uma noção pilar de toda a psicanálise. Concebido no núcleo de representações essencialmente recalcadas que sustentam e sobredeterminam as relações próprias da criança com o objecto de desejo, a mãe, e o oponente obstáculo, o pai, é desenvolvido e tipificado num enquadramento familiar positivo modelar, pelo filho homem que, como na história, é acometido do desejo da morte do rival do mesmo sexo enquanto desenvolve desejo sexual pelo personagem do sexo oposto. Esta dinâmica triangular mantém-se presente no desenvolvimento do indivíduo e das suas pulsões num percurso de crescimento relacional e parental também dirigido por elementos de sedução e de rejeição.

Assim, o edifício psicanalítico, pormenorizadamente descrito por Seabra Diniz, assenta na vital importância desempenhada pela dinâmica da pulsão, da libido como elementos alicerçantes do desejo que, como sublinha, se manifesta e desenvolve desde muito cedo. "Vimos já que a criança, ao nascer, traz consigo fortes pulsões libidinais que procura satisfazer sem peias. Ainda na fase pré-genital, manifesta já uma pronunciada agressividade (sadismo). Sobre estas tendências libidinais e agressivas vai exercer--se em breve a acção da censura que conduz ao recalcamento, mediante dois mecanismos pelos quais, como revelou Freud, as pulsões se transformam no seu contrário e se voltam agora contra o Eu. A noção psicanalítica axial do dinamismo da nossa vida psíquica é, sem dúvida, o recalcamento. Dela derivam quase todas as outras."[169]

Com efeito, como reforça o nosso autor, a prematura e polimorfa tendência de perversão que explode na infância de cada indivíduo, condicionará inevitavelmente o aparecimento de movimentos de cariz defensivo, tendo em conta o confronto estabelecido entre o princípio do prazer e a vertente social do princípio da realidade. Assim, o recalcamento constitui o processo vital de defesa contra o sofrimento e o desprazer constituído pela realização de pulsões de natureza inconciliável com outros valores fundamentais para a vivência do indivíduo enquanto elemento gregário. Por este processo, mantêm-se no inconsciente todas as ideias e representações ligadas às pulsões cuja livre realização, em vez de prazer, produziria desprazer, abalando o fundamental equilíbrio psicológico. Como se trata de um processo que nunca atinge um estado definitivo, pois as ideias e representações da pulsão mantém uma actividade permanente, estamos confrontados com um processo eminentemente dinâmico, desgastante e de grande dispêndio energético.

Neste contexto surgem diversos disfarces de que são objecto os mais variados impulsos provenientes do Id, especialmente os de cariz sexual que, a todo o momento, pretendem enlear a censura, cuja abordagem será, a partir de agora, orientada no sentido prático da aplicação clínica promovida pela psicanálise. "Já tivemos ocasião de dizer que todo o edifício psicanalítico partiu de dados empíricos relativos à análise e tratamento das neuroses, e Freud não se esqueceu de, por diversas vezes, frisar tal origem para que não acusassem o seu trabalho de puramente especulativo.

Com efeito, foi o estudo das depois chamadas neuroses de transfert, em particular, e de forma histérica, que permitiu a Freud lançar os fundamentos da sua doutrina."[170]

Na verdade a neurose constitui o desafio prático imediato colocado à investigação psicanalítica, enquanto afectação que pululava na sociedade do tempo, ocupando

---

[169] Idem, Ibidem, pp. 76-78. Itálico e parêntesis do autor.
[170] Idem, Ibidem, p. 85. Itálico do autor.

considerável atenção da investigação sua contemporânea. Globalmente caracterizada como doença nervosa que essencialmente se manifestava por distúrbios da personalidade, os seus sintomas foram estudados por Freud a partir de uma base interpretativa que os aceita como símbolos diversos de um conflito psíquico recalcado com origem infantil, descendente de compromissos verificados entre desejo e defesa. Todo o trabalho de investigação realizado à sua volta foi complexificando as suas vertentes e variantes numa abordagem evolutiva que a identifica e classifica em diversas tipologias cuja destrinça mereceu a atenção do nosso autor. "Freud distinguiu três grupos fundamentais de afectações neuróticas: a) As neuroses de transfert ou psico-neuroses, compreendendo a histeria de angústia e a neurose obsessiva; b) As neuroses actuais, incluindo a neurastenia, a neurose de angústia e a hipocondria; c) As neuroses narcísicas, que abrangem certas psicoses, em particular a demência precoce e a paranoia."[171]

Seabra Diniz distingue nesta classificação o processo identificado como neurose de tranfert ou transferência que identifica o processo funcional e constitutivo do tratamento psicanalítico pelo qual os desejos inconscientes do paciente são passados para a relação analítica em si própria, colocando-se na esfera da pessoa do analista. Esta fase do tratamento psicanalítico é absolutamente fundamental tendo em conta as possibilidades de manuseamento e controle que são acedidas ao analista. Este facto reveste-se da maior importância pois agiliza o tratamento, permitindo um melhor acesso ao passado esquecido do paciente e seu processo traumático, desencadeador da afectação em causa.

Por sua vez, como o próprio nome indica, as neuroses actuais não se reportam a conflitos verificados na idade infantil, mas sim no presente tipicamente pautado por ausência ou inadequação de satisfação sexual. "O nome deriva da actualidade das suas causas, pois é a insatisfação actual da libido que provoca a neurose.

E o que tantas vezes sucede, por exemplo com a prática do coitus interruptus, que não permitindo a satisfação sexual completa pode dar origem a quadros neuróticos. Embora as neuroses actuais revelem, como as do quadro anterior, uma etiologia sexual, os seus sintomas distinguem-se dos destas pela sua natureza somática e não psíquica."[172]

Por sua vez, as neuroses narcísicas são distinguidas pela especial característica de revelarem uma refracção da libido sobre o ego, manifestando-se uma total incapacidade de transferência libidinal. Assim, a neurose narcísica opõe-se à neurose de transferência pela incapacidade de libertação da esfera do ego que absorve o espaço de comunicação exterior. "Freud procura explicar a sua sintomatologia, admitindo que elas são devidas ao facto de a libido deixar de se orientar para os objectos exteriores, para se reflectir sobre o indivíduo e inserir-se no próprio Eu.

Haveria regressão da libido à fase infantil de narcisismo, regressão ainda mais profunda do que a correspondente à histeria e à neurose obsessiva.

A sua inacessibilidade à terapêutica psicanalítica seria devida à impossibilidade da libido se desligar do Eu para retomar os objectos exteriores."[173]

A este propósito é analisada a capacidade e viabilidade da terapêutica psicanalítica e respectiva possibilidade de intervenção e observação do analisador perante o paciente.

---

[171] Idem, Ibidem, p. 90. Itálico do autor.
[172] Idem, Ibidem, p. 95. Itálico do autor.
[173] Idem, Ibidem, p. 96. Itálico do autor.

Nesta questão, para além da análise dos sonhos e dos actos falhados, o nosso autor confronta-nos com a técnica das associações livres enquanto fórmula fundamental da análise freudiana dirigida ao paciente através de um elemento dado e a partir do qual é solicitado tudo o que lhe ocorra espontaneamente, com especial atenção ao que seja tentado a omitir.

Comodamente recostado no conhecido cenário de calma e silêncio acompanhado do terapeuta que, atrás de si, se limita a ouvir atentamente, o paciente encontrará a disponibilidade ideal para vaguear na sua mente pois "é imprescindível que se dê uma verdadeira revivescência (com toda a carga afectiva) do antigo conflito causador da neurose. Só deste modo a libido se poderá desprender das suas fixações.

Uma vez liberta, ela vai aplicar-se no primeiro objecto que encontra e que é o próprio psicanalista.

Foi a este processo que Freud deu o nome de transferência ou transfert. O transfert traduz o aparecimento duma nova neurose, agora «artificial».

A tarefa do analista consiste em esclarecer e vencer a nova neurose, saltando a libido da sua última inserção.

Resolvido o transfert, abrem-se as portas da cura.

«O homem que, nas suas relações com o médico, se tornou normal e liberto da acção das tendências recalcadas, continuará assim na sua vida normal, quando o médico tiver sido eliminado».

Como já indicámos noutro lugar, a acção terapêutica psicanalítica é impossível sem se ter estabelecido a transferência. Esta é indispensável."[174]

Percebemos o reforço do papel observador do calado psicanalista que deve escutar, compreender e interpretar convenientemente o paciente e, através da sua atenção flutuante, conduzi-lo a estados de liberdade e segurança capazes de garantir uma boa relação, aumentando decididamente assim, a possibilidade de êxito desta terapia. Com efeito, como observa o nosso autor, não estamos confrontados com uma técnica clínica simples e estandardizada. As situações terapêuticas são diversificadas e poli dimensionadas por diversos factores de doentes, doenças, personalidades do psicanalista e diferentes condições circunstanciais favoráveis ou desfavoráveis a um êxito final. Os períodos de observação e tratamento podem ser longos, devendo existir sempre o maior rigor na verificação dos resultados obtidos.

A este propósito em concreto, Seabra Dinis não manifesta total aceitação dos métodos psicanalíticos questionando algumas áreas da sua aplicabilidade, tendo em conta uma rigorosa verificação das taxas de êxito atingidas nos diferentes tipos de afectações consideradas. Demonstrando uma grande frontalidade crítica construtiva, refere que "a experiência tem demonstrado que quase sempre a intervenção psicanalítica, mesmo empreendida pelas mãos mais hábeis, não cura as psiconeuroses onde impera o factor constitucional. Podem descobrir-se nelas os complexos fundamentais, pode mesmo a análise realizar-se segundo todos os preceitos exigidos por Freud, e o doente não curar. O que sucede muitas vezes é a sintomatologia inicial atenuar-se ou desaparecer temporariamente para mais tarde voltar ou dar lugar a outra.

E o que tantas vezes acontece ... nas psiconeuroses obsessivas."[175]

---

[174] Idem, Ibidem, pp. 100 e 101. Itálico e aspas do autor.
[175] Idem, Ibidem, p. 158.

O manancial de críticas e ataques sofridos pela psicanálise e pelo próprio Freud foram nalgumas circunstâncias, como é sabido, revestidas da maior violência, pondo em causa todo o edifício psicanalítico acusado da maior inutilidade e merecedor do maior desrespeito científico. Tentar explicar positiva ou negativamente a sua aplicabilidade prática exige, naturalmente, o maior rigor e competência pois, a sua capacidade de cura envolve uma complexa teia de circunstâncias concretas onde a própria evolução terapêutica, só por si, desafia as generalizações mais ou menos simplistas. Com efeito, as técnicas não são uniformes, as interpretações podem ser divergentes e a cura, como toda a técnica psicanalítica, tem uma evolução cientificamente espectável e cientificamente comprovada.

De todo o modo "há quem chegue mesmo a recusar à psicanálise, por si só, qualquer eficácia curativa. E uma crítica exagerada e injustificada, em regra feita apenas por pessoas que nunca a quiseram ou souberam ensaiar. A nossa experiência clínica, conquanto ainda não muito vasta, não nos consente opinião tão pessimista, pois a aplicação da técnica psicanalítica tem-nos proporcionado alguns êxitos terapêuticos.

E incontestável que ela trouxe para a clínica um importante preceito, até então muito esquecido: a necessidade e vantagem dum contacto psicológico mais íntimo entre médico e doente, para uma compreensão mais clara dos padecimentos deste último e consequente acção terapêutica mais adequada."[176]

Todos estas subjectividades, factores e condicionantes merecem ainda maior atenção quando se verificam inferiores capacidades comunicativas e até incapacidade de vontade própria, como quando se trata da aplicação dos métodos psicanalíticos a neuroses infantis. Aqui a complexidade aumenta substancialmente e na mesma medida em que se reduzem as capacidades de êxito final. No entanto, como sublinha Seabra Dinis, a capacidade terapêutica e pedagógica da psicanálise constitui elemento fundamental na obtenção de uma juventude mais saudável e capaz, base conducente a uma sociedade mais sã e forte, objectivo só atingível quando previamente acautelado com inovados processos pedagógicos, inibidores do crescimento e difusão da neurose infantil.

"Após as descobertas de Freud sobre a importância da evolução psico-sexual infantil em toda a vida do indivíduo, a psicanálise não podia ficar à margem da educação da criança. Se os choques decisivos se dão antes dos cinco ou seis anos, e sobretudo na primeira infância, torna-se necessário velar a criança, mais do que nunca, nesta idade, evitar a violência dos traumatismos psíquicos, guiar as energias instintivas para caminhos normais, procurando adaptá-los à realidade exterior sem atritos profundos. Para tal é necessário romper com certas normas pedagógicas tradicionais e realizar a educação consciente dos instintos da criança. A psicanálise mostra a necessidade de arrancar a máscara do silêncio usada pelos pais e educadores em face do problema sexual e que tantos prejuízos pode acarretar ao desenvolvimento e formação da personalidade infantil.

Não é com o silêncio ou explicações mentirosas ou evasivas que se pode anular a curiosidade sexual natural da criança. A solução consiste em habituar a criança à franqueza e responder às suas perguntas sempre com a verdade. Deste modo se favorece o desenvolvimento normal da personalidade infantil, evitando atenuando ou solucio-

---

[176] Idem, Ibidem, pp. 161 e 162.

nando desvios, regressões, atrasos, paragens, inibições ou outros incidentes prejudiciais à higidez psíquica do individuo e possíveis causadores das mais variadas perturbações neuróticas, ou doutra natureza."[177]

Revestem-se de estrondosa actualidade estas palavras que, de forma imediata, nos transportam para os dias de hoje e para alguma frustração de não as termos visto devidamente consideradas e difundidas no seu tempo, pois com a merecida e necessária divulgação, previsivelmente teriam decididamente contribuído para uma mais atempada e sustentada emergência de pedagogias renovadas e justamente apoiadas nos pressupostos e ensinamentos psicanalíticos. A educação, a divulgação de valores, ou seja, a preparação do futuro, impõe actualizações permanentes de conteúdo e de forma, nomeadamente nos terrenos nucleares de actuação funcional, isto é, ao nível da sociedade activa, do lar, da família, da escola, do professor. O equilíbrio conseguido entre todos, entre a forma da autoridade do respeito e do amor mútuo, são as peças fundamentais jogadas na complexidade máxima de qualquer sociedade. Também deste equilíbrio estava ciente o nosso autor. "Não é raro que a severidade e dureza dos castigos impostos às crianças sejam devidos, mais que à gravidade da falta, ao sadismo e aos complexos do educador que assim descarrega sobre elas a tensão das suas forças psíquicas inconscientes. E vice-versa: excessos de zelo e carinho pela criança, exagerada benevolência para as suas faltas, encontram muitas vezes semelhante explicação."[178]

Como reforça mais à frente na abordagem crítica, a aplicação da psicanálise infantil contribuirá de forma importante para a superação das renovadas dificuldades e desafios da educação, enquanto mola fundamental de um futuro construído sobre exigências crescentes. Assim, identificando campos de aplicabilidade variadíssima, "devemos revelar o grande mérito e utilidade da psicanálise infantil, quer no campo terapêutico quer no pedagógico.

Não só as neuroses infantis, mas mil e uma perturbações do carácter das crianças, os inúmeros defeitos dos pequenos anormais, da criança «difícil», os maus hábitos, o medo, a timidez, a gaguez, a gulodice, a mentira, a preguiça, a distracção, a teimosia, a crueldade, a tirania, etc. - podem ser com frequência esclarecidos no seu mecanismo causal e removidos eficazmente pela psicanálise.

Como vimos, a pedanálise não se limita a analisar o inconsciente da criança, pondo a descoberto os seus complexos e as forças psíquicas profundas que estão na base das perturbações apresentadas. Ela exerce também uma acção educativa. Os mecanismos de identificação, sublimação, transferência, etc. são aproveitados, favorecidos e orientados por uma actuação pedagógica tendente a modelar o carácter da criança e a integrá-la harmónicamente na vida social, procurando transformar, neutralizar ou dissolver os fermentos da inadaptabilidade.

E, como tal, ela é susceptível de prestar inestimáveis serviços nos domínios da educação."[179]

Assim, encontrado o especial contributo da psicanálise para o aperfeiçoamento da educação, rapidamente se vão igualmente verificando as suas capacidades de análise e de constituição de diferente vertente no estudo e na abordagem da actividade humana, dentro dos seus mais variados prismas de actuação e realização.

---

[177] Idem, Ibidem, pp. 108, 109 e 110.
[178] Idem, Ibidem, p. 111.
[179] Idem, Ibidem, pp. 168 e 169.

Com efeito, "a nova arma da psicanálise, tão brilhantemente e audaciosamente forjada, era demasiado sedutora para que se pudesse restringir a sua aplicação ao domínio médico e, através da médico-pedagogia, ao campo da educação.

Com a interpretação dos sonhos, cedo ultrapassou os limites duma pura especialidade médica, e não tardaria a tornar-se um instrumento utilíssimo, uma chave preciosa para abrir as portas de recônditos segredos, contidos em territórios bem diversos."[180]

Um destes territórios mais polémicos e complexos é o que trata da imposição e manutenção da norma colectiva, socialmente imposta quando confrontada com o exercício da liberdade individual, essa cuja evolução de capacidades e vontades tanta questão tem levantado nas últimas gerações. Questões geracionais, económicas, sociais, laborais, religiosas e políticas não esgotam toda a problemática da vida social crescentemente exposta a um fenómeno de criminalidade que urge sempre repensar e estudar por todos os ângulos de abordagem tendo em vista a sua superação, isto é, uma substancial e justa melhoria.

Assim, não admira que a criminologia seja a primeira vertente abordada pois, com clareza, "...a psicanálise afirma que, mais que o estudo do crime, é necessário compreender o criminoso para que o julgamento resulte justo. / A designação de «perverso polimorfo» ... aplica-se, como vimos, à primeira infância, enquanto a criança satisfaz directamente os seus impulsos instintivos, sem atender às exigências sociais.

A adaptação da criança à sociedade traduz-se, afinal, no recalcamento das suas tendências criminais e a sua sublimação em fins sociais.

A única diferença entre o homem normal e o criminoso consistirá em que o primeiro realiza essa adaptação, isto é, domina os seus instintos, ao passo que o criminoso não o consegue."[181]

Com evidente actualidade o nosso autor coloca, em poucas palavras, a diferente abordagem que a delinquência e a criminalidade podem receber do lado da análise psicanalítica. Sabemos, hoje, como a criminalidade que enfrentamos é um fenómeno individual e colectivo cuja articulação urge estudar e compreender pois que, enquanto fenómeno social cada vez mais alargado e sem fronteiras, desenvolve-se cada vez mais como uma forma de guerra civil, por vezes com dimensões colectivizantes de cariz global, simultaneamente minada dos mais diversos desvios e caminhos errantes cujo combate, inevitavelmente, exige a imprescindível colaboração de psicossociólogos e psicanalistas.

"Pelo que respeita ao estudo da personalidade do criminoso, a análise dos móbiles psicológicos individuais profundos da actuação criminal, a Escola Penal Positiva encontra na psicanálise um utilíssimo auxiliar, já hoje indispensável. ...a psicanálise pode prestar uma eficaz e insubstituível ajuda à solução dos problemas da criminalidade. Mas é necessário não esquecer as raias da sua acção, como simples capítulo da Psicologia Criminal."[182]

Sabemos que, como forma perversa de protesto social, o delinquente comete o seu crime procurando uma identificação imaginária com o seu inimigo de classe ou credo, copiando-lhe assim, caricaturalmente, os defeitos e deformidades, que o poderão

---

[180] Idem, Ibidem, p. 112.
[181] Idem, Ibidem, pp. 114 e 115.
[182] Idem, Ibidem, pp. 172 e 173.

conduzir à subversão máxima e monstruosa estampada na criminalidade alargada ao terrorismo onde, o vulgar cidadão se transforma em alvo.

Do muito que se escreveu, com peso, sobre esta matéria da interacção entre psicanálise e criminologia,[183] tendeu a reforçar a real valia desta colaboração, nomeadamente no complexo universo do crime sexual. Não se estranha a clarividência do nosso autor pois, não esqueçamos, a psicanálise nasceu na altura do mediático processo levantado contra Oscar Wilde punindo-o pelo crime de homossexualidade numa Europa onde também se assistiu ao endurecimento da legislação relativa a devaneios sexuais e à prostituição. De todo o modo, a abordagem psicanalítica do crime em si próprio, conduziu a investigação e a interpretação do criminoso como, atrás citado, um homem que não domina os seus instintos, numa perspectivação mais alargada do visionamento de Freud e sua ruptura com a ilusão do homem naturalmente bom.

A este propósito, é impossível não referir o trabalho e investigação de Lombroso[184] que, crente num atavismo criminoso, procurou na autópsia de presidiários, estigmas físicos que determinariam a inevitabilidade da condição criminosa logo ao nascimento. Despertando conceitos baseados na importância da constituição biológica, presumiu a existência do criminoso nato e constitucional, encetando um caminho de organicismo radical fundador da Antropologia Criminal. Para além das conquistas da psicanálise, esta vertente científica também contribuiu activamente para a investigação e enriquecimento do conhecimento deste lado perverso do humano.

Mas, também como vamos verificando, o turbilhão de movimentações crescentemente registado entre o social e o científico, alargam o campo de interacção multidisciplinar do conhecimento e da utilização ideológica, provocando constante ultrapassagem do estrito campo médico para outros. Para além dos já referidos, Seabra Diniz, sublinha a presença da psicanálise nos domínios da literatura e da arte em geral, bem como nos da teologia e da prática religiosa.

Assim, inevitavelmente, a arte constitui área fundamental de comunicação com a psicanálise, na vertente interpretativa e englobante que ambas encerram. Ao constituir manifestação do mais íntimo que o indivíduo encerra dentro de si mas que, enquanto artista, partilha e expõe perante o outro, a arte habita o mais complexo e extraordinário do paradoxal génio humano. Para além do corpo e das pulsões caberá ao sensível do homem domesticar o animal que, vivendo dentro dele, urge ultrapassar e vencer pela força artística que transforma o homem em modelo, o desejo em volúpia, a luz natural revisitada e emocionalmente concebida em luz da razão.

A intromissão do imaginário na esfera do real impõe uma dinâmica única apoiada em estados de grande carga emocional que propicia a emergência da criatividade como produção inebriada de um novo real, recriado e concebido no seio da pulsão e da comunicação possível entre os universos consciente e inconsciente.

---

[183] Pensamos especialmente na obra de Jacques Lacan, Introdução Teórica às Funções da Psicanálise na Criminologia (1950).

[184] Cesare Lombroso (1835-1909) médico e cientista italiano, dedicou a sua investigação à constituição biológica do criminoso, procurando os seus traços natos e estigmas físicos identificadores. Da vasta obra escrita que deixou, distingue-se O Homem criminoso (1876), onde fundamenta a existência de cinco tipos diferentes de criminosos: o criminoso nato (resquício do homem selvagem), o criminoso louco ou alienado (perturbador delinquente), o criminoso profissional (estigmas biológicos inatos), o criminoso primário (factores circunstanciais do meio) e o criminoso por paixão (emocional, exaltado e violento).

"Incapaz de adaptar directamente os seus desejos ao princípio da realidade, o artista vai realizá-lo no reino da imaginação. Tal como o sonhador, clara ou veladamente, é o protagonista do seu sonho, assim nas suas criações o artista se representa nos heróis que descreve, realizando simbolicamente os seus desejos insatisfeitos. Os homens vibram emotivamente com a leitura, contemplação ou audição duma obra de arte, porque ela lhes satisfaz as mesmas recalcadas aspirações existentes no próprio artista e que foram o móbil da criação dessa mesma obra de arte."[185]

Para além da questão global do artista doente ou do criador admirável que, inevitavelmente, envolve esta simultânea polemização estética, defrontamos uma relação que inicialmente se manifestou controversa pois a intromissão psicanalítica não deveria nunca ser confundida com crítica de arte.

"Neste sentido têm os psicanalistas publicado estudos sobre as obras e a biografia de vários artistas célebres, procurando através delas descobrir os complexos dominantes e demais acidentes psico-sexuais dos seus autores, à luz dos quais elas aparecem, reciprocamente, mais esclarecidas.[186] O inesgotável reservatório do inconsciente, fonte e teatro de conflitos sem fim, a inaudita riqueza e pujança da vida erótica e a sua predominante influência em toda a vida psíquica, constituem um riquíssimo e tentador manancial donde o artista vai extrair abundante matéria plástica para a informação das suas obras de arte."[187]

No entanto, Seabra Dinis advoga alguma contenção, levando em linha de conta os perigos emergentes de uma exagerada abertura interpretativa e actuante do campo psicanalítico. " O emprego da psicanálise como instrumento de investigação no estudo da personalidade do artista, através do exame da sua obra e biografia, parece-nos susceptível de proporcionar alguns dados úteis e elucidativos.

Deve usar-se, todavia, a maior prudência, pois é fácil ao analista escorregar por exageros de interpretação e fantasias simbólicas, difíceis de controlar."[188]

Esta realidade condiciona a interpretação artística que, também em si, está dependente das verdades do tempo e dos fluxos culturais que lhe são afectos. Assim, encontramos conjunturas interpretativas e interdisciplinares heterogéneas que se expressam em conteúdos mais ou menos evidentes, em diferentes épocas e formas de expressão pois, a arte, enquanto imagem inquietante do presente pode, por exemplo, articular-se em linguagem do eterno e, assim sendo, ao erigir-se confirma o futuro, garantindo uma ultrapassagem da morte física.

Esta questão da morte, que consubstancia o elevado peso exercido pelas forças da natureza sobre o homem, obrigou-o, em especial por essa circunstância, a edificar a civilização. Mas, o seu desenvolvimento normativo foi emparedando a humanidade civilizacional em rígidos códigos de conduta que, de forma violenta e sufocante, a foram obrigando a constranger muitas das suas pulsões. No entanto, verificando-se a não ultrapassagem daquele limitativo peso da natureza e seus perigos, a religião foi protagonizando um papel protector destes problemas que, enquanto não resolvidos pela

---

[185] Idem, Ibidem, pp. 118 e 119.
[186] Entre outros exemplos, Seabra Dinis cita o exemplo do próprio Freud com o seu estudo Uma Recordação de Infância de Leonardo Vinci, onde é abordada a fixação do pintor à mãe.
[187] Idem, Ibidem, pp. 120 e 121.
[188] Idem, Ibidem, pp. 177 e 178.

civilização, careciam de resposta metafísica e substitutiva. Assim, instituindo-se psiquicamente, foi compensando a civilização carente, levando-a a aceitar uma ordem divina, inacessível e, portanto, desconhecida.

Ao analisar a religião, Freud fá-lo com objectividade e com algum espírito crítico, situação pouco comum e normalmente mal recebida, especialmente quando estabelece claro paralelismo entre o processo de crescimento da humanidade civilizacional e o processo de crescimento da criança. A religião caberia o papel de neurose obsessiva expressa em forma universal da humanidade, correspondendo à neurose obsessiva da criança, derivada do complexo de Edipo proveniente da relação com o pai. Assim se vislumbrava um inevitável abandono da religião por parte da civilização, correspondendo a uma igual e também inevitável ultrapassagem de um estádio evolutivo do crescimento. Enquanto homem da ciência munido de jeito materialista, Freud sugere a progressiva substituição da prática religiosa por sistemas de educação positiva, prescindindo de muletas lenitivas, dando espaço à possibilidade de o homem enfrentar o perigo e a angústia de forma completamente adulta. Esta confiança na capacidade humana enquadra, em si mesma, uma relação inovadora e singular entre a religião e a ciência.

Assim, a relação estabelecida entre as diversas práticas religiosas e a psicanálise recebe, igualmente, a atenção do nosso autor que verifica na interpretação freudiana uma conexão entre neurose e religião onde esta, enquanto fenómeno colectivo, transporta ecos da infância da humanidade. "Filiando a religião no complexo de Edipo, Freud aproxima-a da nevrose obsessiva, à semelhança do que faz com a histeria e a arte. A ideia desta aproximação surge-lhe bem cedo, em 1907, ao notar uma extraordinária semelhança entre os actos obsessivos e os ritos religiosos. Uns e outros não são mais que medidas de protecção e defesa os impulsos instintivos."[189]

Em conformidade com o nosso autor, podemos denotar uma absoluta necessidade que qualquer indivíduo tem em canalizar as suas energias para objectivos nobres, condicentes com a imagem de mundo que possui, com um código de valores colectivo e socialmente aceite, onde a verdade e o dogma se entrecruzam. Caso esta imagem de mundo não exista, criará outra, ilusória, onde igualmente se agarrará. Como refere Seabra Diniz a propósito do livro Tótem e Tabo, a religião, para além de outras vertentes, constitui uma fórmula de resposta a um complexo edipiano colectivo[190], forjado nos confins intemporais do percurso do homem social, que se reflecte no nosso ideário através de uma memória fóssil. Neste contexto, a religião contemporânea contém em si uma panóplia de formas primitivas de religião que assume contextos de neurose conferíveis com cultos de antepassados, totemismos, ritualismos de purificação e até cunhos eróticos de fertilidade.

Mais à frente, em forma de balanço crítico, confirma que "certas normas éticas, vários ritos e práticas religiosas assentam, realmente, num fundo erótico de que se

---

[189] Idem, Ibidem, pp. 126 e 127.

[190] Neste capítulo, Seabra Diniz descreve com pormenor: "Freud aceita e desenvolve a ideia de que um dia os irmãos, descontentes com o celibato forçado, se reuniram em revolta aberta contra o déspota e mataram o pai, acabando por comer o cadáver (pois que eram canibais) para satisfazer a sua vingança e no intuito de o substituírem e assimilarem a sua força, o que nos leva a admitir, tal como no complexo de Edipo, a ambivalência dos seus sentimentos: ao mesmo tempo que odiavam o pai e viam nele um rival a eliminar, também o admiravam e procuravam identificar-se com ele." pp. 123 e 124.

alimentam e podem explicar-se por mecanismos psicanalíticos; é inegável também que nas sociedades primitivas se encontram inúmeras simbolizaçoes sexuais, atestando o valor do sexo na vida dessas sociedades. Com efeito, nas sociedades primitivas, os horizontes psicológicos e sociais do homem sao ainda muito restritos. As suas fundamentais e mais absorventes preocupações consistem numa luta directa, árdua, em busca dos alimentos, e na reprodução."[191]

Em todas as circunstâncias encontramos paralelismos no reconhecimento que, dentro de si, o homem encontra-se como que condenado a depender de uma força mais poderosa, enfrentando uma inevitabilidade consubstanciada num poder que o transcende. Sediada na morte e na doença, esta dependência confronta o homem com a limitação última. A confrontação com esta emite respostas de natureza ambígua; da fé à racionalização, da submissão à falsificação, panóplias que constituem um fenómeno humano muito intrigante e aliciante, características igualmente despertadas na abordagem psicanalítica. Aqui, a ciência de Freud, enquanto estudo minucioso dos processamentos do intelecto humano, contribuirá para o seu desenvolvimento e progresso, inaugurando novas fronteiras da verdade, com objectividade limpa e desapaixonada.

Assim, não competindo nem pretendendo substituir elementos diferentes e não solúveis, a ciência psicanalítica contribuirá para o apregoado crescimento e aperfeiçoamento do elemento humano, não disputando tudo que à religião pertence. O sentimento religioso, quando não impositor de idolatrias facciosas, até contribuirá para a conquista de uma maior consciência da natureza do universo, ajudando o homem a tornar-se mais humilde perante a resposta da indispensável ciência que, com ele cresce e lhe aumenta a autoconfiança. Este equilíbrio constituirá um renovado desafio civilizacional, dando especial atenção aos sentidos da auto-estima e da atitude humana global, confrontada como está com específicos padrões de sucesso, tão evidentes no seu percurso histórico.

Na verdade, toda a história é percorrida por esta dinâmica que, expressando-se colectiva e civilizacionalmente, contém em si o problema de natureza individual, o seu conflito, a sua frustração, complexos ou impulsos de agressão, isto é, os especiais constituintes da investigação freudiana. Assim, "não é de estranhar que a psicanálise fosse também aplicada na interpretação da história da humanidade e de cada povo, na intenção de esclarecer os seus movimentos e características. A guerra, por exemplo, é provocada por causas diversas: económicas, religiosas, políticas e outras. Os psicanalistas não negam a possível interferência dessas causas, mas, para eles, no fundo da questão o que se encontra sempre são os mecanismos instintivos, os impulsos de agressão, o jogo dos complexos.

As mesmas determinantes se encontram quer nas contendas do homem primitivo, quer nas lutas imperialistas do nosso século, que a psicanálise explica, embora admitindo outras causas, pela interrupção brusca das forças instintivas, quebrando a frágil capa de verniz com que a civilização julgou tê-las destruído."[192]

Para além do visível egoísmo, que se poderá encontrar no indivíduo que aceita a protecção gregária da civilização sem querer renunciar à liberdade individual pura, este enquadramento do conflito assenta numa análise fria de um combate pouco leal, onde

---

[191] Idem, Ibidem, p. 181.
[192] Idem, Ibidem pp. 129 e 130.

a má fé e a ostentação do poder, perversamente, oprimem e massacram os menos fortes. Pode-se assim concluir que, historicamente, a civilização não resolveu os problemas do domínio da natureza e menos ainda os da moderação e harmonização das questões bélicas das nações ou sociedades. Desviando-se para outra sociedade, porque diferente, descarrega nela a agressividade acumulada que, por não ter sido sublimada, subsiste enérgica no inconsciente de todos. Este perigo bélico global que Freud bem conheceu até ao fim dos seus dias, constitui para si, desafio primordial a superar pela história da humanidade, já que esta, friamente, poderá gerar no seu seio o próprio holocausto.

No entanto, bem mais perto da análise objectiva do que da pessimista, a psicanálise antevê a possibilidade de conquista do superego, capaz de promover a transformação dos instintos primitivos do indivíduo em tendências sociais harmoniosas, potenciando as capacidades de uma civilização que tenderá a melhorar.

Apesar de tudo, Seabra Dinis considera importante o alerta para eventuais exageros de universalização interpretativa sob o óculo psicanalítico. "E evidente que são os indivíduos, com as suas características psicológicas particulares, os construtores e comparsas da história. Mas não são as características individuais que desempenham aqui o primeiro papel; não é através delas que podemos compreender, por exemplo, a diferença entre duas épocas históricas"[193].

Neste contexto interpretativo, virado para o papel do homem no seu percurso histórico, urge ponderar as condições sociais, políticas e históricas que ladeiam a emergência da psicanálise. A este propósito o nosso autor tece interessantíssimo enquadramento no contexto científico que abordamos. "Quando Sigmund Freud concluiu o seu curso, contava 25 anos e estava-se em 1881.

Corria, pois, o último quartel do século XIX. Vivia-se na época da crença geral na Razão e no Progresso. O homem sentia-se senhor da natureza que dominava com o cérebro e os músculos. Passo a passo, a cada investida de inteligência e arrojo, ela ia-lhe abrindo os seus segredos e entregando os seus frutos. Cada nova descoberta, cada progresso na técnica inspiravam-lhe mais confiança nas suas capacidades.

Preparava-se então a grande revolução industrial da máquina que possibilitaria o aumento fabuloso da produção e dos lucros das empresas, facto este que não poderia abrandar o optimismo geral, embora andassem já no ar os primeiros prenúncios pessimistas, porquanto tão poderoso ia em breve conduzir à sôfrega conquista dos novos mercados internacionais (coloniais, etc.), e, concomitantemente, à avassaladora época imperialista que chegou até nós.

Acreditava-se ainda que o homem marchava a passos largos no caminho da perfectibilidade racional, e que em breve seriam subordinados por completo os últimos vestígios da ascendência animal do ser humano."[194]

Com efeito, o século XIX é caracterizado pela emergência da ciência que, progressivamente, vai dotando de confiança crescente um homem, agora renovado por um optimismo quase eufórico em relação às suas capacidades racionais, acumulando descobertas sobre descobertas que muito rapidamente lhe alteram o tipo e hábitos de vida. O Liberalismo fomenta decididamente o empreendimento e a liberdade individual de um novo homem capaz de decidir e julgar os próprios actos, numa sociedade pautada

---

[193] Idem, Ibidem, p. 182.
[194] Idem, Ibidem, pp. 185 e 186.

pela ânsia do lucro enraizada numa agressiva economia de mercado. Assim, com a sua liberdade racionalmente protegida, o mundo ocidental reforça as suas alterações políticas, sociais e económicas. Com o crescimento da Revolução Industrial assistimos ao desenfreado aumento de deslocados do campo para a cidade, mão de obra que se constitui combustível para uma acelerada produção mecanizada, capaz de satisfazer novos mercados de consumo e de lucro que, em pouco tempo, desencadearia novas e profundas desigualdades sociais, causadoras de graves crises que se desenvolverão durante todo este século.

Da euforia positiva vamos passar para o pessimismo marxista, para a sociedade crispada, para os desequilíbrios coloniais e para as grandes guerras.

Assim, como muito bem sublinha Seabra Dinis, é neste contexto muito específico que a ciência retrata uma fase eufórica de auto confiança reforçada com descobertas e desenvolvimentos científicos importantíssimos mas, depois sucedida por uma fase crítica dos valores, assente numa profunda redução na auto-estima do homem e da sociedade em geral. E por aqui que, como vimos, o mundo científico e social assiste ao surgimento das descobertas de Sigmund Freud. Não temendo nem alterando os caminhos do seu inovador percurso temático e científico, inevitavelmente, confronta-se com uma sociedade incapaz de enfrentar questões e tabus mantidos e guardados em estado de secreto mutismo.

"Sobre o instinto sexual e problemas afins reinava vulgarmente segredo severíssimo. Nada de esclarecer abertamente o assunto.

Deste modo se torna claro que, quando Freud apareceu pela primeira vez a levantar a pesada cortina do silêncio que ocultava esta vida subterrânea, o mundo se tivesse erguido ostensivamente para vituperar tamanho escândalo.

De entrada, sofreu a psicanálise rudes golpes. De quase todos os sectores recebia estucadas brutais".[195]

Em todo este processo, a razão atravessa uma das suas mais estonteantes aventuras pois, da adorada e optimista veneração comteana, passa para o metódico pessimismo marxista, acérrimo inimigo da sociedade industrial e correspondente edifício racional, minado pela desenfreada concorrência, pela desumanização laboral acelerada pela sôfrega mecanização.

Afinal de que servirá a razão? Como sair do progresso que matou o campo e erigiu a selva urbana? Quem nos comanda?

Como bem explicita o nosso autor, estas questões preocupavam os detentores da força de trabalho, os políticos, os filósofos e os cientistas. O futuro, mais do que nunca, estava em cima da mesa.

"As guerras coloniais tinham-se desencadeado e levam o homem a supor que já não poderia continuar a crer na deusa Razão.

As grandes potências imperiais aguçavam as rivalidades e concorrência; em cada país, a intervenção da máquina vinha, em vez de favorecer o trabalhador, lançá-lo no desemprego; os sem-trabalho subiam de centenas a milhares e chegaram a atingir milhões: à maneira que a produção ia aumentando, crescia também, paradoxalmente, a sub-vida.

[195] Idem, Ibidem, p. 186.

As descobertas e inventos, as novas máquinas, numa palavra: o progresso, - se, por um lado, levava o homem a julgar-se mais firme senhor da natureza, por outro, tornava-o vítima da sua própria acção.

É então que vai acender-se a reacção crescente contra a Máquina, contra a Técnica, contra o Progresso, contra a Inteligência."[196]

A questão do século XIX e do seu desaguar no século XX passa, indubitavelmente, pela absorção das alterações e choques provocados pela exuberante produção científica registada. A remontagem do universo do conhecimento foi portadora de novos problemas, erros e desafios cuja ultrapassagem, sempre parcial e temporária, constituiu o caminho mais sinuoso e difícil da história da Humanidade.

"No após-guerra, no fim dessa tremenda hecatombe em que os homens se bateram como feras durante quatro longos anos, sem que conseguissem resolver os seus problemas sociais, ficaram os espíritos preparados para receber e fazer frutificar a úbere semente das ideias psicanalíticas. E na Europa Ocidental o freudismo vai frutificar também em plena pujança.

É fácil apreender agora toda a vasta repercussão do movimento do freudismo, quer no campo filosófico, quer no social, político, literário ou artístico.

As correntes do pensamento irracionalista encontram nas doutrinas psicanalíticas um poderoso e precioso aliado. No final de contas, era o inconsciente que governava a nossa vida."[197]

Longe de constituir ameaça ou onda de pessimismo, a psicanálise transportou consigo uma outra forma de averiguar o homem, dentro de si próprio, no mais íntimo da sua intelectualidade, consciente e inconsciente, construindo uma nova fórmula de abordagem directamente dirigida à natureza humana, frontalmente, sem medo do animal, do inconsciente, do consciente ou da moral. As pulsões e desejos que a sociedade obrigou a constranger, violentou a vontade e adiou a felicidade de um homem que foi adoecendo na hipocrisia social que, agora, urgia tratar.

Todo o método e percurso, especialmente se importante, para além das mais ou menos fundamentadas críticas, sofre cisões e dissidências. A psicanálise, obviamente, não foi excepção.

Assim, Seabra Dinis termina esta sua obra tecendo algumas considerações sobre alguns vultos dissidentes da psicanálise e das teses freudianas. Dos vários nomeados distingue os nomes de Adler e Jung.

Alfred Adler[198] é a primeira personalidade abordada e sobre a qual o nosso autor tece algumas considerações de ordem geral, dando-nos a conhecer as principais teses que fundamentaram a sua psicologia. Assim, identifica o seu percurso de aproximação às teses psicanalíticas ao participar, desde 1902, na Sociedade Psicológica das Quartas--Feiras onde se manteve até 1911. Durante este período temporal foi-se afastando das

---

[196] Idem, Ibidem, pp. 187 e 188.
[197] Idem, Ibidem, pp. 190 e 191.
[198] Alfred Adler foi o primeiro grande dissidente da psicanálise. Nascido em 07 de Fevereiro de 1870 era, como Freud, vienense de origem judia, tendo igualmente cursado medicina. Na sequência de estremada dissidência com Freud, fundou a escola da psicologia individual. As suas principais obras temáticas são A Compensação psíquica do Estado de Inferioridade dos Órgãos (1907) e O Temperamento Nervoso (1912). Faleceu em 28 de Maio de 1937.

teses psicanalíticas, nomeadamente no que concerne à origem da neurose, vista como uma luta entre o feminino (o inferior) e o masculino (o superior). A possibilidade da sua cura era encontrada no estudo da individualidade objectiva do paciente, vislumbrando o seu projecto inicial de vida, sobre o qual o médico deveria readaptar a actualidade do paciente, sem utilizar os recursos do inconsciente ou da determinação sexual.

Como explica o nosso autor, "cada homem traça, ainda na infancia, um «plano ou estilo de vida» que orientará toda a sua conduta. Para Adler, esse plano é sempre um ideal de dominação para compensar alguma inferioridade orgânica existente. Para restabelecer o equilíbrio, gera-se por um mecanismo de compensativo um sentimento de superioridade, um desejo de vencer.

A compensação não constitui, aliás, um processo meramente psíquico: é um fenómeno geral, observado em toda a biologia."[199]

Estas teses não agradaram a Freud, que as acusava de demasiado biologistas e de se centrarem numa psicologia do ego, individualista, descentrada do inconsciente e assente em predisposições hereditárias. A ruptura entre ambos era inevitável atingindo mesmo alguma agressividade intempestiva.

Finalmente, refere-se com algum pormenor a Cari Jung[200] e à sua psicologia analítica. Distinguindo-se como dos seus mais brilhantes e fiéis seguidores, Jung acompanhou entusiasticamente Freud durante cerca de sete anos, chegando a acompanhá-lo na sua importante viagem de divulgação da psicanálise realizada aos Estados Unidos, em 1909. As dissidências com o mestre de Viena começaram a verificar-se com a sua confrontação da inexistência de substrato biológico na psique, encontrando-se a sua cura na recondução individual do sujeito à realidade, libertando-se de segredos patogénicos. "Examinando as teorias de Freud e Adler, Jung verificou que ambas são exactas numa certa medida, o que o levou a admitir dois aspectos opostos na neurose, um dos quais seria adequadamente explicado pela Psicanálise e o outro pela Psicologia Individual. Cada uma destas saberia ver apenas um dos lados do problema.

Não há verdadeira oposição entre elas. Não se excluem. O que é necessário é superar a sua divergência por uma nova teoria que, em vez de as negar, as abrace."[201]

Elaborando uma noção de arquétipo, Jung estabelece uma forma preexistente de inconsciente que vem condicionar o psiquismo predeterminando as representações simbólicas, os arquétipos presentes nos sonhos, na religião ou na arte. Aqueles constituem o inconsciente colectivo baseado num código simbólico pertencente a toda a humanidade. Este arquétipo afasta-se do universalismo de Freud, pois insiste na existência conflitual de dois inconscientes que, só a análise pode distinguir. "E preciso ir mais longe. Para além do inconsciente individual encontra-se o inconsciente colectivo. E um dos pontos capitais da doutrina de Jung. E necessário que o analista saiba demarcar os limites do inconsciente individual e do colectivo. A este processo discriminativo chamou Jung a função transcendental."[202]

---

[199] Idem, Ibidem, p. 196, aspas e itálico do autor.
[200] Carl Gustav Jung, foi, desde 1906, um dos principais discípulos de Freud até à sua dissidência em 1913. Psiquiatra suíço, fundador da psicologia analítica, nasceu em 26 de Julho de 1873, realizando vastíssima obra donde se destaca a publicação Metamorfoses da Alma e seus Símbolos (1912), elemento decisivo na dissidência com Freud. Faleceu em 6 de Junho de 1961.
[201] p. 203.
[202] p. 205. Itálico do autor.

A retirada da componente sexual da libido freudiana consumou a separação entre ambos, Projectando conflitos posteriores, agravados pelas vivências e crises da guerra.

Esta obra de Seabra Diniz revela-nos, com transparência, o seu autorizado posicionamento sobre o fenómeno científico da psicanálise visto com a proximidade da competência e com a liberdade do espírito esclarecido.

Da vasta bibliografia indicada nesta obra, 83 títulos, distinguimos a utilização da língua francesa como a mais utilizada pelo nosso autor, para além das traduções em português provenientes do Brasil. Assim, das 18 obras de Freud indicadas, distinguimos em francês: La Science des Reves, 1926, Totem et Tabou, 1924, Introduction à la Psycanalyse, 1927, Ma vie et la Psycanalyse, suivi de Psycanalyse et Medicine, 1928. Em alemão e inglês indica as seguintes obras: Studien über Histerie, Der Wahn und die Träume in W Jensens, 1907 e Moses and Monotheism, 1939. As traduções brasileiras utilizadas são Técnica Psicanalítica — Psicologia da Angústia e Cinco Lições de Psicanálise, 1931.

Entre os diversos autores subsidiários, distinguimos os seguintes: Com 4 obras, A. Ramos: Freud, Adler, Jung, Educação e Psicanálise, Psiquiatria e Psicanálise e Introdução à Psicologia Social', e A. Adler: Le Temperament Nerveux, Understanding Human Nature e A Ciência de Viver. Com 3 obras, distinguimos Stekel: Ueducation des Parents, La Impuissance de Uhomme V La Femme Frigide. Com duas obras, O, Rank: Der Mythos von der Geburt des Helden, 1909 e Le Traumatisme de la Naissance, 1928, bem como C. Jung: La Libido, 1924 e L'inconscient, 1928. Para além destes, distinguimos E. Jones: Traité Théorique et Pratique de Psychanalyse, 1923; C. Blondel: La Psychanalyse, 1924; M. Klein: The Psycho-Análisis of Children e Ana Freud: Introdução à Técnica da Análise Infantil, 1934.

6. Fernando Namora (1919-1989) - A Divulgação Sob o Signo Literário

Nascido na "pacífica, adormecida vila de Condeixa", cedo absorveu os recantos da sua mocidade, materna e inspiradora musa de tantas aventuras e paragens. Em Coimbra bebeu a sabedoria da ciência e a nostalgia lírica enquanto fortalecia as convicções. Preocupado com o seu país, visita-o, procurando novos humanismos, alinhando a arte e construindo a obra literária que contempla e confronta com um mundo que, como um todo, viveu percorrendo.

Pretendendo apenas salientar alguns pormenores de carácter biográfico, sublinha-se que Fernando Gonçalves Namora nasceu em Condeixa em 15 de Abril de 1919 e, em 1935, já se encontrava a estudar no Liceu José Falcão, em Coimbra, onde assume a direcção do jornal académico "Alvorada". Em 1938 ganha os prémios Almeida Garret e Mestre António Augusto Gonçalves. Em 1942 conclui, na Faculdade de Medicina da Universidade de Coimbra, o curso de medicina, abrindo consultório na terra natal, altura em que escreve Mar de Sargaços, Novo Cancioneiro e Fogo na Noite Escura. Em 1943 vai residir para Tinalhas, Castelo Branco, convivendo de perto com o surto de exploração de volframio, altura em que escreve Casa da Malta e, no ano seguinte, efectúa a sua exposição de pintura. Em 46, depois de ter abandonado Monsanto, onde residiu após Tinalhas, ruma a Pavia, Alentejo, onde edita Minas de San Francisco. Em 1950, depois de escrever Retalhos da Vida de Um Médico, edita A Noite da Madrugada. Em 1952, ano em que ganha o prémio Ricardo Malheiro, publica a obra aqui citada,

Deuses e Demonios da Medicina e em 1960 publica Domingo à Tarde. Depois de publicados Um Sino na Montanha e Os Adoradores do Sol, entre os anos de 72 e 84, mantém a sua produção literária onde se distinguem Os Clandestinos e Nome para urna Casa, para além das reedições de Retalhos da Vida de um Médico e da versão ampliada de Deuses e Demonios da Medicina, edição comemorativa dos 40 anos de vida literária, celebrados no ano de 1978. Em 1985 é eleito membro titular da Academia Europeia das Ciencias, Artes e Letras. Em 1988 é agraciado com a Grã-Cruz da Ordem do Infante D. Henrique, vindo a falecer em Lisboa a 31 de Janeiro do ano seguinte.

Abordar um autor como Fernando Namora é encarar a forte personalidade de um escritor, médico, transportador de toda uma vasta experiência de vida profissional que, de forma criativa e simultaneamente objectiva, revela na sua escrita o pleno do conteúdo vivencial e literário.

Como sempre acontece, essencialmente em toda a escrita sólida, por detrás do autor está sempre o homem, a sua formação, experiência e formas de vida que, expressas com criatividade, dão identidade à arte com que moldam o seu texto final. Assim, neste nosso autor, encontramos o homem criado sobre os valores e estéticas do mundo rural, amante da natureza sempre observada, as suas cores, cheiros e formas que, com excelência e cromatismo, vagueiam nas suas páginas a bordo de um médico especial, conhecedor das gentes, dos casais e aldeias que, sempre que pode, visita como mensageiro da esperança e saúde e, assim, tantas vezes como amigo.

O afanado agricultor, dependente dos favores da meteorologia para garantir o pão da colheita, contrastado com o operário agrilhoado pelo salário certo ou incerto nas curvas e consequências da industrialização mais ou menos feroz, constituem personagens de vida real bem presentes no texto e nos códigos paradigmáticos de Fernando Namora. Sempre próximo das suas origens e gentes, revela e distingue a cidade dos milhares de desconhecidos que se passeiam no artificial da solidão anónima contrastante com a consciência, com o afecto ou com o face a face do diálogo, para si só real na pureza enquadrável numa paisagem rural.

Os seus livros e personagens envolvem uma constante evolução ritmada com os tempos de constante partida que, avidamente, viveu num crescente mundo viajado e narrado em personagens de vida real e imaginária, esculpidas em aventura e desejo.

Entre tantos exemplos, Retalhos da Vida de um Médico, mostra-nos a sua imensa riqueza humana e o profissional atento que, especialmente e enquanto tal, se apresenta nesta obra de Deuses e Demónios da Medicina. Os diferentes cenários com que a vida brindou as personagens da vida real foram moldando máscaras que, com o tempo passado em silêncio e sem diálogo, se foram agarrando à pele e à carne, tornando-lhes a existência num sofrido calvário, cavado no buraco da solidão.

A interacção comunicativa, representada pela presença da psicanálise, foi tomada em devida conta surgindo no global da obra do autor, literariamente consolidada na força da comunicabilidade presente na palavra companheira e franca, desenvolvida na experiência dum cidadão do mundo.

Neste sentido, os volumes de Deuses e Demónios da Medicina sofreriam de rude imperfeição se não contemplassem a figura de Sigmund Freud como destacável figura sublinhada ao longo do extenso rol de personagens evidenciadas. Obviamente, tal lapso não seria possível neste completo e pormenorizado estudo encetado pelo rigor científico e pela perfeição estética de Fernando Namora, atento que estava a "este homem, que desceu ao fundo dos abismos humanos, revelando-os sem peias à surpresa de uns e à repulsa de outros, que monopolizou as atenções de médicos e leigos, que foi uma das mais discutidas personalidades do seu tempo, ... uma vida sem peripécias nem marés, salvo a fuga aos bárbaros nazis: uma vida feita de dias sóbrios, disciplinados, monótonos. Residiu setenta anos na mesma cidade, Viena, na mesma rua, Berggasse, na mesma casa, simultaneamente oficina, auditório, refúgio e lar."[203]

Na verdade, esta Viena de Freud é uma cidade muito especial, centro de cruzamento de raças e civilizações, ostentando a sua proveniência na diversidade étnica que caracterizara a evolução do império austro-húngaro, constitui seio de criatividade e fulgor que se registam naquela época. O dinâmico elemento multi-cultural que entra na forte composição do ar vienense sente-se na música respirada na prestigiada Ópera de Viena, na irreverência audaciosa registada na Escola de Viena, bem como num perfume inovador que se perscrute nos meios estudantis e nas tertúlias sociais, onde temas e tabus são retomados por curiosidades renovadas.

E esta a realidade e ambiente que compõem a cidade que vê Freud desenvolver, concentrado, o seu trabalho, "...as horas de consulta, de psicanálise, a leitura, a redacção dos seus livros, sempre no mesmo aposento, na mesma poltrona, de ouvidos moucos ao burburinho da fama, à gula da publicidade que, em vão, o cortejou, ao bramido dos que o incensavam ou denegriam. Uma batalha dura, mas à porta fechada. Uma luta serena, em que o talento, o génio se vão manifestando e agindo com impassível naturalidade; uma luta sem lances intempestivos, desenganados áridos ou satisfações enfrenesiadas. A casa de Berggasse era a cidadela de um artesão à banca do trabalho: os arruaceiros, a bem ou a mal, ficavam lá fora.

Para Freud, o trabalho era uma função inerente ao indivíduo, tal como o coração precisa de um afluxo ininterrupto de sangue para recolher e distribuir o cerne da vida."[204]

Esta excepcional figuração de Sigmund Freud retrata-nos a personagem que cativou Fernando Namora, o obstinado trabalhador que, incessantemente vasculhou o recheio da mente humana sem deixar que a opinião pública, mais ou menos informada, o despistasse da rota que traçara, desde que decidido o seu objecto científico. Na verdade, a extraordinária capacidade de trabalho e a fabulosa memória associadas à prodigiosa capacidade e intuição manifestadas na compreensão dos doentes, tornaram o mestre de Viena único. O seu dia a dia decorre a uma velocidade estonteante. Depois de noite curta mas restabelecedora, logo de manhã começa as consultas e análises que, exaustivamente, o ocupam até ao fim do dia, destinado à organização e classificação de todos os processos e dados verificados e recolhidos na jornada. Depois, ainda antes de se deitar, dedicava-se à elaboração e organização de teorias que, estruturadamente, estabelecia para a próxima obra a publicar, não esquecendo ainda as réplicas que elaborava a objecções e comentários que recebia, para além da inúmera correspondência que lhe era dirigida e à qual respondia directamente, sem qualquer secretariado ou serviço de apoio.

"Foi uma gesta de homem excepcional. Em cada dia, teve de penetrar nos refúgios, ciosos da sua inviolabilidade, da personalidade humana, teve de iluminá-los e interpretá-los, refúgios sempre diferentes, esquivos, contraditórios e a maioria das vezes agressivos.

---

[203] Fernando Namora, Deuses e Demónios da Medicina, Lisboa, Bertrand, 1979, p. 247.
[204] Idem, Ibidem, pp. 247 e 248.

E quando, ao fim do dia, a porta do gabinete se fechava sobre o último, outra faina o esperava: a sistematização, a análise e a crítica dos elementos perscrutados. Nesta vida tao repetida, tão uniformizada, que nem o descrédito nem a glória conseguiram disturbar, havia, no entanto, uma força criadora, um ímpeto de renovação insaciáveis."[205]

Esta revelação do lutador obstinado e concentrado na pesquisa do desconhecido está bem patente neste retrato do nosso autor. Com efeito, este desconhecido dissimulado no interior de cada doente, constituiu a principal seiva que alimentou o fogo científico de Sigmund Freud. Toda a sua vida foi dirigida para a pesquisa comparativa, para a militante e incansável procura, encarada como a grande esperança de uma humanidade que, perdida dentro de si, apresentava sintomas de desorientação.

E pois a individualidade e personalidade únicas do investigador e cientista que ocupam várias páginas de contorno biográfico e expositivo de algumas curiosidades da sua vida e formação. O mais velho de sete irmãos, oriundos do segundo casamento de seu pai, é o filho protegido da mãe, com quem sempre manteve grande proximidade e cedo lhe prognosticou grande futuro reservando-lhe, sempre que possível, alguns privilégios que foi merecendo com o bom aproveitamento obtido.

No entanto, o início da vida de Freud é pautado por algumas peripécias que lhe marcarão sensibilidades futuras. O facto de ter como companheiro de brincadeira um sobrinho um ano mais velho cria-lhe alguma confusão de gerações, a morte prematura do irmão de seis meses que enfrenta com menos de dois anos, a perda da educadora Nannie, simultânea com a nova gravidez da mãe, deixam marcas no jovem Freud, oriundo de família judaica, confrontada com tempos únicos de convulsões étnicas. "Tão cedo inclinado a conflitos íntimos, melindroso, taciturno, Sigmund Freud era, no entanto, um estudante exemplar, que os mestres habitualmente dispensavam dos exames. Foram múltiplos os interesses que, nessa época, o nortearam: aos oito anos lia e recitava Shakespeare, e o contacto quase diário com a Bíblia modelou-o para certo ascetismo nas ideias e no comportamento. Mas as duas principais aspirações, contraditórias, que nele se defrontaram, sem que nenhuma acabasse por se impor, vieram-lhe de Goethe, a idealista, e de Darwin, a racionalista. O arruído de protestos e de devoções despertados pelas doutrinas deste último, trazendo novos e excitantes problemas para a primeira fila das atenções do vulgo, incitaram-lhe vivamente a curiosidade pela ciência.

Na universidade, esperavam-no vexames: sendo judeu, era como se não tivesse eira nem beira, como se fosse um apátrida marcado a fogo, olhado de revés pelos companheiros, que o excluíam do seu trato. Freud rebelava-se: que não o considerassem um austríaco, vá lá, mas não podia aceitar que as suas origens fossem um estigma de desdouro. No entanto, a dureza dessa experiência havia de resultar benéfica, como todas as experiências quando encontram chão criador, temperando-lhe a fibra, afazendo-o à hostilidade."[206]

O traço psicológico e intelectual que desperta o interesse do nosso autor é aqui combinado com o enquadramento social de uma época que, carregada de preconceitos étnicos, condicionou de forma vincada a vida de Freud. Contudo, fortalecido pelas dificuldades que foi ultrapassando, o seu génio confrontava-se com hesitação perante o destino futuro e qual a actividade a que efectivamente se iria dedicar. Os excelentes

---

[205] Idem, Ibidem, p. 249.
[206] Idem, Ibidem, pp. 251-253.

resultados escolares que sempre obteve, associados a extraordinárias capacidades potenciadas por uma cultura geral vastíssima; da literatura à filosofia, do teatro à poesia, da arte à ciência; permitiam-lhe sonhar com um porvir risonho em diferentes áreas do conhecimento. Por estas razões, enfrentou dificuldades quanto à indecisão sobre o futuro próximo, nomeadamente quanto à carreira profissional a seguir, quando já sentia apelo e gosto pela investigação e desagrado pela instabilidade económica. "O seu primeiro trabalho pessoal, sobre a estrutura gonádica das enguias, fá-lo beneficiar de uma bolsa na estância zoológica de Trieste. E no laboratório do fisiologista Ernest Brücke que, por fim, encontra uma directriz para a sua insatisfação ainda desorientada. Ali encontra também a paz e homens que ele «podia respeitar e tomar como modelo» - Brücke, acima de todos."[207]

Com efeito, é neste laboratório e nesta companhia do amigo, pai ideal, que desenvolve aturado trabalho entre 1876 e 1882. E nesta escola rigorosa que enceta aprofundadas pesquisas histológicas e aprende a considerar o sistema nervoso como arena de combates entre forças que se contrariam e se complementam em dinâmicos sistemas interactivos cujo determinismo se assemelhará a futuros esquemas de funcionamento da psique. Com efeito as semelhanças perscrutáveis na unidade celular das espécies consideráveis como inferiores e as ditas superiores poderão ter interferido com a evolução da pesquisa do universo neuronal. ªSó o laboratório e as pesquisas sobre a espinal-medula dos peixes inferiores e sobre o sistema nervoso central do homem lhe respondem à inquietude por algo de novo."[208]

Para além de uma sofreguidão científica sempre patente, inclina-se para um exercício mais rentável da medicina, encetando diversos estágios no Hospital Geral de Viena, experiências que lhe permitiriam, no futuro, vir a ascender ao posto de professor e auferir do desejado desafogo económico, mais premente após o conhecimento da jovem Martha Bernays, a futura mulher. Este enriquecedor período de maturação é pois pautado por trabalhos de índole diversa onde vai revelando capacidade e criatividade de excepção, nomeadamente com experiências desenvolvidas sobre as capacidades da cocaína ao ser utilizada como analgésico. Deste esforço não auferiu os respectivos louros finais pois, devido a opções de ordem afectiva pré nupcial e de ordem científica, a sua atenção já se virava para "a mais grada figura da época, estrela de primeira grandeza que, de longe, ateava o entusiasmo das nova gerações, era o imponente Charcot, de personalidade arrebatadora. Freud ambiciona partir, numa vaga propícia, para a capital francesa e cultivar-se sob a tutela do afamado mestre. Entretanto, ia publicando monografias sobre afecções orgânicas do sistema nervoso. Os seus diagnósticos, e os processos de os obter, mostram-se tão originais que alguns médicos americanos, vindos a Viena, é à sua porta que acorrem em primeiro lugar.

Os seus conhecimentos sobre neuroses eram, porém, precários.

Brücke aprova o fito de Sigmund Freud de estagiar em França e apadrinha-lhe a concessão de uma bolsa de estudo. Ninguém o conhece, ninguém lhe apercebe os anseios e as tendências. E um entre muitos. Até que um dia Charcot, perante os estagiários, lastimou-se de que o seu tradutor alemão tivesse emudecido durante a guerra. Freud, então, apresenta-se-lhe, oferecendo a sua colaboração. Este acaso assinala o

---

[207] Idem, Ibidem, p. 253.
[208] Idem, Ibidem, p. 254.

começo de uma útil e amistosa familiaridade com Charcot - o mago de intuição profunda, faro clínico e sentido artístico, a quem a neurologia passou a dever método e sínteses fundamentais.

Não obstante as discordâncias de temperamento e mesmo de conceitos, o leme de Freud ia ser desviado por essa poderosa influência."[209]

Na verdade, a personalidade exuberante de Charcot chegou a entusiasmar Freud, tais as qualidades de observador associadas a técnicas de apresentação verdadeiramente entusiasmantes e criadoras de uma áurea quase mágica. Desenvolvendo uma corrente explicativa de índole animista, o mestre da Salpêtrière advoga a importância dos fenómenos psicológicos para a compreensão e tratamento de afectações tipificadas como paralisias e algumas anestesias, cuja origem funcional e histérica se afastava do diagnóstico anatómico. Recorrendo a inúmeras sessões demonstrativas, Charcot ostentava publicamente resultados imediatos obtidos sob sugestão hipnótica submetida aos pacientes com os quais pretendia demonstrar a fundamental importância da estrutura psicológica para a compreensão da origem dos sintomas histéricos.

A medida que a estadia em Paris ia decorrendo, Freud não foi encontrando todas as respostas a questões de maior profundidade, pois não era essa a motivação da actividade demonstrativa e expositiva do mestre parisiense, ocupado com as suas «Grandes leçons» das sextas-feiras e as «Leçons cliniques» das terças-feiras, ainda traduzidas para alemão pelo especial aluno de Viena. "Freud, contudo, não procedia como um dócil prosélito de Charcot: tinha perguntas para tudo e não lhe bastavam explicações imprevistas. Queria ir ao fundo das dúvidas. O mestre replicava às objecções com afabilidade mas igualmente com autoritarismo. Essa sobrestima pelas suas opiniões não podia calar uma personalidade afeiçoada à exactidão, cuja cepa mais sólida se enxertara no exemplo racionalista de Darwin, como era a de Freud. / Por isso, e também porque lhe tinham esgotado as reservas, Freud prefere recolher-se a Viena e compreender, sem arrimos, as averiguações que projectará.

Em 1886, assenta arraiais em Viena como médico prático, iniciando a empreitada de tarefas rígidas que nenhuma contrariedade demoveu."[210] Ao apresentar o relatório justificativo da bolsa concedida para a estada em Paris, foi-se confrontando com resistências manifestadas contra os métodos de Charcot e a constante utilização da hipnose, entendida e utilizada como técnica do olhar, isto é, como desenvolvimento e aperfeiçoamento de técnicas de domínio dos estados patológicos manifestados pelos doentes. As diferentes interpretações e os êxitos reclamados reforçaram-lhe a vontade de estudar estas matérias dando, assim, continuidade às suas investigações, certo do valor contido nas observações efectuadas em Paris, onde conferira a possibilidade da hipnose ajudar a libertar forças reprimidas nos doentes. Para tal, resolveu deslocar-se a Nancy a fim de se inteirar das técnicas hipnóticas de Bernheim[211] que, mais tarde, viriam a ser desenvolvidas no seu serviço hospitalar. A possibilidade de manutenção longa e prolongada de ordens recebidas em estado de hipnose e a confirmação das amnésias verificadas após o sono provocado, constituem aperfeiçoamentos da sua praxis hipnótica que o foram aproximando da existência de processos psíquicos que, apesar do seu grande poder, se mantêm desconhecidos e ocultos à consciência humana. Poderá aqui

---

[209] Idem, Ibidem, pp. 255 e 256.
[210] Idem, Ibidem, pp. 258 e 259.

ter encontrado o ténue fio que viria, mais tarde, a conduzi-lo à maior aventura da sua vida, uma das mais controversas e apaixonantes da história da ciência. "Eis o fermento a partir do qual Freud iria desenvolver a noção capital e revolucionária do"Inconsciente, que admite uma zona dinâmica, embora turva, para lá da consciência, armazenando elementos conflituosos que podem repercutir no comportamento e desencadear estados de anormalidade. Ia começar o que Stefan Zweig[211][212][213] designou por «descida aos abismos». щтj ³

Em todo este percurso surge mais uma personagem fundamental no processo formativo de Freud, Josef Breuer um já famoso médico de Viena, bem conhecedor da coragem talentosa do jovem Freud, por quem nutria simpatia e curiosidade profissional. Estes dois nomes históricos estão, inevitavelmente, associados ao caso patológico que inicialmente os uniu, Bertha Pappenheim, a famosa Anna O.. Esta doente, de inteligência cativante, apresentava fortes sintomas de tipo histérico,[214] permitindo a Breuer, com todo o seu tempo e disponibilidade, o estabelecimento de uma relação terapêutica intensa e original, durante a qual veio a registar melhoras consideráveis. Estas tinham-se verificado depois de ser levada a falar, através de palavra indutora recebida em estado de hipnose, sobre as perturbações que a haviam, em tempo, preocupado. Com esta estratégia, conseguiu ultrapassar progressivamente as naturais barreiras e resistências que escondiam as causas originais dos sintomas que, agora, chegavam a desaparecer quando a doente conseguia recordar a envolvência e circunstâncias dos estados emocionais realmente vividos no passado e que, numa primeira vez, a haviam marcado. Parecia, assim, surgir a palavra munida de capacidade terapêutica a que, a própria doente, designaria por talking cure.

"O efeito foi extraordinário: pela primeira vez a histérica começou a desvendar factos dolorosos do passado, exprimindo livremente os sentimentos censuráveis que experimentara à cabeceira do pai, condenado por doença fatal, e que, sufocados com repulsa, se tinham expandido naqueles sintomas mórbidos tão incoerentes. Persistindo na nova técnica, dia após dia, as sessões foram-se sucedendo e clarificando: aquela parecia ser a via que conduzia às regiões ocultas do espírito mortificado.

À agudeza de Freud, para lá do êxito clínico, não escapou a extrema importância dos fenómenos ignorados a que haviam assistido e logo sugeriu que se lhes desse larga aplicação.

Deste modo, avizinhava-se uma nova doutrina e um novo método terapêutico das doenças nervosas - a psicanálise -, cujas incidências na medicina, na filosofia, na arte, seriam incomensuráveis."[215]

---

[211] Hippolyte Bernheim, (1837-1919) médico francês, professor da Universidade de Nancy, dedicou os seus estudos ao desenvolvimento das técnicas da hipnose. Interpretando-a como uma questão de sugestão verbal, aplicável em estado de vigília, afastou-a da clínica do olhar ou de qualquer resíduo de magnetismos. Assim, a psicoterapia constituía-se como método aplicável para fins terapêuticos. E neste ponto fundamental que se afasta de Charcot e das suas teses de domínio do estado patológico. Com ele nasceu a Escola de Nancy que, durante anos, combateu as referidas teses de histeria patológica defendidas pela Escola da Slpêtrière.
[212] Stefan Zweig, (1881-1942) famoso escritor vienense de origem judia, manteve amizade e longa correspondência com Freud, a quem dedicava especial reverência pela vida e obra que sempre acompanhou.
[213] Idem, Ibidem, p. 262.
[214] Sintomas de mutismo, perturbações visuais, alucinações e paralisias.
[215] Idem, Ibidem, pp. 264 e 265.

Com efeito, esta amizade quase paternal de Breuer foi muito importante e compensadora para o futuro criador da psicanálise. Para além dos aconselhamentos e todo o apoio financeiro prestado, foi enviando doentes ao jovem colega recém-chegado de Paris, ajudando-o no estabelecimento do consultório particular que, entretanto, montara. Esta colaboração e intimidade ultrapassaram as fronteiras científicas e profissionais, verificando-se grande proximidade destas duas famílias do círculo judeu vienense. Em 1887, em sua homenagem, a recém nascida Mathilde Freud recebeu o nome da mulher de Breuer. Mas, o progressivo afastamento da hipnose e os resultados das investigações foram-se distanciando das perspectivas de Breuer, por um lado não concordante com as hipóteses levantadas pela etiologia sexual e, por outro, com a crescente e intrigante relação de amizade verificada entre Freud e Fliess[216]. O arrefecimento verificado entre ambos manteve-se com a evolução da psicanálise e com o regresso à exclusividade do brilhante fisiologista.

"Se a Breuer pertencera a arrancada para essa viagem temerária, era Freud, o afoito com a «máscara da timidez», que a capitaneava. Observador sagaz e meticuloso, servido por excelente memória e vasta cultura, a este último coubera, efectivamente, joeirar os factos, deslindá-los e encontrar-lhes um sentido.

A teoria que haviam procurado formular quedara em meio: apenas se esboçara o terreno sobre que assentava o processo patológico. Mas Breuer renuncia precisamente quando o seu companheiro se deixa obcecar por essas pesquisas nas zonas povoadas de instintos e de reminiscências expulsas da memória consciente."[217]

Na verdade, o afastamento dos processos hipnóticos é condicionado pela confirmação e evolução de uma nova forma de análise em que o contacto pretendido com a afectação é procurado num relaxante estado de vigília proporcionado ao doente. Convergindo a sua atenção para o domínio das psiconeuroses, Freud vai desenvolvendo esta nova abordagem centrada na possibilidade descritiva e aproximativa que o paciente conseguisse efectuar às suas recordações, sempre ligadas aos sintomas que o importunavam. As fortes resistências, normalmente manifestadas pelos doentes que não queriam enfrentar as suas inquietações, foram sendo ultrapassadas com o fornecimento de resultados encorajadores que alimentavam a confiança de Freud no novo método diagnóstico. Assim, ultrapassando as resistências que guardavam no silêncio as recordações e imagens dolorosas, foi consumando um processo de reconstrução do passado do paciente, da sua história que, afinal, constituiria a base da cura que a psicanálise perseguia. "Por isso, Freud era do parecer que o embargo à reconstituição de ocorrências melindrosas do passado se devia não a um apagamento dessas lembranças mas à intervenção do mecanismo de defesa. Tais acontecimentos eram demasiado penosos para que as forças inibidoras permitissem libertá-los. O objectivo do método psicanalítico, meio termo subtil entre uma confissão e um interrogatório, sem ser uma coisa nem outra, consistia, justamente, em embaraçar tais defesas inibidoras, readmitindo a ideia à consciência, em contribuir para que esta reconhecesse que a podia suportar."[218]

---

[216] Wilhelm Fliess, (1858-1928) médico alemão, desenvolveu íntima amizade com Freud, a quem encantava. Estudioso da sexualidade, Fliess manteve densa correspondência com o mestre de Viena onde teorizou a bissexualidade. As diferentes perspectivas sobre o uso da experiência e da procura da verdade afastaram-nos de forma definitiva.
[217] Idem, Ibidem, pp. 265 e 267.
[218] Idem, Ibidem, pp. 268 e 269.

O nosso autor encaminha a sua exposição para a abordagem que Freud enceta a uma existência profunda que encerrará os motivos e origens das neuroses; o inconsciente. O seu acesso, permitido pelas associações livres, revelava a fonte dos sofrimentos originais, as experiências traumáticas causadoras das posteriores manifestações de carácter psico-neurótico a que os doentes se opõem na tentativa de renunciar à sua doença. Este processo, embrionário do método catártico, possibilitará a viragem definitiva dos estudos freudianos para um reforço na utilização da palavra indutora, para um aumento de intimidade e absoluta personalização na relação terapêutica. A consequência desta grande proximidade, verificada entre terapeuta e paciente, viabiliza a transferência afectiva na pessoa do médico que se transformará no seu polo de atracção, recreando uma paradigmática imagem de atractiva perfeição.

A noção capital do «inconsciente psíquico» aclarava não somente certos meandros da psicologia, mas também vários domínios da psicologia normal, como a pedagogia, as reacções colectivas, a história das religiões, a mitologia, a criação artística, o viver dos povos primitivos e a nova técnica de exploração do mundo da psique, bem como o manejo de uma dependência afectiva por vezes criada entre médico e doente, numa comunhão e transferência de emoções, o transfert, vinham guarnecer um dos baluartes mais vulneráveis da medicina: o que enfrenta as neuroses.

Com efeito, o desenvolvimento do método freudiano vai aumentando a sua capacidade dedutiva conseguindo assinaláveis progressos perante um paciente, definitivamente ajudado a desvendar as suas tendências inconscientes. Condicionando o paciente e registando muito atentamente as associações livres a que o dispõe, o analista interpreta todos os elementos que se escondem atrás das palavras e das imagens aparentemente desprovidas de nexo imediato. O analisado assume, assim, um papel activo tomando consciência e contacto com os seus desejos ou tendências, elementos simbólicos até aí ignorados e agora transportados até à luz do dia. A multiplicidade das análises e comparações efectuadas por Freud foram esclarecendo que quase todos esses elementos inconscientes tinham sido recalcados. Provenientes de tendências instintivas, reveladas e categorizadas como incompatíveis com a vida social, foram-se acumulando num esquecimento irreal, pisados pela pressão educacional, consumando o designado recalcamento, essa rejeição automática, por vezes castrante, que se desenvolvia sem a participação voluntária do sujeito.

"Era de todo nova a noção de que existem recessos íntimos que são palco de discórdias tumultuosas e insuspeitadas, capazes de influenciar o nosso procedimento? Esse conceito fora já pressentido em várias épocas, mas Freud deu a todas essas vagas conjecturas nitidez e consistência; sublinhou a importância dos conflitos inconscientes nas doenças funcionais; demonstrou como podem ser explorados e saneados esses esconderijos do espírito; inventou, enfim, uma técnica que os denuncia. Desfez o mistério."[219] Esta convicção de Fernando Namora certifica a sua receptividade às inovações e conquistas do mestre de Viena. Muito embora nunca se esgote matéria de natureza infinita, o nosso autor enquadra-a na sua grandeza polidimensional, focando as suas interferências, da cultura à história, da arte à ética, da educação aos costumes.

E precisamente esta última vertente a mais surpreendida com a evolução das investigações freudianas, deslocando-se rapidamente até aos confins do inconsciente e

---

[219] *Idem, Ibidem*, p. 271.

do seu recalcado recheio. A sua grande maioria era constituída por representações e tendências de ordem sexual. Partindo delas era possível reconstituir toda a história do doente. Distinguindo com clareza o papel fundamental da sexualidade, o mestre chega com naturalidade à eternamente discutida noção de sexualidade infantil, vista aqui como mera etapa da sexualidade normal comum a todos os indivíduos. "No decurso dos exames psicanalíticos, deparou-se a Freud novo elemento mórbido tão surpreendente quanto indesejável: o sexo. Com efeito, em muitos casos, a origem psíquica das neuroses situava-se na infância e nem sempre correspondia a um acontecimento real, mas sim urdido pela imaginação e relacionado com uma tendência ou a satisfação de um instinto - tendências essas que testemunhavam uma sexualidade infantil sob a forma de desejos ainda indiferenciados."[220]

As deduções dialécticas dos factos que conduziram à inevitabilidade causal da sexualidade, enquanto principal impulsionador do recalcamento potenciado nos percursos educacionais mais severos, granjearam a Freud o mais indiferenciado leque de inimizades fundeadas nas mais arreigadas teias de preconceitos sócio-culturais. Os vários períodos ou estádios de desenvolvimento infantil vão desaguar no estado adulto, depois de ultrapassar diferentes fases de interferência da libido que contracena em duelo progressivo com as energias conscientes de tendência educacional. O terreno em que evolui esta contenda reconhece a força prodigiosa do instinto e da pulsão, não cedendo qualquer primazia analítica à cultura ou tradição, à Filosofia ou à educação. Os limites do indivíduo são detectados para além de tudo que já existia, teórica ou cientificamente.

"Quando o ego é débil, o desejo deixa de ter um guia que o oriente e, nesse caso, ou a consciência admite as tendências irregulares ou as reprova e enjeita, usando, de novo, o processo de recalcamento. Assim se gera a névrosé, a documentar a desarmonia entre libido, força vital que tende à satisfação imediata de todos os prazeres, e a força oposta, ao serviço da defesa individual, ajustada às realidades, que agressivamente a contraria. A esta zeladora do comportamento presidia ainda uma consciência moral de hierarquia mais alta, pela qual se modela um carácter. A sociedade, impondo tabus à actividade sexual, agravava tais fontes de desequilíbrios: por isso, toda a aventura sexual corria o risco de terminar num sentimento de culpa. A neurose era «o reverso da perversidade»."[221]

Está bem evidente esta noção de consequência estrutural ditada pelas normas educacionais, geracionalmente estabelecidas e fortemente fixadas no embuste da sociedade, normativamente estabelecida e sem lugar para a autorização do perverso que, assim, se acentua e complexifica nas teias do proibido. Neste contexto, para Freud a etiologia é procurada num disfuncionamento somático da sexualidade conducente a um conflito psíquico absolutamente determinante. Assim, esta questão de fundo abarca o conflito estabelecido no combate encetado pela norma de tom moralista, social e culturalmente aceite, contra a livre expressão expansiva dos instintos. Estes, ao serem retidos apenas no espaço do humano, projectam-se sob o ponto de vista psicológico para o desenvolvimento e emergência da pulsão, enquanto centro de gravidade da tese freudiana, entendida como explicação metapsicológica. Sem significar que o questionar

---

[220] Idem, Ibidem, p. 271.
[221] Idem, Ibidem, p. 272.

do essencialmente humano represente afastamento ou dissociação da base biológica animal, a pulsao constitui essência da excitação psicológica que, para além das variantes somáticas, se manifesta em força na vertente da sexualidade.

A impossibilidade de reduzir a imensa complexidade inerente à sexualidade humana reforça o conceito do Trieb como espaço dinâmico e único, alcandorado na fronteira do psíquico e do somático. Com efeito, é a pulsão sexual que merece a especial atenção da investigação psicanalítica pois "...o instinto sexual dominara flagrantemente as manifestações da vida quotidiana, por vezes sob o incitamento de desejos submersos no subconsciente, e justificara desde certas mutilações e rituais sangrentos até várias modalidades de concerto social; as normas de actividade sexual tinham definido, por si só, um estilo de civilização - todavia, o homem, sob o peso de sucessivos e despóticos preconceitos, escamoteara progressivamente o problema, desvirtuando-o e, por isso mesmo, exacerbando-o. Chegara-se ao século XX, após as conquistas da biologia e o desafio às opressões, ainda a obedecer-se a este código hipócrita; já que não se podia domesticar e punir a costela libertina e secreta de cada ser humano, exigia-se, pelo menos, que se respeitassem as conveniências, cuidando por um irrepreensível disfarce. A medicina e a sociologia atreviam-se a todas as inquirições, mas, em se tratando da sexualidade, passavam de largo: evitavam ou fingiam ignorá-la.

Freud, um impudente, vinha embaraçar esse bem policiado jogo de embustes, vinha trair uma conjura de silêncio em que a medicina se comprometera, conquanto fosse sua missão ir ao encontro de todos os males que lesam o homem, que lhe coarctam a plenitude, em vez de se tornar sua cúmplice. Os guardiães da decência burguesa logo que se aperceberam do perigo da teoria, temendo que um judeu depravado pudesse fender a muralha estabelecida em séculos de luta do homem moral contra o homem instintivo. "??? zzz

Para além da excelência expositiva do nosso autor, temperada com um cunho de emocionalidade lusíada, sentimos-lhe uma exuberante proximidade científica bem evidente em todo o contexto histórico e científico colocado na sua exposição. Na verdade, se sempre existem, como é certo, interferências entre a pesquisa científica e o mundo sócio cultural onde esta se elabora, encontramos indubitavelmente no quadro do desenvolvimento da psicanálise, exemplo paradigmático. Salpicado de ataques mais ou menos ferozes às teses ou aos teorizadores e, tal como bem sublinha Fernando Namora, o desenvolvimento da psicanálise mexeu definitivamente com cânones, códigos e equilíbrios sócio-morais e culturais cuidadosamente armados e montados em equações e fórmulas da matemática consensual da época vitoriana.

Como bem explicita o nosso autor o trabalho e, por assim dizer, a luta de Freud, reabilita o instinto humano afastando-o de uma animalidade desinteressante e de segundo plano, trazendo-o à luz da problemática e do estudo da psicologia. Liberta-se, assim, das filosofias, dos moralistas e dos teorizadores do social que o tinham condenado à prisão num lado escuro da existência, nunca iluminável e, sobretudo, ignorável perante o supremo objectivo da perfeição humana.[222] [223] Mas, a humanidade, enquanto objecto científico, não pode como qualquer outro, ser observada com preconceitos de

---

[222] Idem, Ibidem, pp. 274 e 275.
[223] Nunca estamos fora da influencia filosófica e cultural na abordagem a eternas dualidades como: corpo — alma, matéria - espírito, sentido - razão.

qualquer espécie e muito menos no que se refere à sua realidade global, à sua natureza biológica, de cujos determinismos e leis nunca poderá fugir. Tentar ignorar ou suprimir realidades indesmentíveis é, definitivamente com Freud, um erro grosseiro e nao tolerável na abordagem do humano. E desta objectividade que nos fala o nosso autor, ciente que a vida não se resume a um intelectualismo puro, de costas viradas para as leis biológicas, manifestando pois total adesão à psicanálise enquanto marco fundamental na história do estudo do ser humano, encarado de forma inteira e, assim, também capaz de conhecer e orientar a sua vertente instintiva.

Tratada na especificidade humana, surge a designada pulsão, vertente psicológica da excitação, isto é, vital e psíquica. Assim distinguida, a pulsão [trieb] emerge como representação psíquica simultaneamente direccionada e proveniente de um corpo sexuado, cuja complexidade exige o maior rigor e perseverante observação. Neste sentido, Freud encetou um longo percurso de observações sistemáticas que o conduziram à infância como fase do desenvolvimento psico-sexual onde o indivíduo regista pulsões, caracterizadas como parciais e posteriormente identificadas como de índole perversa--polimorfa.

Aqui, Freud afasta-se da consensual imagem da infância exclusivamente vista como idade absolutamente vedada a qualquer forma pulsional vital e, muito menos, munida de qualquer contextualidade sexual. Como vem rapidamente a concluir, da infância à puberdade registam-se pulsões parciais que vão invadindo a crescente experiência verificada no contacto de diversas partes do próprio corpo e, igualmente, nos contactos estabelecidos com o outro. Surgem assim as zonas erógenas, assim mantidas até à realização da puberdade, onde a sexualidade já possui unidade e organização genital típica da idade adulta. À absoluta inocência é agora associada a memória da infância, recordações e imagens de prazeres subliminares, fixações ou objectos pertencentes a organizações precedentes de prazer que, de forma lapidar, deixam marca definitiva. E nesta constatação que se fundamentam as mais polemizadas teses freudianas pois, é aqui que se encontrará grande parte da chave conducente à recuperação das afectaçoes da idade adulta. E nesta fase inicial e conturbada da vida que, embora parecendo desaparecidas ou pelo menos esquecidas, estão concentradas aquelas imagens de prazeres, comprimidas em precioso baú abandonado num algures do passado mas que, bem pelo contrário, dissimuladamente, se mantém bem presente.

Esta presença manifesta-se da forma mais concludente possível, isto é, constitui o núcleo originador das afectaçoes e perturbações psíquicas que o indivíduo sofre e tende a agravar na idade adulta. "Os acontecimentos dos primeiros anos de vida deixavam, portanto, uma cicatriz que o tempo não desgastava, predispondo a uma nevrose ulterior, e neles se inscreviam os estímulos sexuais frustrados. Quando a consciência intervinha nessa revisão do passado, os antagonismos resolviam-se por uma descarga libertadora, mas, instalada a nevrose, fechava-se o acesso à libertação, produzindo-se os recalcamentos que, ao evoluírem, debilitavam a personalidade, estabelecendo-se então derivações substitutivas que faziam deslocar o objectivo. Os actos falhados, os actos sem nexo, atestavam o triunfo da reprovação consciente. O conceito de recalcamento tornava-se, assim, a pedra angular das névrosés, quaisquer que fossem as suas causas.

Freud, servindo-se de ardis, captava os fugazes instantes em que o elemento dissimulado emergia da sombra, reunindo todos os vestígios aparentemente insignificantes;

captava o momento crucial em que o padecente queria expandir-se mas nao o conseguia sem que alguém, subtilmente, o incitasse; e, quer subjugando, quer extorquindo, quer, de preferência, persuadindo, estimulava sempre o doente à sinceridade, pois era necessário nao confundir o que ele confessava com aquilo que desejaria confessar ou, mesmo, com o que pretendia esconder."[224]

A expressão dos conflitos transportados desde os primeiros anos de vida constitui a matéria e a diversidade profunda da neurose. Com uma expressiva moldura maioritária, as tendências de ordem sexual surgem perante o indivíduo, perante toda a sua estrutura unívoca e singular, o seu Ego, de forma incompatível e desajustada à sua realidade ética e à sua integridade, provocando assim uma reacção de desconforto profundo. A sua resolução surge com o recalcamento destas tendências, isto é, passam a ter o acesso à consciência vedado, não se realizando igualmente qualquer referenciação ou descarga motora conducente à satisfação. No entanto, a força acumulada pelas pulsões de índole sexual ultrapassam a realização do recalcamento forjando outras saídas, perpetrando transformações.

Na verdade, a libido acumulada sinaliza fases de desenvolvimento anteriores que, regredindo a fixações infantis, se congregam como pontos mais fracos do desenvolvimento libidinal, agora utilizados como aberturas que permitem o acesso à consciência, isto é, à desejada descarga. E aqui que Freud encontra o caminho para o sintoma que pode vestir roupagens de simples procura de satisfação sexual substitutiva ou roupagens mais refinadas, compostas por adereços impostos pela força recalcadora que o mascara, tornando-lhe irreconhecível o cunho da sexualidade.

As questões aqui levantadas impõem a necessidade que confronta Freud com a real possibilidade de estabelecer acesso interpretativo ao conflito neurótico em causa. A palavra constituirá a ponte que conseguirá atingir o núcleo problemático do paciente normalmente centrado na dificuldade manifestada perante uma verdade penosa e, entretanto, recalcada. O objectivo final seria o alívio ou mesmo a cura, ou seja, a palavra constituiria a chave mestra de todo o percurso de luta interpretativa encetada pela análise freudiana. Neste sentido, a talking cure, iniciava e baseava o seu processamento no abaixamento das resistências permitido pelas associações livres, analisando minuciosamente a fala do paciente na incessante busca de relações entre o sintoma e o irredutível fundo acumulado sob o recalcamento. Naturalmente, esta palavra do analisado está sujeita a distorções diversas como mentiras ou fantasias cuja identificação complexifica o labor interpretativo, sempre ameaçado pelo lapso ou pelo mal-entendido.

Assim, inicialmente a psicanálise fundamenta-se numa especialização interpretativa absolutamente centrada na possibilidade de atingir a origem das afectações manifestadas pelos pacientes. Tentar palmilhar, em sentido inverso, o percurso inicial da neurose ou de outra manifestação para encontrar a sua fonte original é, sem qualquer dúvida, um desafio único que a psicanálise lança sobre si própria.

Vencer as resistências inerentes a este percurso interpretativo, ou seja, ultrapassar as barreiras existentes ou montadas a preceito contra a invasão da intimidade aglomerada na testa da frustração, são mester de difícil superação e, em muitos casos, de impossível ultrapassagem. Possivelmente, outras portas de acesso poderiam ultrapassar as resistências da vigilância consciente e, assim, permitir uma aproximação ao mais im-

---

[224] *Idem, Ibidem*, p. 277.

portante desconhecido, isto é, ao inconsciente. Freud, de acordo com antigos e diferentes intérpretes, encontrou nos sonhos pistas e sentidos significativos para o êxito deste árduo trabalho. Um desejo que a realidade e a consciência impedira de se manifestar investe, agora durante o sono, normalmente dissimulado em conteúdos mais visíveis, manifestos ou charadas meticulosamente desmontadas e assumidas como conteúdos latentes. Enquanto realização de um desejo, o sonho atinge uma considerável importância, crucial na descoberta do sujeito verbal que, acordado, o relata.

Para Freud, o mistério e o real interesse do sonho reside no conhecimento dos mecanismos que presidem à sua criação. "Parecia-lhe evidente que o sonho representava uma forma de realizar um desejo contrariado; era a resultante da concentração do Eu sobre esse desejo. Em vez de este se manifestar destemidamente, com sinceridade, o recalcamento forçava-o a irromper na consciência de um modo astucioso, sob a bruma do delírio. O sonho exprimia, em suma, outro corolário da censura, em virtude da qual os pensamentos latentes, larvados, sofriam modificações, a fim de se tornarem irreconhecíveis perante a crítica da consciência. O sonho, ... age, por conseguinte, como processo de descarga das tensões que nos perturbam. Freud chamou «elaboração do sonho» ao mecanismo que desvia os pensamentos renegados, incorporando-os em lances inofensivos."[225]

Este efeito amaciador que Fernando Namora aqui sublinha, representa outra componente funcional enquanto guardião do sono, não permitindo que o real acorde a frustração e a tensão aumente em perigosa catadupa. E de salientar que esta temática foi abordada de diferentes formas ao longo da obra do nosso autor, constando igualmente na sua abordagem poética.[226] Com efeito, a relação entre o estado de vigília e a actividade onírica é aceite como real, reconhecendo-se esta como um prolongamento da actividade do pensamento verificado durante o sono.

Assim, é aceite a existência de laços orgânicos estabelecidos entre a actividade consciente, seus pensamentos produzidos em vigília e as imagens reproduzidas no sonho da mesma pessoa. Atingir então a necessária conexão entre estes dois mundos do mesmo universo individual, pressupõe a referida capacidade e metódica interpretativa pois a sua leitura não é directa mas, antes, a superação do já referido enigma. As necessárias regras, fórmulas ou combinações metafóricas conducentes a um método interpretativo válido, ocuparam assim boa parte do estudo psicanalítico, empenhado na elaboração de uma teoria do funcionamento psíquico em toda a sua dimensão.

Como denota a admiração expressa no final deste seu texto dedicado à obra de Sigmund Freud, toda a empreitada aceite e os pantanosos terrenos da discordia em que se moveu, sublinham uma capacidade de trabalho e uma perseverança perante todo o tipo de adversidades, absolutamente inesgotáveis. "Todo este árduo, incompreendido e às vezes desfeiteado trabalho de investigação da personalidade foi obra de um homem: um homem que tinha de ser uma rocha de firmeza."[227]

---

[225] Idem, Ibidem, pp. 278 e 279.
[226] Relembra-se esta passagem: "A noite veio com as suas vozes de mistério vozes embrulhadas de silêncio/ onde conspiram desejos para o dia claro de amanhã depois do naufrágio da madrugada."Fernando Namora, As Frias Madrugadas (1959), Publicações Europa-América, Lisboa, 3.ª edição, p. 19.
[227] Idem, Ibidem, p. 279.

Referenciando personagens de maior destaque na história do desenvolvimento da psicanálise e alguns episódios do percurso profissional e científico do seu criador, Fernando Namora, em total acordo com o início do seu texto, nao esconde a admiração pelo cientista, obra e pessoa em apreço, nomeadamente quando confrontada com adversidades e os maiores obstáculos, sempre presentes, nomeadamente no fim de uma vida sem descanso, abrandamento ou reforma. "Mas nenhum dique eficaz se atravessaria na tormenta. Na Primavera de 1938, as hordas nazis dominavam a Áustria e a região sudeta da Checoslováquia. Os Governos inglês e francês, titubeantes, minados por conluios e contradições, tentam evitar a guerra no Ocidente pelo acordo de Munique. Os livros de Freud, o judeu, estavam a ser queimados nas fogueiras dos novos inquisidores; o nome do cientista de raça nefanda fora gravado na lista dos proscritos. Apesar de aconselhado a fugir e da atmosfera de permanentes sobressaltos que eram os seus dias, apesar do tumor do maxilar, de natureza maligna, que o forçara e forçaria a várias intervenções cirúrgicas, Freud, nessa altura, estoico e laborioso até ao fim, mergulhara em Moisés e no monoteísmo, tema que destinara para o seu último livro, e negara-se a escapar aos bárbaros. Acabou por ceder, sob protecção de um movimento diplomático internacional (no qual interveio pessoalmente Roosevelt), que o levou, na companhia da mulher e dos filhos, ao abrigo da Inglaterra, país que, pelas suas instituições democráticas, sempre lhe merecera admiração. E acolhido com reverente hospitalidade. Já antes, quando das comemorações do seu 80º aniversário, a Sociedade Real Inglesa o elegera seu membro.

Condenado inexoravelmente pela doença, sofrendo sem um lamento, com a mesma intrepidez que os inimigos e a fúria nazi não tinham podido dobrar, nem nesse refúgio inseguro, contra o qual as bombas se encarniçavam, suspendeu o trabalho: cinco semanas antes de morrer ainda observava doentes. Chegar vivo ou morto ao dia seguinte era uma ansiosa interrogação para muitos ou para todos - mas que só inibiria os fracos."[228]

Incontestável o louvor à infindável coragem, ao exemplo e à imensa mensagem de entusiasmo e esperança encerradas em todo este percurso de vida, simultaneamente espelhados no global de todo o texto de Fernando Namora, por onde se reflecte e prolonga, indiscutivelmente, simpatia, apreço e concordância científica manifestados perante a obra de Sigmund Freud.

[228] Pp. 288 e 289.

# CAPÍTULO II

A Relevância de Freud em Trabalhos Académicos

## 1. António Monteiro - *A Psico-Análise de Freud*

A tese de doutoramento de Antonio Laranjo Ferreira Monteiro, intitulada A psico-análise de Freud, admitida em Coimbra a 10 de Novembro de 1925, teve como comissão de revisão os Professores Doutores Adelino Vieira Campos de Carvalho, Elísio de Moura e Alberto Moreira da Rocha Brito. Na sua introdução, o autor cedo revela a hesitação que sofreu ao abordar o polémico assunto da psico-análise, "tão admirada por uns e tão contestada por outros" onde expressa agradecimento ao grande apoio que recebeu do professor Elísio de Moura.

Para além do incontestável valor e interesse desta tese, a sua importância é reforçada pela sua contemporaneidade com o autor que constitui o núcleo da sua abordagem. Reflectir, comentar ou questionar comentadores do universo psicanalítico em 1925 e em Portugal, demonstra a efectiva actualidade científica do seu autor, do seu cuidado "médico-psicológico" e da grande escola que o admite e apoia: a Universidade de Coimbra.

Na primeira parte do seu trabalho Origens da Teoria de Freud, António Monteiro procede a um breve enquadramento biográfico e científico de Sigmund Freud, destacando a influência que este recebeu de Jean-Martin Charcot e seus estudos sobre a histeria, bem como os trabalhos e colaborações desenvolvidas com Joseph Breuer. E com este que colabora no caso da jovem Bertha Pappenheim, a célebre Anna O., que lhe despertou grande curiosidade científica, nomeadamente ao nível do estudo da hipnose como via de acesso aos traumatismos psíquicos, ao inconsciente (possibilitando o aumento do seu conhecimento) e provocação de descargas de energia afectiva, para alívio do paciente.

Para terminar esta parte introdutória, o nosso autor refere algumas reacções expressas na altura, em forma de reprovação ou de apoio onde destaca a referência ao filho do matemático Justin Bourget, o romancista Paul Bourget, ávido leitor e frequentador dos altos ambientes burgueses da época que, como apreciador da psicanálise e a propósito das reacções e dos críticos de Freud, escreveu: "Il est rare qu'un homme soit lancé dans la bataille des idées sans vite devenir le comédien de ses premières sincérités".

Depois destas referências à origem das teorias Freudianas, António Monteiro entra na abordagem da p sic o-análise, como base psicológica desta teoria onde sublinha a sua "concepção particular da vida psíquica, cuja compreensão é necessária para que se possa entender o conjunto de factos e teorias que a constituem".[229] Assim, sublinha a particularidade e importância que tem a noção de inconsciente, que não pode ser entendido como uma degradação do consciente mas sim como uma realidade fundamental da nossa vida psíquica.

Com efeito, à medida que foram sendo estudadas as nossas movimentações psíquicas, começaram a surgir comportamentos e processos que não podem deixar de ser considerados como psíquicos, mas não iluminados pela luz da consciência, como: automatismos, intuições ou associação de ideias espontâneas. Igualmente a verificação que percepções, pensamentos ou representações, passada a sua experiência consciente, perduram com maior ou menor intensidade no nosso intelecto, aumentou a curiosidade científica de estudiosos que se dedicaram ao levantamento destas questões dos fenómenos psíquicos latentes. "Assim, no inconsciente acumulam-se vestígios sensoriais da experiência quotidiana, memória das emoções, etc., e ali armazenados desde a primeira infância encontram-se sempre aptos a intervir no determinismo da nossa vida consciente."[230]

Entrando na sistematização do inconsciente, o nosso autor expõe o que podemos considerar a vastidão deste conceito em sede psicanalítica, projectando-se como entidade muito mais vasta que a consciência, pois esta apenas nos pode mostrar uma parte restrita e deformada da vida psíquica, visto a sua grande maioria e constituinte mais importante do nosso Eu se encontrar no inconsciente.

Na verdade, é na profundeza oceânica de fundo não visível e na habitual imagem exemplificativa do iceberg de gigantesca massa submersa que se encontra a maior e mais extraordinária riqueza do psiquismo humano, o inconsciente, senhor das nossas tendências mais fortes e profundas, geradas e provenientes das mais variadas influências e experiências vividas desde a mais tenra idade.

À pequena parte iluminada e existente à superfície está destinada a consciência, reveladora de fachadas de maior ou menor transparência, espelhos, sombras ou aparências do indivíduo.

Em segunda linha, existe o pré-consciente, sistema restrito, que contém todas as representações, sentimentos e ideias que, apesar de se encontrarem fora do campo consciente, podem, sem resistência, passar para o nível do consciente. "E através do pré-consciente, que o psicanalista consegue levantar a ponta do véu que cobre o inconsciente".[231]

Com efeito, neste quadro explicativo, os elementos contidos no pré-consciente, depois de chamarem sobre si a atenção do consciente, tendem a passar para o seu nível, enquanto atrás de si se encontra uma movimentação antagónica, contínua e dinâmica, verificada entre os elementos contidos na antecâmara do inconsciente, pretendentes à passagem para o pré-consciente quando conseguem superar a censura, entidade comparada a um guarda que avalia e determina a sua capacidade de se tornarem conscientes.

---

[229] António Laranjo Ferreira Monteiro, A Psico-Análise de Freud, Coimbra, Tipografia Bizarro, 1925, p. 19.
[230] Idem, Ibidem, p. 20.
[231] Idem, Ibidem, p. 21.

Assim, os elementos, tendências, incapazes de passar para esse nível, sao reprimidas pelo guarda, censura, que as mantém no inconsciente. Esta censura é a representação objectiva do elemento educacional munido de todo o corpo normativo que encerra em si, promovendo o bem e penalizando o mal.

A censura coloca a base da sua existência no acto de reprimir, isto é, "contribui para manter no inconsciente todas as tendências que a educação condena e reprime tanto mais energicamente, quanto mais perversas e inaceitáveis elas são".[232] Verifiquemos que a noção de inconsciente, em Freud, constitui-se como tudo aquilo cuja emergência lhe foi, pouco a pouco, revelada pela elaboração progressiva da sua técnica analítica onde encontramos uma extraordinária incidência das estruturas linguísticas sobre a existência humana. O inconsciente é o que na existência fala disfarçadamente, servindo-se da condensação e do deslocamento que viabiliza o aparecimento de sintomas detectáveis no decurso da análise psicanalítica.

Com efeito, o inconsciente é estruturado como uma linguagem organizada através de rigorosos encadeamentos de elementos separados entre si, possuindo zonas totalmente cheias e zonas menos cheias ou mesmo vazias, sendo todas igualmente importantes. Quando, neste sistema de linguagem se verifica a ultrapassagem da censura com a conquista da zona pré-consciente, surgem os seus sintomas analisáveis nas distracções, lapsos ou sonhos que, por sua vez, "quando se tornam conscientes, constituem o ponto de partida de reacções psico-motoras, que são verdadeiras descargas de energia psíquica".[233]

Partindo deste raciocínio, o nosso autor vai dissecar a teia construída pelos complexos psíquicos, na maioria inconscientes, compostos por impressões sensoriais, imagens e reminiscências, por elementos motores entendidos como tendências dinâmicas e activas e, finalmente, por elementos afectivos que se constituem como fonte de energia psíquica e potencial do complexo. Sem dúvida que tratamos aqui de um conjunto que, por efeito da censura, se encontra unido na totalidade específica e submersa do inconsciente, sendo a causa mediata ou imediata de manifestações psíquicas exteriorizadas em inúmeras situações ou movimentos de diversa índole, como: inércias, rudezas, perturbações patológicas ou sonhos, que adquirirão sentido na análise cabal da relação existente entre o complexo e a acção revelada pelo paciente. Divisíveis em adquiridos na experiência de vida e em não adquiridos, isto é, hereditários, os complexos são tão mais importantes quanto mais antigos, localizando-se na primeira infância, a fase etária mais marcante. Assim, "estes elementos afectivos têm uma grande importância na nossa vida psíquica e exprimem a energia útil do complexo, denominada Affect; são as fontes de energia psíquica cujo somatório representa a energia psíquica total do indivíduo".[234]

---

[232] Idem, Ibidem, p. 24.
[233] Idem, Ibidem, p. 25.
[234] Idem, Ibidem, pp. 25 e 26. Antonio Monteiro utiliza aqui a ajuda do estudioso psiquiátrico e grande professor, Pierre Marie Félix Janey (1859-1947), formulador da teoria da dissociação e introdutor do conceito de automatismo, como acção direccionada sem conhecimento da consciência. Com os seus trabalhos, chamou a atenção de Jean Charcot, que o convidou para director do Laboratorio Psicológico de Salpêtrière, em Paris, onde desenvolveu o estudo da classificação dos formulários da neurose e histeria. As suas dissidências com Freud levaram-no a criticar as utilizações constantes das experiências psicológicas, atendendo à forma dolorosa que normalmente tomavam e as alterações ou agravamentos que podiam provocar no doente.

Com efeito, o conceito freudiano de Affect, emitido na sua obra de 1923, La Medicine Psychologique¹^, tem aqui toda a utilidade pois representa a soma da energia afectiva que, em movimento, decide a importância e profundidade da expressão do complexo, sendo por isso fundamental no seu estudo. "A importância dum complexo depende da sua reserva de Affect. Quanto mais intensa esta for, mais importante será o papel desse complexo na nossa vida psíquica".[235][236]

Deformados pela censura, os complexos vão-se perdendo e alterando no inconsciente; no entanto, é ao nível dos instintos que encontramos os fundamentais complexos dirigidos à preservação da espécie, onde esta energia se revela mais determinante e decisiva, nomeadamente ao nível da sua natureza sexual.

Aqui, encontramos uma das matérias mais procuradas pela investigação psicanalítica, pois trata-se de matéria pertencente à profundidade da vida psíquica da nossa primeira infância. "Portanto, ao contrário do que se supõe vulgarmente, a criança tem perfeitamente desenvolvido o instinto sexual".[237] Nesta teoria da sexualidade infantil, o nosso autor lembra os contributos de outros autores que, de alguma forma, podem ser interpretados como percursores de Freud, nomeadamente o psicólogo Havelock Ellis (1839-1939), grande defensor dos direitos da mulher e fomentador dos estudos modernos da sexualidade, e que também se tornou notado por tomar algumas posições controversas em alguns dos seus escritos, nomeadamente na sua autobiografia.

Naturalmente não é fácil, ao tempo, abordar esta eterna e polémica temática, afirmando uma relação de prazer de índole sexual situada no instinto primário de nutrição e, enquanto tal, detectável em qualquer ser humano recém-nascido. Neste sentido, a calma e prazer manifestado pela criança no acto de sucção, mesmo para além da fase de amamentação (o tradicional chupar de dedo), indicia nos investigadores a existência de uma sensação agradável, cuja cortina de interferências e correlações Freud vai estudar e expor durante toda a sua vida científica, nomeadamente em 1903 no livro Três Ensaios Sobre a Teoria da Sexualidade.

Com efeito, nunca confundindo sexualidade com genitalidade, verifica-se nestes estudos que, muito embora a criança não tenha no início da sua vida um verdadeiro conhecer do outro nem tão pouco da dualidade dos sexos, é sensibilizada por um elemento sexual de característica inconsciente. "A força psíquica que impele o indivíduo a satisfazer o desejo sexual constitui o que Freud denomina Libido".[238]

Sabemos que a evolução psicológica da criança é durante muito tempo dominada pela progressiva descoberta das diferentes figuras do Pai e da Mãe, suas relações de conivência, fraternidade, ciúme e imitação. Na verdade, todos estes inter-relacionamentos e exigências encontrarão uma posterior expressão de laços sexuais e, por isso, haverá a correspondência entre libido e impulso sexual, marcada pelo princípio do prazer. Logo, a procura do prazer de índole inconsciente é sinalizável pelo dinamismo originário que trabalha o homem e o orienta para a plenitude oferecida pelo contacto afectivo com a mãe.

---

[235] Tradução utilizada pelo autor.
[236] Idem, Ibidem, p. 27.
[237] Idem, Ibidem, p. 29.
[238] Idem, Ibidem, p. 30.

Não cedendo à divagação mas antes repensando algumas consequências interpretativas retiráveis do trabalho freudiano e salientado neste trabalho de Monteiro, poderemos, aqui, considerar a imagem que nos dá uma criança que dorme no fundo do adulto, aspirando, através de uma aliança activa, à felicidade absoluta e total. A esta aspiração corresponderão diversas experiências de fusão de tipologia mística cósmica, onde o sujeito e objecto se suprimem na exiguidade temporal e efémera das suas fronteiras e na ultrapassagem cultural que tende a anular o mundo, o tempo, o espaço, a distinção do bem e do mal, do masculino e do feminino.

Se tais fusões e ultrapassagens de limites são teórica e intelectualmente desejáveis e até humanamente possíveis, a verdade é que nos confrontamos com realidades heterogéneas onde a contemporaneidade complexifica o caminho do amor, enquanto necessidade arreigada para tudo o que vive e marca o Homem. Num mundo de crescente globalização, desigualmente secularizado e progressivamente varrido por um terrorismo desenvolvido à escala planetária, o que o Homem pode hoje satisfazer cada vez menos é a necessidade de se unir, de se ligar ao outro. Esta dificuldade pautará, indubitavelmente, o principal desafio que enfrenta, arriscando o regresso do valor em detrimento do imediato e do lucro, recuperando a esperança, o afectivo e, acima de tudo, o sentido.

Como sabemos, a letra sem espírito é nada, e daí confiarmos na capacidade humana como globalizante da ciência e da afectividade, da consciência pragmática e da etérea paixão, conduzindo-nos a um eterno e inacabado aperfeiçoamento, onde a psicologia freudiana reconheceu na libido o estofo originário de todas as nossas relações instituídas com os outros e com o mundo. Neste sentido, é decisiva a influência da psicanálise em todo o mundo e obviamente em Portugal onde, ao impor polémica forte e alargada, especialmente nos meios académicos, desenvolve a problematização da filosofia e da ciência em tudo que tem a ver com os factos primordiais: o nosso desejo, o nosso corpo, a nossa afectividade.

Pelo exposto, torna-se mais clara a importância determinante das teses freudianas, enquanto elemento identificador da criança vista como adulto em pré-maturação e, a vida do adulto, sana ou insana, como consequência formada a partir dos impulsos primitivos. Daí a importância epistemológica dada por António Monteiro às fases ou estádios de desenvolvimento psicossexual apresentados por Freud, enquanto etapa fundamental de controlo dos conflitos originados pela confrontação entre as crescentes sensações de prazer e a progressiva descoberta de zonas erógenas. Assim, para alcançar a desejável maturidade psicológica, o indivíduo terá de resolver, de forma positiva, os conflitos próprios de cada etapa, pois "...a criança satisfaz a sua tendência sexual à custa do seu próprio corpo...".[239]

Até aos dezoito meses verifica-se o estádio oral, pois a boca é a principal via de contacto com o mundo exterior próximo, fonte de alimentação e prazer, zona erógena por excelência, onde o seio materno é fonte de grande satisfação que lhe permite estabelecer uma relação afectiva de proximidade com a mãe. A natureza desta relação é fundamental em toda a modelação de relacionamento futuro com o mundo, pois segundo Freud, é já nesta fase que se começa a estruturar a personalidade, nomeadamente perante o risco de se verificar uma fixação neste estádio inicial que venha a

---

[239] Idem, Ibidem, pp. 31e 32.

provocar tendencias para comportamentos de gratificação oral (comer, beber, fumar) com vocação exagerada.

Entre um ano, ano e meio e os três anos entramos no estádio anal, onde a criança começa a desenvolver o controlo muscular ligado ao acto de defecação, aprendendo a retirar prazer do alívio provocado pela libertação das fezes, que pode ser doseado com momentos de retenção, reconhecendo-se a região anal como a zona erógena que poderá indicar futuras características de personalidade aproximáveis da avareza, meticulosidade, submissão ou generosidade.

Dos três aos cinco ou seis anos, encontramos o estado fálico que coincide com uma alargada descoberta do próprio corpo e correspondentes diferenciações sexuais. O objecto da libido é claramente constituído pela zona genital, cujo toque dos respectivos órgãos lhe proporcionam prazer imediato. Centra-se nesta fase a vivência da primeira experiência heterossexual conscientemente comparativa. A rapariga sente-se especialmente atraída pelo pai, encontrando na mãe um obstáculo à exclusividade do relacionamento paterno; por sua vez o rapaz alimenta uma atracção especial pela mãe vendo no pai, ou em qualquer outra entidade por quem ela se interesse, um adversário a ultrapassar para a reconquista da total dedicação materna. "A criança contem pois em embrião todas as perversidades sexuais do adulto. Mais tarde todos os cuidados e carinhos que a rodeiam levam-na a sentir um verdadeiro sentimento de inveja quando vê a mãe a interessar-se por outrem. Seja o marido, sejam outras crianças. Portanto o amor pela mãe tem a princípio uma significação nitidamente sexual. Na rapariga este amor é geralmente mais tarde transportado sobre a pessoa do pai".[240]

Encontramos aqui as vivências reveladoras do chamado "complexo de Electra" nas raparigas e o "complexo de Edipo" nos rapazes, iniciadores da futura modelação da feminilidade e masculinidade, impelindo a rapariga para a imitação e identificação da mãe, e impondo no rapaz o desejo de imitar o pai, pretendendo ambos conquistar o progenitor do sexo oposto. Esta fase é de grande importância na conquista daquilo a que poderemos chamar de primeiras experiências de heterossexualidade e dos consequentes equilíbrios futuros, assistindo-se ao desenvolvimento definitivo dos conceitos de feminilidade e masculinidade.

Não desenvolvendo maior abordagem sobre a fase final do crescimento e maturação sexual, António Monteiro sublinha a extraordinária importância que tem esta fase afirmativa da feminilidade e masculinidade, para um normal desenvolvimento de toda a estrutura pessoal e consequente resultado final do adulto que se encontra em formação. Neste contexto, o complexo de Edipo traz-nos a questão da criança, durante os seus primeiros anos não ser já encarada numa perspectiva a dois, mas sim a três, pois o desejo que experimenta em face do progenitor do sexo oposto e, inversamente, sobre a rivalidade que a anima em relação ao progenitor do próprio sexo, ser sempre um desejo de raiz sexual primordial, mesmo que anterior à possibilidade de qualquer experiência real.

"E pois necessário para que a evolução sexual prossiga normalmente, que:

O objecto sexual seja transportado não somente para fora do próprio corpo, como também para o corpo do sexo oposto".[241] Na verdade, esta é uma das questões funda-

[240] Idem, Ibidem, pp. 34 e 33.
[241] Idem, Ibidem, p. 33.

mentais em Freud, pois encontramo-nos numa fase especialmente sensível do desenvolvimento uma vez que, qualquer desvio sofrido pode criar patologias e problemas especialmente notados e desenvolvidos na puberdade, nomeadamente, como sublinha o nosso autor, os desvios apresentados por manifestações de narcisismo, inversão ou incesto.

Na verdade, a questão de Edipo também nos revela que o próprio indivíduo surge de um processo de estruturação marcado por dois movimentos, por um lado solidário e por outro conflitual, isto é, resulta do desejo de um objecto de amor e, em simultâneo, da identificação com a pessoa do mesmo sexo. Assim, o complexo de Edipo é um momento de estruturação que orienta a libido para o seu objecto adequado. E aqui que Freud reconhece o Eu como instância de censura pela qual o indivíduo se pretende defender contra os impulsos libidinais e se esforça por ordená-los e criticá-los num sentido apelativo para o mundo exterior, pois a sua identidade perceptiva e censória só pode ser construída no interior do seio familiar.

Com efeito, o narcisismo levanta-nos questões da maior importância como a emergência do Eu, como uma totalidade de amor indiferenciada, não existindo para ela o mundo real, isto é, algo exterior a ela, constituindo-se de forma simultânea e indistinta, sujeito e objecto de amor, numa formação que se inicia num narcisismo primário. Neste conceito encontramos, como Freud, uma função afirmativa de um Eu emergente, num sentido reforçado pela função protectora da vida.

Este narcisismo exercerá, então, uma função primária, guardiã e protectora, do nascimento até ao fim da vida. Ele será aquilo pelo qual o Homem adere à vida e subsiste, ele é também a força de coesão que o impele a existir e a acreditar na unidade do seu Eu e do seu corpo. Esta forma de narcisismo é, em si própria, uma das condições essenciais da vida e, naturalmente, comum a todo o ser humano. Sem confundirmos estes conceitos com puros instintos de sobrevivência, queremos confirmar a absoluta necessidade de um narcisismo caracterizável como primário e existente em Freud como força que favorece tudo o que conserva no Homem; a adesão à vida. Se ele abdica de si, deixará desfazerem-se todos os laços que o prendem à existência. Não temos dúvida que o enfraquecimento do narcisismo primário tornará o Homem mais vulnerável a tudo que possa atacar a sua vida e sobrevivência.

Mas, decisivamente diferente é o chamado narcisismo secundário, pois nele se exerce uma força defensiva contra o objecto de amor, quando este é temido enquanto tal, isto é, como objecto de desejo sexual. Assim, este narcisismo aparece assumindo um papel de defensor não da vida em si, mas do sexo sobre o qual o indivíduo, de forma inconsciente, sente pesar uma ameaça que o poderá condicionar a um processo regressivo. "A regressão tem lugar, quando a libido encontra obstáculos insuperáveis à realização das suas aspirações".[242] Na verdade, o temor inspirado pelo objecto de amor ou de desejo sexual submete esse desejo a uma regressão, procurando primeiro a sua satisfação no auto-erotismo infantil, processo que poderá degenerar mais tarde nas mais variadas formas de perversão sexual.

E o que podemos encarar num apelidável complexo de Edipo negativo onde, por exemplo, o rapaz não consegue diversificar as suas relações libidinais nos seus dois progenitores. Ligando-se ao pai através de um amor objectai, toma-o por objecto de

[242] Idem, Ibidem, p. 37.

amor como se ele fosse a mae. Como é óbvio, este laço libidinal so pode ser mantido à custa de uma atitude desenvolvida num comportamento feminino, querendo a criança amar o pai com um amor de objecto. Posteriormente assiste-se a uma inversão das relações, pois a criança pretende ser amada pelo pai através de um amor ideal, conseguindo-o apenas à custa do abandono da sua virilidade e do consequente comportamento conducente à chamada inversão. Teremos um Edipo invertido, o que implicará a sua castração imaginária.

Se Edipo nos surge em Freud, como afecto à teoria dos sonhos, constitui-se como manifestação da afirmação de uma hipótese, de um desejo inconsciente, afastando a sedução real e aproximando-se da fantasia e da sexualidade infantil que, como vimos, se inicia, invariavelmente, com um carácter marcadamente incestuoso. Tendo a constituição psicanalítica fundamental do sujeito (através de Édipo) um pressuposto incestuoso assente no assassínio do pai primitivo, tende a aproximar Freud a Darwin, essencialmente quando aquele invoca a hipótese darwiniana do mito da horda primitiva, onde povos primitivos vivem em grupos dominados pelo macho mais velho e mais forte, possuidor dos maiores direitos, nomeadamente a todas as fêmeas, sem qualquer restrição.

Para todos os efeitos, a psicanálise permite compreender o incesto como processo de uma infância não resolvida na vida anímica do neurótico que, sofrendo uma evolução sexual patológica, inibiu o seu normal desenvolvimento regressando à etapa infantil através de uma fixação incestuosa, reveladora de uma situação não reprimida e, assim, não superada como numa pessoa normal.

Como vimos, "esta orientação anormal da libido está muitas vezes relacionada com uma forte impressão recebida durante a fase evolutiva do instinto sexual. A libido, não podendo satisfazer as suas tendências reprimidas, regressa às aderências da sua fase infantil e a uma época tanto mais precoce quanto mais enérgica for a repressão.

Mas a satisfação das suas exigências, torna-se ainda impossível sem a aprovação do inconsciente, que possui o controle psico-motor.

Deste conflito nasce a Nevrose".[243]

Aqui está bem expressa a forma explicativa do nosso autor em relação a esta problemática da etiologia das névrosés, como fruto de orientações anormais da libido, conducentes à especial procura para fins de satisfação sexual, de partes corporais cultural e educacionalmente não convencionais, situação que provoca uma frustrante impossibilidade de aprovação do inconsciente. "O sintoma exprime ao mesmo tempo, a satisfação de um desejo erótico e a sua repressão. O nevropata refugia-se na nevrose, para escapar ao conflito que se debate no seu psiquismo".[244]

Para se conseguir a interpretação deste sintoma nevropático, a técnica terapêutica tem de reconhecer a Simbolização, como substituição de um objecto por outro representativo; a Condensação, como reunião de actos diferentes que, depois de censurados das suas principais características, se transformam num único; finalmente, o Deslocamento, como transformação das ideias em imagens, situações que pretendem ultrapassar tendências libidinosas que reaparecem do ambiente recalcado, fruto das sucessivas protecções com que o Eu se rodeou.

---

[243] Idem, Ibidem, pp. 38 e 39.
[244] Idem, Ibidem, p. 40.

É neste contexto explorativo do psíquico que se integra a técnica da Psicanálise, construindo-se sobre uma metodologia persistente na procura e na provocação de quebras ou afrouxamentos da vigilância censória. E neste sentido de provocação e observação metódicas que se prende mais a descrição do nosso autor, pois "são extremamente importantes, a interpretação dos sonhos, o estudo da associação das ideias mas, qualquer dos outros processos pode trazer dados importantes". ... para o estudo da associação das ideias procura-se colocar o sujet num estado que se aproxime, quanto possível, da rêverie ou seja do sonho de vigília. Para isso é necessário que o psico-analista consiga do sujet uma confiança absoluta e o abandono de toda a espécie de reserva".[245]

Constitui, indubitavelmente, um dos grandes desafios do método psicanalítico, a capacidade e a analogia entre os pretendidos efeitos terapêuticos da interpretação e os efeitos terapêuticos da associação. Centrado na qualidade curativa da palavra, a relação psicanalítica antevê na palavra do doente, capacidade de se constituir fonte informadora e dotadora de material capaz de conduzir à recolocação de cadeias associativas significantes, pelas quais o indivíduo se situa na sua historicidade, recuperando um passado recalcado, projectando-se num discurso que se abre para além de si próprio. Tudo é indubitavelmente necessário e fundamental, desde que sejam mantidas e preservadas relações de inabalável abertura e empatia entre médico e doente, pois qualquer perturbação a esta relação de absoluta e total confiança, para além de inviabilizar o desejado e necessário transfer, comprometerá o bom êxito do tratamento.

Com efeito, esta relação de confiança é absolutamente fundamental e o seu equilíbrio não pode ser posto em risco precavendo-se, para tal, erros técnicos contra os quais Freud manifestou preocupação. Assim, deve evitar-se ao doente acesso a elementos ou notícias pouco abonatórias e de carácter subjectivo sobre o seu médico, deve igualmente evitar-se o receio do paciente em se familiarizar demasiadamente com ele a ponto de perder a própria entidade ou autonomia de vivência sexual e, finalmente, também com base nos dois anteriores cuidados, deve-se evitar o receio do doente em transferir para o médico as representações mais ou menos difíceis que podem ser trazidas à luz e à claridade do consciente. Assim, sendo acautelados os necessários pressupostos técnicos, a resistência tenderá a ser abordada como sintoma e, como tal, tratada por associação e interpretação já integrada no discurso do doente, caminhando-se para o desaparecimento da resistência transferencial que, assim, integrará o próprio fenómeno da análise terapêutica.

Como António Monteiro nos sublinha, "são justamente estas reacções que nos colocam na pista por onde devemos enveredar.

Nas névrosés, a interpretação dos sintomas combinada com o estudo da associação das ideias, podem-se completar mutuamente". A narrativa de todos estes acontecimentos, despertavam no sujet uma intensa emoção e as sessões eram seguidas de melhoria de todos os sintomas observados. Os factos em questão constituíam como que verdadeiros traumatismos psíquicos e tinham sido energicamente reprimidos".[246]

Uma contribuição decisiva para se atingirem os objectivos curativos da psicanálise é, sem dúvida, manter como base de trabalho e de eficácia, a regra de estabelecimento do espírito de tábua rasa a todas as obrigações de linguagem impostas pelos códigos

---

[245] Idem, Ibidem, p. 46.
[246] Idem, Ibidem, p. 47.

sociais, fazendo com que o paciente se auto-submeta à obrigação de tudo dizer, nada esconder, dando total liberdade ao decorrer do seu discurso, enquanto renuncia a todas as atitudes e fronteiras críticas. Com esta metodologia, pretende-se atingir a libertação de uma linguagem aprisionada, não presente no normal e quotidiano acto comunicativo, o que permitirá uma objectiva análise do paciente na sua especificidade, na sua relação entre pulsões e linguagem, nos seus comportamentos sociais, nas suas associações, hesitações ou períodos de bloqueio, silêncios que, normalmente, alojam as resistências onde Freud sabe que deve encontrar um nó a desbloquear. Assim, mesmo que o paciente não consiga completar o relato ou descrição de um fantasma mais ou menos terrível, o seu percurso é todo objecto da cuidada análise psicanalítica que tudo regista, quer se fale ou se faça silêncio ou, ainda, se pretenda preencher o silêncio com um longo monólogo ininterrupto pois, o observado, é sempre presa do sintoma.

E a este núcleo comunicativo, a esta relação específica, não comparável a qualquer outra, que Freud chama transferência, fenómeno de deslocamento das necessidades afectivas do paciente para o interior da pessoa do analista.

Tomemos a imagem do experiente garimpeiro que, ora mais passivamente olha atentamente a paisagem em seu redor tentando encontrar a zona ideal com minério, ora activamente brame a sua picareta contra a natureza bruta, ou abana fortemente a sua peneira, sempre com a intenção e simultaneamente com a certeza de conseguir retirar a suma qualidade do existente. Assim, o psicanalista trabalha a linguagem do paciente, sem descanso, observando as suas acções, pormenores, lapsos, pequenas negligências, esquecimentos, brandindo a sua técnica interpretativa, essencialmente vocacionada para os momentos e fases de abrandamento censório do seu paciente, observação que Freud alarga aos sonhos, pois constituem pela sua interpretação, matéria do maior valor psíquico.

"Efectivamente, pelo estudo prolongado desse fenómeno psíquico, chegou-se à conclusão que o sonho explique sob uma forma mais ou menos alternada, todos os desejos e aspirações que se debatem no subconsciente do sonhador.

Além disso, durante o sonho enfraquece a acção inibidora da Censura, e ele constitui como que uma espécie de satisfação alucinatória dos desejos reprimidos".[247] Na verdade, reside nesta arte interpretativa, a capacidade de leitura analítica do sonho, extraindo a matéria-prima de todo o resto envolvente, ou seja, conseguindo isolar selectivamente os pensamentos recalcados. Distinguindo os conteúdos manifestos dos conteúdos latentes presentes na actividade onírica, António Monteiro sublinha a preocupação de Freud neste jogo simbólico, tido como chave fundamental no avanço das técnicas interpretativas. "E sobretudo interessante a Simbólica dos sonhos, que muito tem preocupado Freud e os seus discípulos.

Os pensamentos e as tendências revestem a forma de símbolos ou imagens sensoriais, as quais se encontram com relativa frequência.

A escola de Freud organizou como que um dicionário dessas imagens, que com mais frequência aparecem".[248] Na verdade, este estudo constitui mais um campo exaustivamente investigado por Freud que, utilizando as suas experiências individuais de significação oculta dos próprios sonhos que foi sempre registando durante a sua auto--análise, junta toda uma aturada pesquisa desenvolvida ao longo dos mais variados

---

[247] Idem, Ibidem, p. 49.
[248] Idem, Ibidem, p. 51.

estudos e registos oníricos conseguindo, assim, elaborar um completo e recheado código interpretativo. Na verdade, para a real utilização desta importantíssima forma de linguagem era fundamental a sua descodificação e, desta forma, aperfeiçoar a sua especial utilidade na conquista e ultrapassagem destas fronteiras e suas renovadas formas de expressão e linguagem.

Revendo conceitos das névrosés já abordados, o nosso autor manifesta o seu enquadramento com as concepções da psicanálise, tida como um novo saber que possui tanto de polémico como de apaixonante e inovador, impondo, por isso mesmo, uma ruptura epistemológica que relança a importância da palavra na pesquisa da formação da consciência moral.

Na verdade, através dela, Freud clama pelo conhecimento do extraordinário e até ilimitado poder do inconsciente, presente num novo Homem cujo núcleo deixou de ser o espírito ou a voluntariosa consciência, para ser o impulso e o desejo.

Tomando um posicionamento eminentemente prático na conclusão desta tese, o nosso autor deixa uma mensagem de optimismo sobre o desenvolvimento e êxito esperados para a psicanálise, não se esquecendo, no entanto, de frisar algum carácter de elitismo cultural na profilaxia desta metodologia, bem como deixar uma dúvida no ar, condenada a eterna actualidade bem como ao constante desafio dos aperfeiçoamentos futuros, quando nos diz que "é fácil de compreender, quando os métodos habitualmente empregados em Psico-analise, são delicados e sujeitos a erro.

Tanto da parte do doente, como do próprio médico, é difícil colocar-se ao abrigo da auto-sugestão, que compromete os resultados da cura'.[249]

Regista-se o grande valor desta tese de doutoramento, que muito contribui para o estudo da presença de Freud em Portugal.

## 2. Mário Oliveira - *Do Dinamismo Psíquico Freudiano*

"De sobra sei que não vou dizer nada de novo, porque para tanto me faltam os anos e a sabedoria, mas julgo porém que poderei expor com suficiente clareza as ideias do genial professor vienense."[250] Não poderíamos estar mais próximos da temeridade demonstrada por Mário de Almeida Oliveira no início desta sua tese de licenciatura, confrontado com a magnitude da tarefa que constitui o tratamento dos temas freudianos, suas repercussões e influências propagadas sob efeito de uma das maiores detonações difundidas no universo científico, intelectual e cultural do Ocidente.

Munido da indispensável audácia, o autor dá a conhecer os motivos da escolha do tema, centrando-nos na questão epistemológica fundamental levantada pela colocação do homem como simultâneo elemento na constituinte do acto do conhecimento. Verificando-se como sujeito e objecto da investigação científica, o homem observador é colocado perante o mais complexo, esguio e fugidio elemento do existente conhecido ou, neste preciso contexto, em vias de conhecimento. Este desafio não poderia ter maior magnitude para Mário Oliveira quando afirma: "O estudo do homem pelo homem,

---

[249] Idem, Ibidem, p. 61.
[250] Mário de Almeida Oliveira, Do Dinamismo Psíquico Freudiano, Dissertação apresentada na Faculdade de Letras da Universidade de Coimbra para a licenciatura em Ciências Histórico Filosóficas, Porto, Maio de 1944, p. 10.

eis a tarefa mais interessante, mais útil e mais necessária da inteligência humana. Quanto mais conhecido for o homem, mais racional ele será e mais humanamente se elevará acima dos outros animais."[251] E nesta perspectiva de total desbravamento de novas conquistas direccionadas a um campo aberto ao conhecimento do humano que se encontra a principal motivação do autor.

Assim, para dissecar o tema, verifica que "no homem podemos ver três características: a biológica, a social e a psicológica."[252] Na curiosidade suscitada pela escolha do termo características, verificamos que Mário Oliveira destaca a terceira característica como a mais nobre e importante matéria científica, pois "o homem é por definição um animal racional; a diferença específica que o separa das outras classes de animais é a de possuir uma razão."[253] E na razão que o autor vai centrar o tema da sua exposição, procedendo de forma imediata à associação da noção de razão à de vontade, apelando à perspectiva volitiva do homem como elemento definitivamente diferenciador da especie humana, afirmativo centro de vontade própria, característica única e dignificadora da espécie, residente no seu mais especial e núcleo único da existência: a alma. Como nos diz, "conhecer a alma humana é conhecer o homem na sua mais íntima essência e na sua mais alta grandeza.

Estudar o mecanismo psíquico humano é pois a tarefa mais interessante, pois estudamos a nossa mais profunda qualidade; mais útil, porque mais nos elevamos acima dos outros animais; e mais necessária porque melhor os dominamos." [254]

E neste apronamento do domínio que o estudo da alma se torna fundamental pois, ao fornecer profundos elementos cognitivos da mais complexa existência, permitirá um maior e definitivo controlo da vida própria e de toda a realidade circundante. Com efeito, detectamos até aqui um percurso linear e direccionado num sentido ontológico, emergente de uma característica identificada como a mais importante, a razão, que se expressa através da vontade que, por sua vez e pela sua acção, revela o seu nuclear centro residente e identitário, a alma. A designação terminológica alma é esclarecida pelo autor como "exprimindo o conceito de mecanismo psíquico, consciência, espírito em suma, alma psíquica."[255] Este esclarecimento, para além da correcção metodológica e terminológica pretendida, revela a vulnerabilidade do vocabulário técnico disponível bem como a magnitude significativa da apelada e indispensável alma, mais próxima da matéria titulada quando adjectivada de psíquica.

Na verdade, encontramos no surgimento da psicanálise uma vertente que a coloca como ramo da medicina destinado a curar doenças ou afectações cada vez mais difíceis e socialmente inconvenientes pois, pela tipologia e sintomatologia específica que revelavam, pressionavam o campo científico para a sua resolução. Os doentes apresentavam sintomas mais ou menos graves que interferiam na sua vida quotidiana e que provinham da alma que urgia curar. Estas suas doenças expressavam-se por fobias, compulsões ritualistas ou pensamentos de tipo obsessivo que, ao revelarem-se não pertencentes ao corpo ou à sua estrutura fisiológica, colocavam renovados desafios à medicina convencional na medida em que exigiam terapias não dirigidas a fenómenos somáticos, mas sim a fenómenos psíquicos para os quais se pretendia o mesmo da

---

[251] Idem, Ibidem, p. 7.
[252] Idem, Ibidem, p. 7.
[253] Idem, Ibidem, p. 7.
[254] Idem, Ibidem, p. 8.
[255] Idem, Ibidem, p. 8, (Nota informativa).

medicina convencional: a eliminação dos sintomas. Para obter essa eliminação, desde cedo começou a verificar-se a absoluta impossibilidade na obtenção de resultados rápidos ou imediatos porquanto o tratamento em causa exigia a cuidada análise do carácter do paciente.

Estamos em condições de nos apercebermos das dificuldades específicas levantadas à ciência dos finais do século XIX, capaz de gerar pela primeira vez e através de Freud, um caminho realmente explicativo e abrangente, centrado no núcleo explicativo das dificuldades de viver em sociedade. Assim, a psicanálise colocou a sua ênfase na terapia dos sintomas neuróticos, directamente observáveis nos comportamentos histéricos e obsessivos que se poderiam conhecer e pesquisar pelo estudo do carácter, pelo estudo tendente à cura da referida alma.

E neste sentido que enquadramos o conhecer a alma humana, aqui identificada pelo nosso autor, que se apresta a clarificar a problemática inerente aos sentidos e às terminologias utilizadas, dado que se sente confrontado com diferentes teorias em vigor pois "umas estudam a alma humana como realidade ontológica, essencialmente distinta do corpo; outras estudam-na como o produto de reacções nervosas."[256] Esta dicotomia apresenta-se redutora para um universo científico que pretende realmente entrar no desconhecido mundo do interior humano, fazendo retroceder os sintomas das afasias provenientes do foro psicológico.

Nesta inovadora pretensão de carácter científico e no seu percurso histórico mais próximo da escola freudiana, encontraremos o grande corpo do edifício justificativo da existência destas invocadas e diferentes teorias de alma, realidade ontológica ou produto de reacções nervosas. Na verdade, poderemos encontrar nas movimentações científicas predecessoras de Freud, sentidos justificativos para esta dicotomia entre índoles inspiradas na tradição platónica de radical separação entre corpo e a designável alma e outras de carácter mais somático, apelando a relações mais fisicamente sintomáticas, carenciadas de terapias de tipo medicinal.

E aceitável a lembrança de algumas personagens celebrizadas em fases antecedentes a Freud e que complementam o seu enquadramento científico que, de algum modo, podem complementar a terminologia inicial aqui utilizada por Mário Oliveira. Assim, relembramos os já citados Franz Anton Mesmer (1734-1815); Armand-Marie-Jacques de Chastenet (1751-1825), mais conhecido como marquês de Puysegur; Joseph Deleuse (1753-1835) nunca esquecendo o nosso José Custodio de Faria, o conhecido Abbé Faria (1756-1819), personagem que aproximou os percursos futuros conducentes à rota que se seguirá até à psicanálise na medida em que começou a trabalhar o sono como espaço de especial relaxamento promotor das melhoras pretendidas sobre os pacientes.[257]

---

[256] Idem, Ibidem, p. 8.

[257] «Ce phénomène consiste à déceler dans certaines personnes, pendant leurs sommeil, deux propriétés extraordinaires qui n'étaient point à la connaissance des philosophes et des physiologistes: l'une regarde le corps et l'autre l'esprit ou l'âme. L'observation faite sur une personne qui, étant dans le sommeil lucide, suivait à une distance précise tous les mouvements de de son directeur.../ La raison pour laquelle le sommeil naturel ne fait pas le même bien que le sommeil provoqué, git dans la différence même du motif de l'un et de l'autre.» José Custodio de Faria, «De La Cause Du Sommeil Lucide (1819), in idem, Pedro Luzes, ibidem P.P.35, 36, 41. - "L'abbé Faria attribuait le somnambulisme induit à des facteurs psychiques. Il demandait au patient de fermer les yeux, de penser au sommeil, puis ordonnait «Dormez!». Ensuite, le patient obéissait aux ordres. Le réveil était aussi commandé par la voix." THIS Bernard, "L'émergence da L'inconscient", in Revista Pour La Science, Paris, 2003.

De todo o modo, verifica-se que a ciência do século XIX não possuía respostas concludentes para a prossecução e tratamento das doenças nervosas. O que existia eram respostas díspares, desunidas e cientificamente desapoiadas de uma estratégia que aglutinasse os saberes adquiridos. "Faltava uma teoria que estudasse o mecanismo psíquico em toda a sua unidade e que o relacionasse com a natureza animal do homem. Era necessária uma doutrina que considerasse o homem simultaneamente como animal e como racional. Esta lacuna foi preenchida pela teoria do Prof. Sigmund Freud."[258]

Com efeito, esta teoria que Freud desenvolve, para além do extraordinário avanço epistemológico com que dotou o conhecimento humano, vem preencher a lacuna constituída pelas díspares respostas acima enunciadas, de tal forma o seu fundador estudou a globalidade do fenómeno histeria, proveniente de tratamentos anteriormente processados nos campos da feitiçaria, agora definitivamente entregues à medicina e ao que o levantamento freudiano designou como fenómenos psico-somáticos. Aqui, trabalha com crises emocionais que chegam a assemelhar-se a crises de epilepsia, paralisias e outras obsessões a que não correspondia qualquer lesão orgânica. Igualmente constata perdas parciais de sensibilidade, perdas parciais de visão ou de olfacto, fobias originalmente não detectadas e injustificadas que fazem da histeria uma doença, tanto domiciliária como socialmente espectacular, aceleradamente integrante das prioridades da ciência sua contemporânea.

Na verdade, esta ciência onde Freud dá os primeiros passos, encontra-se numa fase confusa, típica do levantamento inicial e embrionário a que se dirigem os seus elementos dinâmicos, não evitando confusas misturas entre dados provenientes da ideologia com os provenientes da ciência ou dados de magia confundidos com técnicas da medicina. E neste cenário que Freud se move quando se aproxima das experiências hipnóticas de Bernheim, depois de se ter desinteressado das técnicas de electroterapia. Posteriormente, tem o seu importante encontro com Joseph Breuer com quem vem a elaborar uma coerente teoria da histeria, essencialmente proveniente da experiência que viveram no seguimento do celebérrimo caso de Ana O. Nesta fase, Freud observa os tratamentos efectuados pela hipnose ministrada à paciente, onde Breuer lhe faz ressurgir relatos de acontecimentos passados de cariz perturbador e tendencialmente traumatizante que, ao serem chamados ao presente e relembrados, provocavam o seu sucessivo desaparecimento. Este método que apelidaram de catártico («catharsis») apela a um conceito de purificação ou purgação, terminologia eminentemente mística mas que encerra em si já uma condicionante fundamental da freudiana e psicanalítica futura revolução epistemológica: a cura analítica.

Esta evolução, sedimentada através de um especial e reservado contacto estabelecido quotidianamente com o doente, permitirá outro grande passo no caminho do método freudiano, a conhecida transferência, em grande parte assegurada pela chamada cura pela palavra, só possível pela referida reserva de comportamento e proximidade desenvolvida entre paciente e médico. Assim, os elementos fundamentais da descoberta freudiana estão assegurados por esta especial relação estabelecida entre duas subjectividades e pelo papel preponderante e determinante da palavra.

É nesta evolução inicial e conducente ao estabelecimento e desenvolvimento do método psicanalítico que Mário Oliveira invoca um dualismo resolvido pois, "com

---
[288] Idem, Ibidem, p. 9.

efeito a Psicanálise compreende o homem nestes dois aspectos: como animal estuda o Inconsciente e os seus elementos, os instintos; como racional estuda o Consciente e as suas representações. Do estudo conjunto destes elementos distintos nasce uma ideia fulgurante: a do dinamismo psíquico."[259] Neste dinamismo centra o nosso autor o seu trabalho, reforçando a importância do confronto permanente e incessante entre as forças opostas e extremadas, posteriormente representáveis pelas designações, Id e Superego. Assim, com as evoluções resultantes das pesquisas freudianas, "a alma agora é estudada em toda a sua extensão e é concebida como unidade dinâmica, na qual se degladiam duas tendências opostas: ... O homem fica assim estudado no mais profundo do seu ser, pois é considerado como animal terrestre e como possuidor de razão."[260] Torna--se curioso este reforço que o autor coloca na dinâmica estabelecida entre duas linhas unidireccionais e absolutamente opostas: o instinto, directamente conectado como inconsciente e sinónimo de animalidade e, por sua vez a outra linha, racional, directamente conectado com o consciente, sinónimo de humano. Já vislumbramos aqui, de um lado, um inconsciente visto como elemento fora do controle da consciência e, daí, animal, mas dentro do dinamismo freudiano (não excluído do âmbito da psicologia) e, de outro lado, o racional, logo humano por excelência, aqui enunciando uma força capaz de promover uma ponte comunicacional, antecâmara de controlo promovido por um subconsciente activo e evolutivo nos processos de terapia psicanalítica.

Relembrando o percurso biográfico de Freud, onde inclui as influências de Charcot, Mário Oliveira distingue alguns momentos chave como os vividos com Joseph Breuer, onde se destaca a referida e paradigmática experiência de Ana O[261]. Nestas experiências fica claro "que a histeria não é devida a uma lesão orgânica, mas a um conflito interior que o próprio sujeito desconhece, e que os sintomas são formados por esse conflito. Era pois necessário descobrir as causas dessa luta psíquica Inconsciente".[262]

E esta luta contra um desconhecido, que se revela pelas sintomatologias mais variadas, que motiva Freud em "aventurar-se a descer ao fundo da alma e iluminar as trevas do inconsciente".[263] Anuncia-se o caminho traçado por Freud na direcção do método psicanalítico e Mário Oliveira parte para o primeiro capítulo da sua dissertação: "O Sentido da psicologia freudiana".

De facto a que se propunha Freud com a sua Psicanálise? Nada menos do que isto: estudar e descobrir as leis do Inconsciente."[264] Centrada a questão, o nosso autor referencia a necessidade de serem verificadas as principais diferenças existentes entre os dois conceitos de inconsciente: o pré e o pós Freud. Na verdade, esta diferença traça uma abissal separação verificável entre dois posicionamentos opostos. Em toda a psicologia

---

[259] Idem, Ibidem, p. 9.
[260] Idem, Ibidem, p. 9.
[261] Bertha Pappenheim (1859-1936) é o verdadeiro nome desta jovem que teve a sua primeira crise alucinatória em 17 de Junho de 1880. Desde o fim das férias desse verão que J. Breuer se ocupou desta paciente, inaugurando com ela o método catártico em 1881. Depois da aventura analítica a que foi submetida, verificou sensíveis melhoras essencialmente registáveis a partir de 1890, dedicando-se a actividades literárias, filantrópicas e promocionais do feminismo vindo mesmo a ser uma das primeiras assistentes sociais da Alemanha.
[262] Idem, Ibidem, p. 14.
[263] Idem, Ibidem, p. 15.
[264] Idem, Ibidem, p. 17.

tradicional, so os fenómenos mentais conscientes entravam no âmbito do seu estudo e tratamento, pois apenas o consciente era visto como algo estudável e digno desse interesse. "A alma era única e simplesmente o Consciente; o Inconsciente era um fundo escuro e inconcebível onde as ideias, os afectos e as volições caíam quando pensadas, sentidas ou queridas. O Inconsciente era uma região psíquica desconhecida, que sendo um fundo negro do esquecimento era totalmente passivo. ... servia unicamente de buraco onde eram enterrados os restos da vida psíquica passada."[263] Nesta perspectiva só o eu, isto é, a singularidade volitiva e personalizável numa realidade ôntica, constituía a síntese de todas as percepções de carácter interno ou externo, permitindo ao indivíduo situar-se no seu mundo, no espaço e no tempo com pleno domínio e inteira consciência. Pelo contrário, qualquer acto que escapasse ao controlo da consciência, ou mais especificamente à percepção subjectiva, era excluído do domínio da psicologia, caindo para o nível de um vulgar reflexo orgânico.

Esta versão do conhecimento vai entrar num estado de progressiva rotura, muito embora lenta e tímida pois, as ideias preconcebidas e o dogmatismo instalado colocavam as habituais entraves aos avanços conseguidos. Neste percurso, entre outros, distingue-se Pierre Janet (1859-1947)[265] [266] que já admitira uma dissociação do eu, verificável em situações muito específicas de intoxicações ou alienações raras que poderiam indicar algumas formas diferentes, ou seja, inferiores da consciência. Mas, só com a persistência de Freud, os conceitos vão mudar substancialmente, pois o medo, a hesitação ou o equívoco vão dar lugar à certeza que a unidade do eu é, com efeito, aparente. As observações científicas permitiram estabelecer que nem todos os fenómenos psíquicos são inevitável e obrigatoriamente conscientes, confirmando ainda que a maioria do conhecimento não se encontra sob o domínio do consciente mas antes, preservado em estado latente numa zona inconsciente onde "residem amontoados, e em perpétua agitação, todos os instintos animais que constituem a matéria prima da vida psíquica humana. O Consciente é constantemente empurrado e influenciado por estes instintos animais do Inconsciente, e muitas vezes é invadido por eles.

No Inconsciente estão de facto actos vividos e esquecidos, mas não estão sob nenhum aspecto mortos ou apagados, pois continuam a agir e a fazer pressão sob a camada consciente superior que lhes fecha a passagem"[267] Como bem reforça o nosso autor, estas concepções de Freud tornam-se bombásticas no seu tempo, pois obedecem a uma lógica inteiramente nova que, como é habitual na história da ciência, causou a maior incredulidade e choque em todos os meios intelectuais do seu tempo. Na verdade, ao afirmar-se que "no inconsciente residem os instintos primitivos do homem-animal que ainda vivem e que, quando podem, sobem ao Consciente, fazendo retrogradar o homem

---

[265] Idem, Ibidem, p. 18.

[266] Psicólogo, fundador da corrente de análise psicológica em França, foi rival de Freud discutindo com este temas e celebridade. Em 1885, quando o ainda jovem Freud se encontrava em Paris, apresentou um relatório sobre o "caso Léonie" que despertou o entusiasmo a Charcot e em 1889 defendeu a sua tese de filosofia sobre o automatismo psicológico, integrando o comité de organização do congresso Internacional de Hipnotismo onde participaria o desconhecido médico Sigmund Freud. Depois de estudar e trabalhar no Hospital de Salpêtrière, defendeu a sua tese O Estado Mental das Histéricas que lhe aumentou a reputação como inovador, o que muito incomodou Freud.

[267] Idem, Ibidem, p. 19.

civilizado de hoje às selvajarias do homem das cavernas",[268] confirma-se a noção intermediária do subconsciente, noção totalmente remodelada em Freud, promotora de interligação com um aparelho psíquico inconsciente, agora renovado, descritível por termos semelhantes aos utilizados para o consciente, como: desejos, sentimentos, tendências ou representações.

Assim e de forma definitiva, "o homem deixa de ser o homo sapiens que tudo dirige pela razão, para ficar mais veridicamente considerado como um animal, com todos os instintos da sua animalidade e com todos os fulgores da sua razão."[269] Esta duplicidade apresentada numa bombástica simbiose antropológica, em que o homem dá uma cambalhota sobre si próprio e sobre o seu universo de conhecimento, provoca uma rotura epistemológica e assenta um novo auto conhecimento num novo método da pesquisa de si próprio: "esse método é a Psicanálise. E o raio X que trespassa o acto consciente vendo no seu fundo o elemento inconsciente."[270]

A este propósito, Mário Oliveira propõe uma síntese que pretende estabelecer as cinco principais inovações estabelecidas por Freud e que lhe sustentam os capítulos seguintes deste seu trabalho: "Iº) A vida psíquica do homem não é somente o conjunto de ideias... iluminadas pela luz da consciência... 2º) A alma pode dividir-se teoricamente em.. .Consciente e Inconsciente... 3º) No Inconsciente existem elementos anárquicos e energéticos chamados instintos... 4º) Em todo o homem actual existem no Inconsciente as mesmas tendências dos homens primitivos...3°) De todos os elementos inconscientes, um sobretudo se sobreleva: o libido, ou instinto sexual." [271] Encontramos aqui uma elucidação epistemológica dirigida aos pontos fundamentais que a tese freudiana provocou no nosso autor, bem como um pressuposto elementar, revelador do intuito metodológico que antevê no seguimento da sua exposição. Neste sentido, só aceita como verdadeira a característica eminentemente determinista que assegura o rigor e pragmatismo científico do método psicanalítico; " Freud não admite de maneira nenhuma que haja qualquer fenómeno psicológico que seja devido ao acaso ou tenha falta de sentido. Os fenómenos psíquicos, como os demais fenómenos da natureza são regulados pelo determinismo universal. Se em psicologia admitirmos o acaso para a explicação dos seus fenómenos, rompemos implicitamente a cadeia determinista da natureza, fazendo dos fenómenos psíquicos, fenómenos extra-naturais."[272]

Assim, no estudo da matéria inconsciente, vai abordar primeiramente os actos falhados, isto é, "os lapsus linguae, as equivocações de leitura, as interpolações de linguagem, as perdas de objectos de uso quotidiano, o esquecimento de nomes próprios, etc., em suma todos estes transtornos vulgaríssimos na vida dum indivíduo. A razão explicativa deste facto é o carácter de verdadeira auto-traição que o sujeito comete na função falhada. Em muitos enganos de linguagem verifica-se que o sujeito diz precisamente aquilo que desejava ocultar."[273]

---

[268] Idem, Ibidem, p. 19.
[269] Idem, Ibidem, p. 20.
[270] Idem, Ibidem, p. 20.
[271] Idem, Ibidem, p. 21.
[272] Idem, Ibidem, p. 24.
[273] Idem, Ibidem, p. 26.

Com efeito, na fase inicial das suas investigações conducentes ao desenvolvimento do trabalho interpretativo dos sonhos, Freud vem a atribuir um verdadeiro significado ao acto falhado, relacionando-o com motivos existentes no inconsciente de quem os comete. Assim, assume o valor de sintoma na medida em que constitui um compromisso entre a intenção consciente do sujeito e o seu desejo inconsciente. "Por estes lapsos exprime-se qualquer coisa que a nosso vontade queria reduzir ao silêncio e que nao obstante se manifesta. Deste modo, aquilo que caracteriza verdadeiramente uma equivocação oral e dum modo geral todos os actos falhados é a libertação de uma tendência perturbadora reprimida, que consegue expandir-se. As funções falhadas não são devidas ao acaso, são fenómenos psíquicos que provêm de mais fundo e cujas causas não estão à luz da consciência."[274] Neste reconhecimento de um mundo desconhecido,[275] incomensuravelmente maior do que o conhecido e que, de forma mais ou menos abrupta, decide a evolução do indivíduo, pressupõe a existência de inevitável conflito entre mundos substancialmente diferentes que se degladiam dentro de nós, sem interferência da vontade ou controle do consciente.

Nesta luta dinâmica encontra Mário Oliveira o centro epistemológico e inovador do trabalho freudiano pois, as representações inconscientes, ao serem inacessíveis de forma imediata à consciência, guardam na sua oclusão o núcleo do sistema intelectual humano. A consciência, isto é, a parte lúcida de todos nós entendida como lugar de ciência, depende do trabalho interpretativo e superador das limitações impostas pela natureza para, assim, ter acesso ao seu núcleo representativo, abrindo as portas do seu mais íntimo interior.

Uma dessas portas principais é composta pelo esforço interpretativo dos sonhos, matéria componente do capítulo seguinte desta dissertação de Mário Oliveira. Aqui, depois de estabelecer algumas considerações sobre a história dos sonhos e referir alguns papéis por eles assumidos, o nosso autor verifica as interpretações de maior ou menor pendor mítico que sofreram até aos meados do século XIX mas, "com Freud tudo muda de figura. Nem o sonho é o mensageiro dos deuses que o provocam, nem tão pouco é uma associação disparatada de ideias, devidas ao resto da vibração dos nervos."[276] [277]

Na verdade, a teoria interpretativa dos sonhos desenvolvida pelos trabalhos freudianos indica-nos globalmente realizações de desejos inconscientes, como vias de acesso ao reservatório das paixões existente na profundidade do inconsciente enquanto, simultaneamente, desempenham a função de guardiães do próprio sono. Assim, "Os sonhos, como os actos falhados, têm um sentido preciso e são actos psíquicos completos. ... são manifestações do Inconsciente e constituem a estrada real do seu conhecimento."[277]

---

[274] Idem, Ibidem, pp. 28, 29.
[275] A este propósito e da realidade inconsciente em geral, Egas Moniz afirma que "Freud define inconsciente: o real psíquico, a realidade interna, incompleta e dificilmente conhecida pela percepçao. Vivemos assim na ignorância quase absoluta de tudo o que se passa dentro de nós. Mas há gradações e transições entre o inconsciente e o consciente: aquele sendo o mais, este sendo o menos na vida psíquica de cada um." Egas Moniz, "Lição do Curso de Neurologia. As Bases da Psicanálise" (1915), in Pedro Luzes, Cem Anos de Psicanálise, Lisboa, ISPA, 1997, p. 56.
[276] Idem, Ibidem, p. 32.
[277] Idem, Ibidem, p. 33.

Para analisar o sonho, Freud recorre inicialmente a descrições de crianças a fim de lhe possibilitar o posterior acesso aos conteúdos mais complexos e confusos manifestados pelos adultos. Este percurso hermenêutico revela a persistência freudiana na perseguição dos seus esforços interpretativos, que o conduzirão a uma primeira separação dos seus conteúdos, manifesto e latente, ou seja, os dados facilmente descritíveis, que a memória directamente nos fornece e os opostos e mais escondidos, velados nas teias do absurdo e das representações menos acessíveis e desprovidas de lógica própria, descontextualizados de qualquer associação mental consciente. Esta coexistência extremamente dinâmica e simultaneamente difusa, verificada entre estas duas realidades, constitui um dos maiores desafios às investigações de Freud pois "a grande dificuldade da interpretação onírica é precisamente saber distinguir o sonho manifesto das ideias latentes."[278]

Na verdade, este conteúdo latente designa todo o conjunto de significações a que a análise do sonho conduz, ele é constituído pelo produto de todo o trabalho de interpretação direccionada para os pensamentos do sonho, colocados na retaguarda da sua tradução manifesta. A sua análise é metodologicamente efectuada através de um percurso inverso ao apresentado pelo sonho, caminho este que nos pode aproximar da expressão mais inteligível e real da matéria do sonho. Por sua vez o conteúdo manifesto é composto pela narrativa directa, tal como é contada pelo sujeito sonhador, traduzindo os pensamentos constitutivos da estória vivida no sonho, identificável com a matéria compatível à utilização do método analítico. Como muito bem nos explica Mário Oliveira, "umas vezes, nas crianças sobretudo, a força íntima das ideias latentes do sonho consegue vencer sem dificuldade a censura superior, e o sonho é facilmente compreensível; outras vezes, no adulto, a censura é severa, e o sonho é aparentemente incompreensível. Quase sempre se verifica que o sonho patenteia um desejo que não se satisfez."[279] Trata-se da projecção da realização de um desejo manifestado sob a forma alucinatória mais ou menos aceitável (padronizável em termos de inaceitabilidade) para a leitura da consciência na sua função de vigília. Quanto mais inaceitável for este conteúdo, maior será o grau de censura proporcionalmente aplicada, tornando o sonho ainda mais aparentemente incompreensível, mas permitindo a sua função de realização de um desejo inconsciente que, submetido ao recalcamento da censura e ao trabalho de elaboração do próprio sonhador, aparecerá de forma disfarçada no conteúdo manifesto que veste a narrativa do sonhador.

E muito curiosa a citação do nosso autor que, a propósito desta dualidade pulsão - censura, num sentido alargado de sonho - realidade, cita Platão apontando a sua ética e inteligibilidade moral: «Os bons são aqueles que se limitam a sonhar o que os maus executam».[280] Com efeito, o percurso interpretativo do sonho conduz-nos a um mundo do imagético, um mundo de impossíveis, aqui mais visíveis por sofrerem menos a severidade do combate da censura castrante, visto que "no sono, a resistência consciente é mais fraca e os desejos profundos podem irromper à superfície."[281]

---

[278] Idem, Ibidem, p. 34.
[279] Idem, Ibidem, p. 35.
[280] Idem, Ibidem, p. 36. Neste cuidado do autor, salientamos a importância da inteligibilidade moral em Platão, onde o mal resulta da ignorância, a combater não pela retórica mas pela dialéctica pedagógica, única via para a ascese à racionalidade, à evidência, aqui identificável como consciência moral, isto é, realidade dos bons.
[281] Idem, Ibidem, p. 36.

A luta dinâmica estabelecida durante o sono possui no sonho o seu palco, espaço eleito para a teatralização da uma vida imaginária, tornada mais próxima pelo afrouxamento das forças censórias que, assim, permitem o alívio das pressões colocadas em vigília, na vida (diurna) real.

Situações existem em que tal escape nao é conseguido, assistindo-se a um permanente recrudescer das tensões interiores que, sem escape e de motus continuum, aumentam indefinidamente a luta interior até à exaustão da enfermidade patológica, patamar do trabalho freudiano versado no capítulo seguinte desta dissertação.

Ao abeirar a teoria freudiana das neuroses[282], Mário Oliveira enaltece a substancial diferença existente na abordagem tradicional dispensada a esta enfermidade pois, "enquanto que a psiquiatria considerava os enfermos neuróticos como degenerados, como indivíduos que traziam em si uma terrível hereditariedade que lhes produzia a doença, a Psicanálise vê neles as vítimas dum conflito anímico."[283] Na verdade, para Freud, a neurose era a doença nervosa que surgia de um trauma, isto é, de uma lesão anímica decorrente de um acontecimento vital na história do doente e que concorria, de forma determinante, para a sua deflagração. Assim, o trauma desencadeia um conflito psíquico inconsciente, sem qualquer base orgânica lesada, que provoca persistentes desorganizações no seio das funções mentais básicas. Como nos diz Bernard This, "la névrose est une affection psychique se caractérisant par des troubles du comportement dont le malade est conscient, mais qu'il ne peut dominer. D'une manière générale, la névrose est due à un conflit psychique non résolu (impossible de choisir entre deux pulsion contradictoires, d'intégrer un interdit, de surpasser un traumatisme...). C'est une étape de la maturité psychique qui n'a pas été franchie."[284] A diversidade dos casos estudados, associada a todo o aumento de trabalho de recolha científica elaborada ao longo dos anos, permitiu que os estudos freudianos aumentassem a complexidade com que abordavam este tema, surgindo novos conceitos parcelares de neurose. Assim, surgem inúmeras variantes onde a doença[285] se manifesta de forma mais ou menos grave. Uma das variantes mais complexas é a obsessiva, pois "em certos casos neuróticos o doente é ao mesmo tempo o animal perseguido e o perseguidor, simultaneamente sofre com a sua doença, mas não deseja separar-se dela, pois ela em parte o alivia. Sente-se obrigado a obedecer a certos actos, cuja proveniência desconhece e na execução dos quais se sente aliviado."[286]

Com efeito, a neurose obsessiva constitui-se como um conjunto sintomático desencadeado pela imposição de determinadas ideias que, de forma constante e lancinante, se impõem ao espírito do paciente. Nesta contenda contra esta intrusão e, para atenuar a ansiedade criada, o paciente tenderá a entregar-se a rituais de diversíssima espécie, destinados a reduzir ou neutralizar a obsessão que o molesta.[287]

---

[282] O termo neurose, criado em 1769 pelo médico escocês William Cullen, serviu para designar as doenças nervosas que manifestavam distúrbios de personalidade sem manifestações de degeneração ou enfermidade de índole física.

[283] Idem, Ibidem, p. 40.

[284] Bernard This, " L'émergence de L'inconscient", in revista Pour la Science, Paris, 2003.

[285] Algumas das mais importantes variantes da neurose são a de angústia, de carácter, de defesa, de fracasso, de transferência, de destino, para além das narcísica, fóbica, demoníaca ou obsessiva.

[286] Idem, Ibidem, p. 41.

[287] A Psicanálise caracteriza a organização da personalidade obsessiva como uma regressão / fixação ao estádio sádico-anal e por uma tensão de carácter interno que, de forma intensa e muito cruel, se manifesta ente o Ego e o Superego.

Não restam dúvidas quanto à importância tida pela psicanálise no grande impulso que deu ao aumento de conhecimentos existentes sobre a problemática da obsessão doentia, doando à ciência processos de pesquisa culminados em algumas curas conseguidas através do esforço psicanalítico, privilegiado detentor do método capaz de provocar a emergência até ao consciente, das causas patológicas que se escondem sob as sombras do inconsciente. "Assim se compreende a técnica psicanalítica da cura das neuroses pela subida ao Consciente desses processos enclausurados no fundo da alma. O tratamento psicanalítico resume-se na seguinte fórmula: transformar em consciente todo o inconsciente patogénico. Em conclusão: podemos, segundo a Psicanálise, afirmar que certas doenças nervosas são a manifestação duma luta interior de duas tendências opostas, uma consciente e outra inconsciente."[288] E nesta dicotomia extremamente antagónica e simultaneamente dinâmica que Mário Oliveira centra este seu trabalho que agora vai dedicar à vertente do Consciente.

Aqui, confronta as diferentes personagens verificáveis na existência da entidade consciente onde apela a um auto-conhecimento identificador, um auto-espelho revelador da última instância do animal racional. "Ao conhecimento que temos de nós próprios chamamos Consciência, e ao método de conhecimento damos o nome de percepção interna. Portanto o Eu é intuído pela percepção interna."[289] Este Eu, designação filosófica e psicológica de consciência de si e objecto do pensamento, ou seja, o ego pré-existente a Freud, é retomado por este como sede da consciência até 1920, ano em que é contextualizado com os superego e id que o vêm a remeter para funções diferenciadas, destacando-se a de polo de defesa e adaptação à vida prática, à realidade. Assim, numa segunda tópica, surge como actor da função de controlo e regulação sobre as acções e sobre o conjunto das operações mentais acessíveis à consciência. Neste sentido, o Ego constitui-se como instância residente no seio da personalidade, tendo como principais funções a condução na adaptação ao real, mantendo a coerência interna. Em caso de ameaça desta coerência, utilizará a sublimação proporcionada pelos mecanismos de recalcamento enquanto alberga as representações conscientes, especialmente as de si, possuindo assim a dupla funcionalidade de se constituir como sede da consciência e agente das operações conscientes e inconscientes.

"O Eu é o conhecimento do mundo exterior e interior. O Super-Eu é...uma entidade autónoma e superior ao Eu, que possui energias próprias..."[290], pertencendo igualmente à segunda tópica freudiana, possui o papel juiz censor moral, isto é, instância crítica e de interdição à liberdade do Ego. Assume assim o papel de depositário da consciência moral, portador do ideal do Ego, sede da auto-observação. O seu carácter repressivo pressupõe a defesa dos valores e ideais divulgados pelo processo educativo, fulgurante defensor das exigências culturais, componentes defensivas do quadro organizativo da sociedade vigente. Daqui se retira a sua importância no quadro educativo, pois o exercício das funções educativas passam pela transmissão de valores e tradições que se pretendem perpetuar pela interacção dos superegos geracionais. Assim, "o Super-Eu não nasce com o indivíduo. A criança não tem Super-Eu\ ela é animal e anárquica,

---

[288] Idem, Ibidem, p. 42.
[289] Idem, Ibidem, p. 46.
[290] Idem, Ibidem, p. 47.

inteiramente comparável ao selvagem primitivo.[291] O Super-Eu, a força repressora dos nossos instintos animais, é originada na autoridade paterna. Quando a criança cresce e se liberta da supremacia paterna, fica em si o substituto da sua autoridade, que é o Super-Eu. Esta influência do Super-Eu paterno ... no Super-Eu infantil, constitui de certo modo a tradição moral duma sociedade, e explica a sua orientação fixa através dos tempos."[292] Verifica-se o cuidado dado pelo autor ao fenómeno educativo que é, com efeito, assegurado pela transmissão de valores e das tradições que assim se perpetuam através dos Superegos, de uma geração para outra.

Este valor sumo e ideal, identificador cultural de excelência, reverte-se num oposto antípoda, paradigma do mal contra quem luta a instância dos valores. Perante tal, "a Psicanálise adoptou um outro nome para designar a região da alma em que existem os processos que são sempre desconhecidos do sujeito. Assim o termo que expressa esta parte do aparelho anímico é o pronome Ele, e de facto foi bem escolhido, pois esta zona abissal é tão estranha a nós que quase a podemos considerar como uma outra pessoa. O Ele não conhece valorização alguma, não distingue o Bem do Mal, não ajuíza o Justo do Injusto."[293] Com efeito, o Ele provém do pronome do alemão, terceira pessoa do singular neutro Er[294], Id na remodelação tópica introduzida por Freud entre os anos de 1920-23. Contém em si um depósito de conteúdos de natureza pulsional e inconsciente, absolutamente desorganizado, comparável a um verdadeiro caos representante da parte mais antiga do aparelho psíquico. Portador de estrita desorganização, o Id ignora a realidade, as categorias elementares e fundamentais do pensamento bem como qualquer princípio lógico. Esta tópica freudiana introduz alterações concretas na arrumação da abordagem psicanalítica, donde se destaca a perda da autonomia pulsional por parte do ego, pois agora a sede da pulsão reside no Id que, por sua vez, não possui nenhuma separação radical com as outras instâncias como se verificava no afastamento inconsciente e consciente.[295] Assim, "o Super-Eu, o Eu e o Ele são as três províncias da alma, cujas mútuas relações formam o conjunto da vida psíquica."[296]

Nesta dinâmica, o id constitui-se pois como depositário de forças que, desorganizadamente, tendem para a acção, isto é, pulsões de ordem eminentemente somática e que induzem a satisfação no seu fim definido pela acção dirigida ao prazer provocado pela descarga de energia e pela obtenção do objecto pretendido. Se estes não forem

---

[291] Será importante relembrar a colocação em evidência efectuada por Freud quando refere a presença em todo o ser humano de uma disposição perversa polimorfa, reforçando a importância dos acontecimentos da primeira infância (lutos, seduções ou modalidades do recalcamento do complexo de Édipo) na actualização em certos sujeitos adultos pré-dispostos. Estes adultos, desprovidos de perturbações neuróticas ou psicóticas, não ultrapassam a ausência de sentido moral e agem pela impulsividade e pela tendência para as perversões (sexuais) instintivas. A existência de uma sexualidade infantil sujeita a pulsões parciais, justificadas no contexto da criança não inata pura, explicam a sua condição de perversa polimorfa que, quando não resolvida, pode promover a perversão adulta.

[292] Idem, Ibidem, pp. 47-49.

[293] Idem, Ibidem, pp. 50-52.

[294] Termo introduzido por Georg Groddeck, foi conceptualizado por Freud em Das Ich und das Es, 1923.

[295] Na verdade, a partir de 1923, o grupo das pulsões do ego perde a sua autonomia e é absorvido na grande oposição mantida entre pulsões de vida - pulsões de morte. Assim, o ego já não é definido por um tipo de energia pulsional específica, pois a nova instância (id) inclui agora, originalmente, os dois tipos de pulsões.

[296] Idem, Ibidem, p. 51.

atingidos, nasce a frustração e o consequente aumento de tensão expressa em grande desprazer, condição favorável ao aumento da pressão e da consequente luta entre as instâncias representativas do bem e do mal.[297] Nesta luta, os dados educativos e a global conformidade sócio-cultural, como vimos, apelam à força do Superego para a conservação da consciência moral, para a auto-observação na formação das ideias, juiz censor dos valores mais elevados e postos em jogo pelas outras instâncias. "E ao Super-Eu que o Eu recorre quando se vê assediado pela anarquia dos elementos profundos. O grande valor desta teoria e do seu genial autor é estudar a alma em toda a sua unidade, desde a sua zona abissal até à sua parte superior, e dar uma noção conjunta das suas respectivas relações.

Nisto é grandemente inovadora a obra do Prof. Sigmund Freud."[298] Nesta homenagem verificada no final do corpo do seu trabalho, Mário Oliveira pretende sublinhar a importante matéria que estudou, bem como englobá-la no universo do conhecimento humano, dada a grande dimensão das suas descobertas mas, essencialmente, pelo contributo que deu para conhecimento (inevitavelmente polémico) do homem sobre si próprio, respondendo a uma necessidade ontológica e essencial. Neste sentido, a psicanálise constitui-se como saber acrescentado e mais valia garantida para a obra humana e para todos os ramos do saber, a quem remeterá renovadas premissas epistemológicas.

Será essa a perspectiva global da conclusão da dissertação em apreço, quando refere que "a história tem sido feita, estudando as causas materiais, quer económicas quer políticas, e tem esquecido o factor propriamente humano. Seguindo esta ideia, creio firmemente que a psicologia pode ministrar subsídios importantíssimos para o estudo dos tempos passados."[299] Para além do estudo e narração sistemática do passado, tendo em conta os mais significativos factos intelectuais, económicos e políticos, a história deverá postular o rigor de análise, descobrindo e redescobrindo-se no terreno da realidade[300], não só para a nobre prossecução do fidedigno fim descritivo, mas também para uma construção hermenêutica acauteladora do presente, tendente a preservar o passado[301]. Em todas as dimensões, simultâneo objecto e sujeito da história, o homem, enquanto protagonista único, deixa vestígios, traços, autênticas impressões digitais que só a argúcia antropológico/axiológica competente do cientista investigador poderá descobrir, analisar, interrogar e enfim revelar.

---

[297] Ainda que muito brevemente, verificamos que a tipologia de pulsões freudianas mais trabalhadas são as da sexualidade, suas aberrações e perversões essencialmente verificadas na sexualidade infantil (Três Ensaios) e em todo o processo do impulso energético da libido onde deveremos referir o sentido restritivo de perversão sexual no próprio corpo, o narcisismo, associado ao conceito de libido do ego, centrado na grandiosa imagem de si associada ao desinteresse pelo mundo exterior. Posteriormente em Para Além do Princípio de Prazer, Freud instaurou um renovado dualismo pulsional onde se destacam as pulsões de vida, que englobam a pulsão sexual e a pulsão de autoconservação e por outro lado, as pulsões de morte, provenientes do inconsciente que, descontroladamente, levam o indivíduo a colocar-se repetidamente em situações dolorosas de profundo sofrimento.

[298] Idem, Ibidem, p. 53.

[299] Idem, Ibidem, pp. 55 e 56.

[300] Referimo-nos ao terreno da realidade "como ela realmente aconteceu", vista na expressão ideal de L. Von Ranke.

[301] "A verdade histórica da ciência não poderá ser o inventário das descobertas: é necessário também perguntar quais os fenómenos humanos que tornaram possíveis estas descobertas." Robert Lenoble, Histoire de La Science, in «Encyclopédie de la Pléiade».

Na verdade, o homem percebido como duração vivida e consciente, como temporalidade consciente, realizado como ser universal e actor de um devir fundado num passado sintético, assume-se como ser activo e criador de valores que, de forma vital, transporta para o futuro, futuro que é amanhã, historicamente secundado pelo passado, que é o ontem e já hoje.

Nesta perspectiva, a psicanálise promove a proximidade do dado individual ao colectivo plural, humanizando o conceito de historicidade, pois, "Freud assemelha a evolução da humanidade à vida do indivíduo, desde a infância até à maturidade".[302] Assim, como a criança que sofre as primeiras restrições conducentes à normalização da conformidade colectiva da paternal família social, também o homem percorre um caminho de auto-reconhecimento, promotor do seu crescimento aprendizado numa experiência renovada pelo conhecimento elaborado e específico da vida mental. Como nos diz o optimismo de Mário Oliveira, "o Super-Eu colectivo identificado a um homem que vela por todos e os une pelo amor, torna possível a formação da sociedade patriarcal, em que o ancião tem autoridade absoluta sobre os seus descendentes.

Se me permitem uma imagem algo imprecisa, direi para finalizar: o homem é como uma máquina a vapor, cujo Inconsciente é a caldeira, cujo vapor são os Instintos e cujas válvulas e alavancas são a Razão."[303]

---

[302] Idem, Ibidem, p. 56.
[303] Idem, Ibidem, pp. 57, 60.

# CAPÍTULO III

A Recepção de Freud e a Imprensa Médica

Também no cenário específicamente médico, a presença de Freud é uma realidade. Se a divulgação imediata após os primeiros ecos provenientes de Viena se não fazem sentir com especial ressonância, o certo é que a polémica entre os congéneres portugueses foi estalando aos poucos e, assim, aparecendo escrita com maior oportunidade e contextualizaçao à medida que o tempo ia decorrendo e a obra se ia divulgando e crescendo.

Neste sentido, percorrendo alguns periódicos, maioritariamente médicos, encontram-se alguns artigos que constituem barómetro da receptividade manifestada à obra de Freud. Se uns se dirigem especialmente à divulgação da matéria psicanalítica, outros focam especialmente o indivíduo, celebrando o centenário do seu nascimento. A Imprensa Médica, a Revista Portuguesa de Medicina, o Jornal do Médico, e O Médico são as publicações preponderantes. Não pretendidos como obras de literatura eminente, estes textos escolhidos como paradigmáticos, constituem-se como importantes elementos de uma receptividade que, como é habitual nas nossas paragens, se manifesta com maior fulgor nas datas comemorativas como, neste caso, a propósito do ano do centenário de nascimento.

## 1. A Divulgação Médica

Na revista Seara Nova, n° 636, publicada em 21 de Outubro de 1939, surge um artigo de Stefan Zweig[304] com o sugestivo título Sigmund Freud. Nas suas linhas, o autor tece os maiores elogios às rupturas impostas pela obra freudiana, nas mais variadas áreas e sensibilidades do seu tempo, aproveitando para estabelecer alguns interessantes paralelismos.

"Duas descobertas, duma simultaneidade simbólica, produziram-se na última década do século XIX: em Wurzbourg, um físico pouco conhecido chamado Wilhelm

---

[304] Stefan Zweig, (1881-1942), escritor austríaco, viveu quase toda a vida na Suíça, tendo-se notabilizado como autor de diversas biografias.

Roentgen, prova por meio duma inesperada experiência a possibilidade de ver através do corpo humano, considerado até então como impenetrável. Em Viena, um médico igualmente pouco conhecido, Sigmund Freud, descobre a mesma possibilidade para a alma. Os dois métodos não só modificam as bases da sua própria ciência, mas fecundam todos os domínios vizinhos por um cruzamento notável: a medicina enriquece a psico-física, a doutrina das forças da alma.

Graças à descoberta grandiosa de Freud, cujos resultados, ainda hoje estão longe de ser esgotados, a psicologia científica ultrapassa enfim os limites do seu exclusivismo académico e teórico e entra na vida prática. Por meio dela, a psicologia como ciência torna-se pela primeira vez aplicável a todas as criações do espírito."

Sublinhando o especial carácter de excepcionalidade presente no significado da obra freudiana, Zweig salienta a sua possibilidade de aproximação com as outras formas de saber e a sua apetência interdisciplinar e aproximativa do homem real com a ciência e sua eterna dicotomia estabelecida entre os universos da teoria e da prática. Assim, reforçando os laços científicos da pesquisa psicológica com a praxis quotidiana, a psicanálise deverá ser igualmente vista como elemento contributivo para uma psicologia mais próxima do desenvolvimento formativo. "Fazendo passar por um gesto decisivo o estudo da alma do teórico ao individual, e fazendo da cristalização da personalidade um objecto de pesquisas, Freud introduz a psicologia escolar na realidade e torna-a duma importância vital para o homem, porque de futuro aplicável.

Orientando assim a psicologia para a alma individual, Freud libertou inconscientemente a vontade mais interior da época. Nunca o homem foi mais curioso do seu próprio Eu, da sua personalidade, do que no século de monotonização crescente da vida exterior."

E muito interessante esta chamada de atenção para pormenores da vida quotidiana, individual e colectiva, onde o autor encontra o que hoje poderíamos designar como indícios de fenómenos de globalização. Estes manifestavam-se com assinalável presença numa sociedade de crescente tendência urbana, assemelhada e descaracterizada de nacionalidade, exprimindo críticos sintomas de ressaca acumulada sobre o colectivo fenómeno da industrialização. Na verdade, sublinha os alarmantes sinais de despersonalização do indivíduo, subjugado a um colectivo social, visto e classificado conforme o seu grupo de produção e, assim, exclusivamente reduzido a uma normalização tecnocrática, colectivista e alienatória.

Neste sentido, para além do empolgante desafio que Freud lançara na viagem que propõe ao mais recôndito interior da humanidade, vislumbra-se uma esperança de reconhecimento dum homem até aí desconhecido, absolutamente personalizado, estudado em todas as suas dimensões e, assim, mais conhecedor das suas limitações e capacidades. Deste modo, portador de uma nova felicidade, poderia libertar-se destes males do seu tempo do "século da técnica uniformista e despersonalizadora em grau cada vez maior do indivíduo, de que faz um tipo incolor, ganhando um salário igual por categorias, habitando as mesmas casas, vestindo os mesmos fatos, trabalhando igual número de horas na mesma máquina, procurando em seguida um refúgio no mesmo género de distracções, diante do mesmo aparelho de TSF, o mesmo disco fonográfico, entregando-se aos mesmos desportos, os homens são, exteriormente, duma maneira horripilante cada vez mais iguais uns aos outros; as suas cidades com as mesmas ruas são cada vez menos interessantes, as nações sempre mais homogéneas; o gigantesco cadinho da racionalização faz fundir todas as distinções aparentes."

Este emudecer da individualidade condicionaria a liberdade e a consequente expressão da singularidade que tanta falta tem feito a este homem técnico da primeira metade do século vinte. No entanto, a sua avidez científica é capaz de o impulsionar para novas procuras em novos terrenos de investigação onde o autor sinaliza especial importância, na perspectiva puramente científica, bem como no caminho da dignificação do indivíduo. " De todos os enigmas da existência nenhum assume tanta importância para o homem actual como a revelação do seu ser e do seu próprio desenvolvimento, como as condições especiais e as particulares da sua personalidade.

Freud trouxe a este centro de vida interior a ciência psíquica tornada abstracta. Pela primeira vez desenvolveu, atingindo uma grandeza poética, o elemento dramático da cristalização da personalidade humana, este vaivém ardente e perturbador da região crepuscular entre o consciente e o inconsciente, onde o choque mais insignificante engendra as mais vastas consequências, onde o passado se liga ao presente para os emaranhamentos mais singulares, verdadeiro cosmos na esfera estreita do sangue e do corpo, impossível de abraçar com o olhar no seu conjunto, e no entanto belo de contemplar como uma obra de arte na sua insondável conformidade às leis internas. Não se pode compreender uma personalidade por meio de uma fórmula rígida, mas única e exclusivamente pela forma do seu destino, decorrendo da sua própria vida: eis porque toda a cura médica, toda a ajuda moral pressupõem em Freud o saber e principalmente um saber afirmativo, simpatizante e por isso mesmo verdadeiramente intuitivo."

Não podemos deixar de vislumbrar, neste texto, alguns sintomas de inquietude perante uma sociedade povoada por dogmas e sistemas de categorização que sinalizam riscos e põem em causa valores e éticas de humanidade e singularidade. Uma sociedade que, brutalmente, se afirma pela técnica e pela produção, cada vez mais objectivada e quantificada, arrisca o equilíbrio da sua célula mãe, colocando-lhe dificuldades e pressões que lhe provocam novos vícios. Este sentido de ruptura que Zweig encontra em Freud, assinala uma viragem no sentido do privado, do íntimo, em desfavor de um doentio dilatado colectivo que necessita de uma terapêutica que, de tão necessária e forte, se foi transformando em visão do mundo.

"O respeito da personalidade, mesmo dos seus erros, foi o que Freud introduziu sempre mais profundamente na consciência de hoje, na escola, na igreja, no tribunal, estes refúgios da severidade; por esta visão melhorada das leis psíquicas propagou no mundo uma delicadeza e uma indulgência maiores. A arte de se compreender mutuamente, a mais importante nas relações humanas, e aquela que é cada vez mais necessária entre as nações, a única em suma que pode ajudar-nos na construção duma humanidade superior, esta arte não lucrou com nenhum método actual em relação ao domínio do espírito tanto como com a doutrina freudiana da personalidade; graças a Freud tornou-se consciência pela primeira vez num sentido novo e activo da importância do indivíduo, do valor único e insubstituível de toda a alma humana. Não há na Europa, em todos os domínios da arte, do estudo, das ciências vitais, um só homem importante cujas concepções não sejam directa ou indirectamente, a bem ou a mal, influenciadas, duma maneira criadora, pelas ideias de Freud: por toda a parte este homem isolado atingiu o centro da vida - o humano."

Recolocando o homem como identidade individual inequívoca, o autor sublinha o insubstituível papel de Freud na conquista de uma história reescrita em torno da ordem do individual.

Outro importante contributo para a visualização e impacto das teses freudianas em Portugal encontra-se no exemplar N° 6 de 15 de Junho de 1956 da Imprensa Médica, Lisboa, onde se publica um artigo de Iracy Doyle[305], decorrente da lição proferida no encerramento do curso sobre "Doutrinas Psicológicas Actuais". Neste interessantíssimo texto, identifica logo no seu início a intenção de se demarcar dos isolamentos a que a Psicanálise tinha sido votada, pretendendo, pelo contrário, contribuir para a sua colocação no campo científico mais activo e dinâmico do tempo.

Salienta a figura de Sigmund Freud como fundadora e única estrela da Psicanálise até 1910, ano em que surge Adler e o seu especial contributo crítico para o desenvolvimento desta ciência.[306] A segunda individualidade salientada é Karl Jung, que a partir de 1913 se desviou das opiniões de Freud, criticando-o por apenas ver no homem um animal de instinto, não dando a devida importancia à existência e destaque da componente religiosa que o engloba. Partindo de princípio mais optimista que Freud, "postulou a existência no inconsciente de ideias superiores e de profunda sabedoria, advinda por via filogenética, pois o inconsciente pessoal de Jung não passa de partícula de um inconsciente oceânico, que ficou conhecido como consciente colectivo - a fonte da sabedoria milenar. A neurose seria o afastamento dessa fonte de emoções comuns e de infinito saber". Acentuando este factor de um colectivo arquétipo existente no inconsciente universal, que serve de base e apoio a um regresso feliz da individualidade perdida, Jung mantém o seu critério quando critica, igualmente, a afirmação da existência de sentido sexual infantil antes da fase edipiana, pois como sublinha, existe sim uma relação alimentar de nutrição e sobrevivência, vendo na mãe, antes do objecto sexual, o ser que alimenta.

Doyle sublinha também as contribuições trazidas à Psicanálise por Wilhelm Reich[307] que, a partir de 1925, apresenta o carácter como armadura defensiva composta por um "conjunto de mecanismos protectores, feitos de atitudes emocionais totais, constituídas na base das experiências passadas, com a finalidade dinâmica de se opor à consciencialização do conflito neurótico, banhado de ansiedade. Vejam bem: a neurose o conflito; o carácter não passava de um conjunto de resistências, que era preciso vencer o mais rapidamente possível, para que pudesse ter início o trabalho psicanalítico propriamente dito". Pressupondo a necessidade da elaboração de uma educação preparatória capaz de vencer a resistência (o carácter), Reich previa a rememoração das evoluções libidinosas, como caminho resolutivo do conflito neurótico.

Seguidamente, sublinha a figura da americana Karen Horney[308] e do seu livro publicado em 1937, A Personalidade Neurótica dos Nossos Tempos, como obra funda-

---

[305] Iracy Doyle, (1911-1956), distinta psiquiatra e psicanalista brasileira, trabalhou grande parte da sua vida nos Estados Unidos vindo, no final da vida, a fundar no Rio de Janeiro o Instituto de Medicina Psicológica. Recusando qualquer corrente de tipo dogmático, sempre manifestou abertura para a abordagem de todas as correntes do freudismo.

[306] Alfred Adler questiona a colocação da libido como única motivação humana, contrapondo a ideia de propósito como elemento mais abarcante no modo de encarar a pessoa como realidade total.

[307] Wilhelm Reich, (1897-1957), psiquiatra e psicanalista austríaco, desenvolveu grande actividade sobre a estrutura do carácter individual, dedicando-se à psicologia e sexualidade dos adolescentes, enquanto trabalhou novas teses dedicadas à ordenação das funções vitais.

[308] Karen Horney, (1885-1952), psiquiatra e psicanalista nascida na Alemanha, foi a primeira mulher a atingir o grau de professora no Instituto Psicanalítico Berlinense. Por entender que o pensamento freudiano não era aplicável à mulher, afastou-se dele e procedeu à sua reformulação teórica. Em 1923 emigrou para os Estados Unidos onde continuou os seus trabalhos, vindo a naturalizar-se americana.

mental para o desenvolvimento da psicanálise e do estudo da neurose onde defende o factor da proximidade, do calor e do afecto humanos, para a evolução curativa do fenómeno neurótico. Homey indica a importância do fenómeno social na interpretação e tratamento da neurose, descrevendo "o conceito de imagem idealizada, isto é, o retrato falso que o indivíduo faz de si mesmo e que cada vez o afasta mais da sua realidade pessoal. Recurso espúrio para manter a estima própria, a imagem ideal orienta o indivíduo em caminhos falsos, onde cada vez mais se deforma, moldando-se à imagem, até adquirir um eu ideal, que, além de artificial e insatisfatório, representa poderosa resistência ao conhecimento próprio e ao processo do desenvolvimento pessoal". Na verdade, Horney combateu a desconfiança na neurose com optimista confiança na natureza humana, acentuando as noções de crescimento e auto-realização, muito dependentes das condições dadas no importante período de formação.

Igualmente o citado Harry Stack Sullivan[309] impressiona Doyle através da sua contribuição reflexiva, que traz as relações interpessoais e a interacção sócio-cultural para o centro da abordagem dos problemas neuróticos. Como bem explica, "no vácuo não se pode compreender o ser humano. O problema das motivações do comportamento é ampliado por Sullivan, que diz serem dois os objectivos que orientam o indivíduo: a obtenção de satisfação (referida às necessidades biológicas) e a aquisição de segurança, que guarda relação com os intercâmbios humanos. A maioria dos problemas neuróticos constitui-se a partir de dificuldades no exercício das operações para obter segurança." Na verdade, este autor coloca uma especial ênfase na comunicação emocional essencialmente registada na fase inicial do processo educativo, onde o relacionamento existente entre mãe e filho se reveste da maior importância pois irá decidir os níveis de ansiedade presentes na modelação da personalidade e seu código valorativo, posteriormente exposto à aprovação ou reprovação colectiva e social.

Numa segunda parte do seu texto, Doyle aflora algumas contribuições dadas ao pensamento psicanalítico, começando pelas de ordem crítica. Assim, Freud foi criticado por aderir demasiadamente às perspectivas mecanicistas, típicas do pensamento científico do século XIX e toda a sua perspectiva secular e eminentemente positivista do conhecimento. Freud terá abordado fenómenos psicológicos como se biológicos fossem bem como analisado a psicologia infantil como parte integrante de um corpo de manifestações psicológicas evolutivas, todas igualmente dependentes de uma natureza eminentemente sexual.

Contudo, apesar das inevitáveis críticas, não oferece qualquer dúvida a sua inestimável e fundamental importância pois "o reconhecimento do inconsciente dinâmico, e as técnicas de entrar em contacto com o mesmo, talvez a maior contribuição do génio de Sigmund Freud, representou golpe certeiro na teoria do livre arbítrio e, por isso mesmo, trouxe à humanidade uma profunda lição de humildade. Foi ainda Freud quem chamou a atenção para a importância da vida infantil e para a influência decisiva das experiências precoces na génese da neurose.

---

[309] Harry Stack Sullivan, (1892-1949), psiquiatra americano, desde cedo possuiu problemas psíquicos que o não afastaram dos estudos e de toda a formação que adquiriu. Aproximando-se de Adler e rejeitando a sexualidade e o inconsciente freudianos, veio a fundamentar a sua própria tese da consciencialização activa do paciente, psiquiatria interpessoal.

Em suma, a diferença entre o conceito freudiano de transferência e carácter e a reformulação sulliviana como distorção paratáxica está na qualidade dos pontos de referência. Embora ambas especulem com os mesmos fenómenos clínicos, o primeiro toma como referência a biologia; o segundo a teoria das relações interpessoais. Daí o pessimismo terapêutico de Freud e a objectividade optimista da orientação moderna. A imutabilidade qualifica o facto biológico!".

Contrapondo pormenores de carácter epistemológico e filosófico à psicanálise, Iracy Doyle termina este seu texto com uma visão optimista da proximidade eminentemente científica entre a Psicologia e a Psicanálise. "Resumidamente, e olhando de outro ponto de vista, poderíamos dizer que a psicologia, que trabalhou inicialmente com a sensação e a percepção, chegou, através da preocupação com o aprendizado, a considerar motivações e propósitos, e, deste modo, atrai para o seu campo aquela ciência que, nascida da Medicina e do mentalismo, durante tantos anos viveu no «esplêndido isolamento», fora da comunhão do pensamento humano - a Psicanálise".

Na Revista Portuguesa de Medicina, no seu n° 6 publicada em Junho de 1956, o seu director, Dr. Augusto d'Esaguy, redige o seu editorial intitulado Sentido da presença de Freud, tecendo considerações breves mas muito interessantes e evocativas ao mestre de Viena.

"Freud, cuja existência exemplar foi recordada, há poucas semanas, numa cerimónia comovedora e florida (centenário do nascimento) iniciou a sua vida de investigador como biologista, alinhando e dissecando medulas de peixe. Só mais tarde, depois de uma primeira fase de neurologista, passou para a Psicologia, procurando, acima de tudo, explicar os chamados fenómenos psíquicos, através do determinismo científico: ângulo original, mundo de experiências vividas, traumatismo do período formativo, anterior aos cinco anos de idade, anos fatais que traçam, vida fora, o destino de cada um e explicam a origem das névrosés. São da primeira fase os trabalhos acerca da cocaína, base da descoberta de Koller[310] (anestesia local), e os estudos sobre a afasia e paralisia cerebral das crianças.

Nesta síntese rápida, acutilante, sem rodeios, adivinhava-se já, bem delineado, o determinismo psicológico, coluna mestra, templo que Freud construiu e legou às gerações vindouras."

Esta apresentação, concisa e emocionada, aponta para um determinismo que o autor encontra nos primeiros passos de Freud e que o alcandoraram para a imortalidade de uma obra, templo, capaz da eternidade, tal a força e estatura da sua importância. Esboçando as principais teses e fases do trabalho freudiano, começa por se referir ao todo do inconsciente.

"O homem de Freud, surgindo isento de pecado, encontrou-se sem liberdade interior, a maior de todas: apareceu no grande anfiteatro da vida subjugado pelas forças invisíveis do inconsciente, manietado para sempre por arremedos libidinosos que derrubaram laços sagrados, superstições e tradições somadas e armazenadas durante milhares de anos".

---

[310] Carl Koller, (1857-1944), médico americano de origem vienense, foi amigo de Freud que, no início da sua vida científica, estudou a utilização da cocaína. Quando abandonou esses trabalhos, divulgou-os a amigos, entre os quais, Koller. Mais tarde, este veio a notabilizar-se por ser o primeiro a utilizar as propriedades analgésicas da cocaína como anestésico local.

Seguidamente, o nosso autor traça as características das principais fases do percurso psicanalítico tecendo elogios a toda a inovação encontrada, nomeadamente à descoberta da libido enquanto força primordial permanentemente presente no desenvolvimento da humanidade. "Num mundo novo, em ebulição, mundo que transborda do cérebro fértil do investigador, esclarece o estabelecimento da «transferência». No grande edifício freudiano surge a teoria da libido.

As névrosés passam a ser explicadas pela «sedução sexual precoce» e a ansiedade; e bem assim a angústia, pela «ausência de prazer sexual completo»."

Respostas inovadoras e questões com novas polémicas são sublinhadas pelo autor que vai identificando os referidos principais períodos do percurso freudiano. Assim, depois de identificar a primeira fase vivida entre 1880 e 1900, indica o período percorrido entre 1900 e 1910 onde procede ao aperfeiçoamento da teoria da libido. "Naqueles dez anos de trabalho intenso, lutando o quotidiano com a vida (Freud nasceu e morreu exilado e pobre), preocupou-se com a explicação da personalidade (aspecto constitucional e instintivo), afasta-se do determinismo, aflora a imaginação do doente e, então, considera-o culpado. No terceiro período (1910 a 1925) a nevrose transforma-se num distúrbio total da personalidade.

E neste período que Freud, esquecendo o instinto da conservação individual, enuncia o conceito de narcisismo (orientação da libido para o próprio indivíduo)." E desta fase que o nosso autor salienta as dissidências registadas com dois dos mais importantes discípulos; Adler e Jung. Depois dos contínuos avanços registados durante este período, o ano de 1925 é identificado como o da entrada numa fase de maior estabilidade nesta ciência onde os avanços registados pela cura da palavra vão sedimentando escolas de novos recursos no tratamento do psíquico.

"Desde então Psiquiatria passou a ser: «a ciência que estuda as relações interpessoais e a terapêutica psiquiátrica a relação bipessoal».

A nevrose afastou-se da correria acidentada da libido para o mundo das influências ambientais, mesológicas, isto é, ecológicas: o homem transformou-se numa unidade bio-psico-social, portador de componentes instintivos e emocionais, liberto, à mercê do vendaval da vida." A teoria da libido, o complexo edipiano, a explicação dos sonhos, o inconsciente dinâmico, a transferência afectiva, a ansiedade e a psicologia do ego, a ideia de morte, Totem e Tabu, são colunas que desafiam a eternidade.

Freud deu novas à Psiquiatria. A sua obra actualiza-se com o correr do tempo. No cenário dramático da vida o «acontecer» que ela encerra é ainda vital."

Sem dúvida, esta evocação, além de pretender relembrar muito sumariamente as fases do percurso freudiano, estabelece considerações de óbvia admiração e calorosa recomendação científica.

O Prof. Barahona Fernandes[311], no artigo intitulado Kraepelin[312] e Freud, publicado no Jornal do Médico N° 724 de 8 de Dezembro de 1956, apresenta-nos a sua

---

[311] J. H. Barahona Fernandes (1907-1993), professor de psiquiatria da Faculdade de Medicina de Lisboa, ao longo da sua carreira científica foi-se manifestando contra a difusão da psicanálise por a considerar intranquilizadora dos espíritos chegando, por isso, a combater a emergência da Sociedade Portuguesa de Psicanálise.

[312] Emil Kraepelin, (1856-1926), psiquiatra alemão, ocupou a cátedra de psiquiatria de Munique e dirigiu a prestigiada Königlische Psychiatriche Kinik. De estilo conservador, considerava o louco um perigoso objecto, de cuja observação e estudo resultou uma classificação de doenças mentais.

visão de alguns dos traços mais importantes e identificadores destes dois diferentes investigadores dos meandros psiquiátricos.

Naturalmente dedicando a maior atenção a Freud, apresenta-o como "o ousado especulador que, partindo de um novo método de tratamento das neuroses, forjou as mais perturbadoras ideias sobre a sexualidade infantil e alargou até profundidades abismais a compreensão da alma humana, tornando-se o Pai das novas correntes dinâmicas da Psiquiatria e da actual Medicina psicossomática e impregnando mesmo, como veremos, muitas formas de pensar e da cultura actuais. ...Freud — o ensaísta intuitivo, cura de almas, ídolo dos neuróticos de consulta - seguramente o cientista mais apaixonadamente discutido nas últimas décadas, cuja obra transpôs os umbrais da Medicina, para os projectar — sempre em conflito de fanáticos adeptos e detractores - em todos os sectores em que a natureza do homem constitui o problema primacial: a psicologia, a educação, a arte, a sociologia."

Estas objectivas considerações expostas no início deste artigo identificam, de forma imediata, o distanciamento do autor perante algumas teses freudianas, embora lhes reconheça epistemológica importância. Na verdade, depois de identificar algumas das "posições contrastantes" verificadas entre os dois autores, referencia o extraordinário impacto científico, cultural e social da obra freudiana, vertente fundamental desta análise.

Abordando a realidade científica da época, Barahona Fernandes salienta as características identificativas das diferentes reacções desencadeadas pela recepção da obra freudiana. "Em certos países, em especial além-Atlântico, tomou a psicanálise nas últimas décadas um desenvolvimento avassalador e impregnando, de forma excessiva, o pensar médico, psicológico e social de largos sectores culturais e da própria vida quotidiana.

Tal foi o destino - trágico e glorioso — deste homem extraordinário! - Freud — uma vida de constantes conflitos com o meio e as ideias da sua época, que conseguiu abalar em golpes sucessivos - numa rebeldia sem limites, num desafio de todos os preconceitos, em oposição a que ele próprio chamava a «maioria compacta» da opinião - para afinal, pouco depois da sua morte, vemos a psiquiatria e outros sectores da medicina norte-americana, a literatura, a pintura, o cinema, o jornalismo, a própria conversação vulgar prenhes de conceitos psicanalíticos e daquele irracional dos chamados «complexos», do abstruso simbolismo subconsciente que, na verdade, constituem a parte menos valiosa e mais criticável da sua obra. Bem se vingou o renegado judeuzito da Universidade de Viena no seu ódio contra as hipocrisias da era vitoriana."

Com efeito, qualquer tese, corrente ou obra científica poderá divorciar-se do meio social e cultural que as envolve e, assim, embalar outra verdade da época correspondente. Com grande e reconhecida valia científica, o autor, de forma atenta, sublinha a importância dessa identificação e correspondente encaixe temporal do cientista em apreço, sua génese e percurso biográfico. "Sigmund Freud descendia de cepa genuinamente judaica; por esta condição social sofreu na infância revezes económicos e humilhações de vária sorte. Com sucessivos golpes de génio - tão original como destruidor - veio abalar muitos dos mitos e ilusões da sociedade onde se formou - a pretensa neutralidade e «inocência» sexual da infância, o olvido dos instintos e do inconsciente na génese da conduta humana, o papel dos conflitos tenebrosos que se desenvolvem no mais íntimo das famílias e a sua repercussão na formação da personalidade desde a infância.

Por esta introdução geral, vemos já como sao vastas e aliciantes as perspectivas abertas por Freud — um autor de que todos falam e a maioria ignora na sua verdade e no sentido autêntico da sua obra."

Preservando o reconhecimento da importância científica, encontramos uma clara valorização interpretativa das dificuldades ultrapassadas pela vida de Freud. Assim, depois de estabelecer e identificar o traço e percurso do mestre de Viena, refere algumas das suas mais importantes características e metodologias seguidas.

"Freud, ... a par de um novo método de análise psicológica, da observação justa e originalíssima de muitos factos da vida instintiva, da fantasia e dos sonhos do homem, teceu uma teia de interpretação sobre natureza e o procedimento humano, desde a infância até à morte, desde os alvores da personalidade primitiva até às florações culminantes da história e da cultura - intrometeu de tal arte os instintos, a sexualidade e as suas perversões mórbidas na Vida e no Espírito, que, de todos os lados, e das mais variadas maneiras, se continuam a levantar barreiras, limitações e críticas às suas teorias e especulações, quando não também aos seus métodos de observação e de estudo."

As citadas barreiras e adversidades, tantas vezes levantadas em forma de circo foram, ao longo da vida, recebendo a resposta da continuidade, da manutenção do percurso encetado, da quotidiana tenacidade investigadora assente numa incansável procura. Possuidor de formação sólida e diversificada, cedo deu mostras de excepcionais capacidades que, com naturalidade, lhe serviram de base fundamentadora alicerçante de toda a obra. Na verdade, "foi um aluno brilhante no Liceu, dotado, como ele próprio relata na obra «a minha vida e a psicanálise», de «uma insaciável sede de saber». Não é indiferente relembrar o seu entusiasmo juvenil pela obra de Darwin que, pela sua nota causal-determinista e antiteleológica, o marcou espiritualmente para sempre.

Precocemente cônscio da sua «independência» de juízo e ressentido contra o meio, não obteve êxito em muitas matérias médicas, nem logrou admiração pelos Mestres, com excepção do fisiologista Ernest Brücke, no laboratório do qual alcançou enfim «repouso» o seu espírito.

Dedicou-se então à histologia do sistema nervoso e, mais tarde, à farmacologia e clínica neurológicas.

Os discípulos de Freud têm últimamente ressuscitado esta obra de investigação objectiva, anátomo-fisiológica e clínica, à maneira tradicional, em especial outros importantes trabalhos sobre paralisia cerebral infantil e em particular sobre a afasia.

O estudo de Freud sobre a afasia revela desde logo a sua originalidade e oposição às correntes tradicionais - pela sua crítica às doutrinas localizadoras da imagem e à concepção mecanicista dos «centros» encefálicos."

Como já enunciado, este tirocínio científico teve influência directa com o futuro que se avizinhava, indiciando já metodologia e forte ritmo de investigação, próprios de um futuro e personalizado cientista. Como bem frisa Barahona Fernandes "o estímulo de Charcot - de um francês sobre um germano, aliás hebreu de mentalidade intemacionalista - foi um catalizador decisivo na sua orientação futura.

O maior estímulo para as novas vias que ia abrir veio-lhe do encontro com Breuer, clínico afamado em Viena, que conhecera no laboratório de Brücke. Breuer comunicou--lhe um caso de histeria digno de nota que, na sua intuição prática, tratara com êxito anos antes. Em vigília, a enferma não sabia nem podia compreender como lhe haviam sobrevindo as paralisias e outras perturbações de que sofria. Levada pelo médico, revivia, durante a hipnose, plástica e emocionalmente, os pensamentos e impulsos que experimentara à cabeceira do doente e havia reprimido e dissimulado. Cada vez que se operava este processo de «catarse» a doente via-se livre de um dos seus sintomas.

Como diz Emil Ludwig[313], Breuer foi o Cristóvão Colombo que descobriu um novo mundo, sem medir o alcance do seu feito. A centelha de Freud (muito mais do que o patrono das Américas) compreendeu logo o autêntico Mundo novo do Homem que se antevia ao conhecimento. E para o resto da vida se dedicou à sua exploração, cada vez mais funda e cada vez mais lata."

Esta interessantíssima descrição, tão bem exposta neste artigo, remete-nos para a velha e gasta máxima do homem certo no lugar e no tempo certo mas, sem dúvida, que as condicionantes que foram envolvendo a curiosidade de Freud, proporcionaram-lhe oportunidades que o seu génio não enjeitou, liderando um percurso único e singular na história da pesquisa científica. Actualizando as suas metodologias, Freud atinge o caminho de abrandamento da actividade censória e do estado de defesa intensiva que uma normal consulta proporcionaria. As associações livres que propõe ao paciente (calmamente relaxado num divã onde vai falando de forma imediata e não preparada, onde ambos se encontram libertos do olhar do outro) encerram um acto de comunicação que, por excelência, se enquadra na mais simples e simultaneamente complexa proximidade, constituindo terreno de possibilidade e de emergência pura da palavra livre, da associação e, tantas vezes, da cura.[314]

"Esta técnica de observação e tratamento que ele próprio criou nos seus minudentes pormenores, e que ainda hoje seguem religiosamente os seus ortodoxos sequazes, cria uma situação de convívio humano única e incomparável. A sua «regra fundamental» é a sinceridade absoluta da parte do doente, a qual permite a emergência de tudo o que há nele de reprimido, de recalcado — como se diz em linguagem psicanalítica - facilitando a revivência, com a mesma tonalidade afectiva, das mais longínquas recordações, dos acontecimentos mais emocionantes e menos confessáveis da vida.

A compreensão do analista tem de ser autêntica e infimamente humana, por vezes apenas emocional e intuitiva. Vertida em teoria escrita - na pena de Freud e sobretudo de muitos dos seus primeiros epígonos é que se tornou racionalizada, mecanizada — em fórmulas feitas - de tal maneira as vivências espontâneas do doente são comprimidas em «clichés» estereotipados - os célebres símbolos sexuais masculinos e femininos, os impulsos incestuosos, o conflito Edipiniano, o narcisismo, o Sado-masoquismo, o canibalismo, ...para não falar dos actualmente mais esquecidos complexos de castração e inveja do falus que existiriam em todas as mulheres.

A situação é profundamente emotiva e o próprio Freud não escapou à sua influência perturbadora. Além da impiedosa análise a que a si próprio se submeteu, pode-se pensar que teve de «transferir» os seus afectos e 'desabafar* ele próprio nas cartas ao seu amigo Fliess."

---

[313] Emil Ludwig, (Emil Cohn) (1981-1948), escritor alemão celebrado pelas bibliografias que efectuou na vasta obra.

[314] A este propósito, mais à frente, B. Fernandes refere: "Este processo de atracçao-repulsao afectiva tem a maior importância nas relações inter humanas. Freud deu-nos a técnica da sua análise, em bases complementares novas e originais, tornando-a o mais valioso instrumento da terapêutica psicológica — a terapêutica psicanalítica como análise das transferências médico-doente.", p. 729.

O complexo percurso de crescimento científico da psicanálise pauta-se pela conquista progressiva e adaptativa das renovadas conclusões e inovadores conhecimentos que o quotidiano e aturado trabalho ia acrescentando.

"Esta paciente e porfiada experiência de longos anos de análise com os seus enfermos, foi o fundamento para a conhecida teoria das neuroses de Freud, que nao cabe aqui expor em pormenor.

Aqui está a primeira pedra fundamental do edifício freudiano: o recalcamento, implicando a noção de que existe uma vida mental desconhecida do próprio - «profunda» - «inconsciente». Para o abordar ensinou-nos Freud a sua técnica psicanalítica - em particular aquilo que ele chama a via regia para o inconsciente - a interpretação dos sonhos.

Essa sua obra de 1900 teve um êxito espectacular. Adivinhar o sentido dos sonhos — é o termo — uma velha ambição do homem, que não parecia digna da ciência rigorosamente objectiva e determinista da época. O sonho era uma fachada, um disfarce para outros temas latentes. Mais ainda: nada havia de casual na aparente confusão e incongruência das cenas oníricas. O sonho tinha um significado que se podia investigar, como o significado dos sintomas histéricos. Numa palavra - era a «realização disfarçada de um desejo recalcado». Toda a mecânica da vida inconsciente se revelou então a Freud: o relaxe do recalcamento durante o sonho permitiria a emergência das pulsões instintivas reprimidas."

Nesta acalorada e concorde descrição continua a reforçar-se a importância cronológica do processo evolutivo registado na ciência psicanalítica onde cada degrau, inevitavelmente subido a muito pulso, foi compondo uma escada ascensional em direcção a uma ambição infinita, sempre presente e muitas vezes satisfeita com novas conclusões e conhecimentos concêntricamente direccionados para o interior do intelecto profundo. Os mais complexos ou aparentemente simples pormenores da intelectualidade e da psicologia humana não escapavam nunca à curiosidade e, portanto, ao trabalho de investigação em curso. "Mais divulgado ainda que a sua obra Os sonhos é o estudo de Freud, de 1904, sobre a «psicopatologia da vida quotidiana». A apreciação dos chamados «actos falhados» é a mais fácil maneira de penetrar no mundo freudiano. / Não se pode encontrar exemplo mais marcado da convicção determinista que dominava a ciência do século XIX. Freud teve a paciência de coleccionar centenas de factos da literatura e de relatos de conhecidos e doentes e de os analisar nas determinantes da sua aparente «casualidade». Alguns dos seus maiores detractores, como o psiquiatra Bumke[315], fazem-lhe justiça quanto ao valor e à penetração psicológica real e profunda que revela esse estudo."

A conquista representada por esta constante e persistente metodologia é mais uma vez aqui salientada e indubitavelmente constituiria só por si, uma conquista de inolvidável valor, pois esteve sempre acompanhada pelo rigor, gémeo do orgulho e da seriedade científica. Este rigor e perfeccionismo estiveram, assim, sempre presentes no trabalho do cientista que nunca vacilava perante o tema, a polémica e, muito menos, a crítica. O caminho da investigação não conhecia atalhos sulcados para a passagem

---

[315] Oswald Conrad Eduard Bumke, (1856-1950), neurologista e psiquiatra alemão, foi assistente e privatdozent de psiquiatria em Freiburg. Na vasta actividade notabiliza-se o trabalho desenvolvido à volta da hereditariedade, investigação onde não concordou com a esterilização dos esquizofrénicos.

da opinião publica ou mesmo concessões temáticas preocupadas com a polémica ou imagem mais ou menos socializada da época. Nada se aceitava que se opusesse à procura da verdade. E deste caminho que o nosso autor pretende chamar à atenção.

"Outro passo essencial para o progresso da psicanálise foi o trabalho de Freud, publicado em 1905, «Drei Abhandlungen zur Sexualität», no qual, numa forma quase «diabólica» (como, noutro sentido, diz Binswanger) rompeu todos os diques dos preconceitos e das convenções da época, lançando a noção da ubiquidade da sexualidade (no sentido de afecto amoroso, não necessariamente genital) como base da actividade psíquica, desde criança até adulto.

Destas observações fundamentais nasceu toda a actual psicologia evolutiva de inspiração psicanalítica. A observação directa das crianças veio confirmar grande parte dos dados obtidos a partir das recordações da infância, durante a psicanálise. Assim nasceram a moderna psiquiatria infantil e as ciências básicas correlativas que lhe estão ligadas: a psicologia e a pedagogia de inspiração freudianas. E digno de nota que um movimento que começou por declarar - contra todos os sentimentos respeitáveis - o carácter sexual e a feição «perversa-polimorfa» de muitas actividades infantis, acabe, desta maneira, por confirmar as noções tradicionais, enaltecidas pela educação cristã (que tão ofendida se sentiu de começo pelo freudismo) do valor do afecto materno (ou do seu substituto para a formação da personalidade - afinal o sagrado papel da família, de uma família antiga - na criação das crianças! Por um desses momentos de retorno, próprios de espírito humano, o iconoclasta diabólico que foi Freud, revelando a «besta do homem», transverte-se assim no papel de uma espécie de «santo familiar» ..."

Confirmando o nosso autor, verificamos a importância e o especial gosto, sempre manifestado por Freud, em relação a Três Ensaios sobre a Teoria da Sexualidade e Psicopatologia da Vida Quotidiana, obras reformuladas diversas vezes e identificadoras dos posicionamentos basilares assumidos pelo seu autor. Estas e Interpretação dos Sonhos revelam-nos o paradigma interpretativo presente na psicanálise que, em simultâneo com uma teoria de fundo sobre a sexualidade humana (agora libertada de visões moralistas), foi sustentando todo um edifício teórico da representação psíquica presente em todo o percurso psicanalítico. Como será natural e expectável, as teses freudianas causaram a maior surpresa e indignação, especialmente nos meios mais conservadores.

Mas, é já dado como certo que o fim último da cultura humana é a superação da barreira do instinto e de todo o pérfido rol de impiedosos desejos de um animal que, estando em nós, só nos permite sobreviver quando não ignorado. E desta superação de barreiras ética e mesmo ôntica, pois somos como somos, que tratou Freud quando, de aspecto impávido, assistiu à avalanche de críticas que sobre o seu trabalho se precipitou. "A obra de Freud surge, em oposição à ciência «oficial», e só lenta e tumultuosamente vai sendo aceite, depois de podados grande parte dos seus excessos e abusivas generalizações. E próprio dos grandes revolucionários desorganizar, em inesperados rasgões de verdade, o edifício aparentemente harmónico das construções científicas (ou outras) da sua época.

Freud abalou muitas das convicções dos seus pares — a feição exclusivamente consciente da vida psíquica, o domínio do racional sobre os instintos, a singeleza da vida mental infantil, etc.

Justo é dizer-se que devemos hoje divisar no «louco» o Homem, que nos cumpre compreender e auxiliar. Até aqui uma das mais belas missões do moderno médico — a atitude psicoterápica e humana, para que a psicanálise muito tem contribuído.

É um mundo verdadeiro, este que Freud nos revelou - contra todos os preconceitos e ideias convencionais — a «besta» por baixo do «anjo»."[316]

O choque epistemológico e o consequente salto do conhecimento humano sao, naturalmente, as principais constatações de fundo que Barahona Fernandes estabelece neste artigo, mantendo uma constante linguagem apelativa à classe médica, clamando valorativamente as conquistas e imensas vantagens que as técnicas e métodos terapêuticos apontados pela psicanálise proporcionam.

No jornal O Médico, no seu número 277, publicado em 20 de Dezembro de 1956, surge um interessantíssimo artigo da autoria de Pedro Luzes e Francisco Alvim com o título Freud e a Medicina. Estabelecendo considerações importantes sobre o percurso biográfico do mestre, toda a força e tenacidade que colocou na sua vida de constante trabalho e permanente investigação, sublinham que "os interesses científicos de Freud estiveram sempre concentrados no sistema nervoso. Na sua juventude aspirara sempre ao conhecimento desinteressado, à compreensão dos enigmas do universo. O método experimental e a carreira do investigador científico pareciam-lhe os únicos meios de penetrar esses enigmas. O ter podido realizar finalmente os sonhos e visões da sua juventude, longe dos laboratórios, foi o grande triunfo e a maior lição da sua vida.

Como clínico Freud escolhe a Neurologia como especialidade, para a qual se considerava preparado não só pelos seus estudos histológicos como também por um aprofundado conhecimento da neuro-anatomia."

Na verdade, todo o percurso freudiano foi muito encorajado pelos primeiros trabalhos de nível histológico, pois constituíram-se como tirocínio científico e metodológico que, muito positivamente, o marcariam nas primeiras actividades desenvolvidas como clínico neurológico, bem como em toda a longa carreira de cientista que já se avizinhava. A sua extraordinária disponibilidade anexada a uma insaciável curiosidade, alimentavam a sua constante insatisfação que, de forma militante, lhe permitia uma permanente conjugação do verbo trabalhar. "Publica uma série de grandes monografias sobre as paralisias cerebrais infantis. Estas monografias até ainda há poucos anos podiam ser consideradas como os trabalhos mais exaustivos e completos sobre este capítulo da neurologia.

Alargamos a nossa revisão da obra neurológica de Freud em primeiro lugar por essa obra ter interessado particularmente os autores deste estudo que tal como Freud iniciaram a sua carreira médica pela Neurologia. Além disso os trabalhos neurológicos não podem ser passados em claro numa estimativa geral da evolução científica de Freud, pois ocupam mais de dez anos da sua vida (vinte se contarmos as investigações realizadas no laboratório de Brücke como estudante). Nesses trabalhos Freud evidencia já aquelas qualidades de observação exacta e imaginação científica que caracterizam as obras da sua maturidade. Deixam igualmente adivinhar (como sucede no volume sobre a Afasia) a génese de alguns conceitos dinâmicos e funcionais que mais tarde tão importantes se revelarão na teoria psicanalítica."

Mas, a partir de 1886, Freud começa a dirigir-se para o estudo dos fenómenos de índole psicológica, abordando fenómenos de perturbação neurótica. Aqui, começa a conviver com a necessidade de evocação dos acontecimentos traumáticos como fórmula

---

[316] Parêntesis, aspas e tracejamento do autor.

libertadora dos pacientes. Esta continha a utilização de meios hipnóticos que se foram actualizando no sentido da catarse, iniciada nos trabalhos de Breuer. "O método catártico diferia do hipnotismo clássico em um aspecto essencial. As técnicas tradicionais baseavam-se apenas na proibição sugestiva, não permitindo qualquer investigação etiológica. O método catártico pelo contrário, permitia, através da investigação das recordações esquecidas, descobrir a génese do sintoma. Bem depressa constata porém que, um grande número de doentes, mesmo entre os histéricos, não podem ser hipnotizados. Nestes casos tornava-se pois necessário provocar a evocação das memórias traumáticas, sem auxílio da hipnose."

Esta constatação está na base da construção do método psicanalítico pelo qual Freud pretende atingir a origem das afectaçoes superando, por um lado, as limitações da catarse e por outro as obstruções das resistências do paciente que, em estado consciente, era confrontado com questões dirigidas ao seu passado traumático. " O doente é então convidado a comunicar todas as representações que lhe atravessam o espírito em presença do médico sem qualquer selecção, ou critério teleológico. Freud, não atacando directamente os mecanismos de resistência, espera que no entanto as memórias inconscientes possam ser evocadas mercê da sua força dinâmica.

Deste modo fica constituído um novo método de investigação em psicologia — o método da associação livre. Freud ao substituir a investigação sistemática da vida mental dos doentes por um fluir dos seus estados subjectivos, cuja ordenação é abandonada ao próprio doente, parece renunciar a toda a elaboração científica. Porém a sua absoluta neutralidade de observador, não impondo à realidade a mínima deformação, não integrando na estrutura da vida psíquica qualquer elemento estranho, Freud realiza a essência do método científico. A associação livre permite-lhe a descoberta não de um caos atomístico mas sim da estrutura e organização da vida mental."

Nestas circunstâncias, o instinto ganha estatuto de carga energética vital, a sexualidade humana entra na idade infantil e perde a visão moral que a encobrira durante séculos, o consciente perdeu a exclusividade da capacidade decisória e explicativa que agora coroa os meandros do inconsciente e o sonho ganha importância interpretativa através do conteúdo latente que se manifesta na liberdade da actividade censória.

"O nome de psicanálise, primeiramente empregado por Freud em 1896 designa: 1) um processo de investigação psicológica; 2) uma série de conhecimentos psicológicos e as teorias que os integram; 3) um método de tratamento de certas perturbações mentais.

Entre os principais factores psicológicos postos em evidência pela investigação psicanalítica, cite-se: a) O psíquico não coincide com o consciente, b) Importância da vida instintiva e em especial dos instintos sexuais, c) Existência da sexualidade infantil. A sexualidade não se inicia na puberdade, mas sim nos primeiros tempos da vida da criança, d) Significado e determinismo dos fenómenos psíquicos mesmo os aparentemente mais obscuros e arbitrários. Enquanto a Psiquiatria clássica se limita à descrição fenomenológica dos estados mentais conscientes, a Psicanálise pela investigação das determinantes inconscientes explica a evolução causal e o valor funcional das diversas manifestações psíquicas.

Estes factos são gradualmente integrados por Freud em uma teoria geral da vida psíquica. A evolução das teorias de Freud sobre o psiquismo foi lenta mas constante, visto estas corresponderem não a especulações de carácter abstracto mas sim a uma teoria científica sempre em contacto com a realidade."

Verificamos como os nossos autores sublinham a total inovação imposta pelo trabalho freudiano, independente das críticas ou ataques ou dos preconceitos que sempre a rodeiam. As designações e termos são remodelados e criados, a estrutura psíquica ganha nova forma onde o passado, através da recordação, ganha importância interpretativamente significativa na emergência da nova ciência.

Nela, toda a temática inerente ao domínio dos pensamentos e dos desejos é retomada e polemizada com o maior calor de sempre. Em que entidade e como poderá o homem encontrar ajuda para liderar as movimentações inerentes a uma animalidade que, em consciência e em cultura, abomina e pretende vencer? No esforço que a cultura ocidental reclama como necessário e permanente para a obtenção de tal libertação, reside a solução da dignidade humana, tantas vezes facilitada e transportada para um triunfo do divino, tão solícito no apoio a esta necessidade que tanto constrange e arrisca a desnatura do homem.

Freud transporta-nos para uma teia explicativa coerente, centrada numa força humana de compreensão que assenta numa vontade férrea de auto conhecimento e decifração capaz de penetrar os recônditos do mais íntimo psiquismo, não se escusando à tremenda complexidade que enfrenta e muito menos ao trabalho imenso que esta perseguição estabelece nos labirintos que acolhem o enigma do nosso ser.

"Ao psiquismo aplica Freud a designação de «aparelho mental». As instâncias da personalidade (id, eu, super-eu) são caracterizadas pelas suas funções como os órgãos de que se ocupa a fisiologia. A escolha dos conceitos é, porém, tão feliz, a sua clivagem em relação à fisiologia tão correctamente estabelecida, que hoje apesar de toda a investigação clínica e a elaboração teórica realizadas depois da morte de Freud, esses conceitos conservam inteiramente o seu valor funcional. Como exemplo da actualidade que conservam as concepções de Freud pode citar-se a sua ideia de que o sistema nervoso é essencialmente uma organização destinada a reduzir a estimulação a um mínimo e a compensar qualquer desvio de um estado de equilíbrio pré-existente. Esta concepção sobrepõe-se exactamente à descrição dos cibernautas do sistema nervoso como mecanismo homeostático.

Até ao advento da psicanálise o único método psicoterápico de carácter científico é representado pelo hipnotismo. Freud afasta-se definitivamente de todos os métodos sugestivos e persuasivos e procura modificar a vida psíquica do doente por meio de uma alteração duradoura das suas condições genéticas."

Na verdade, tanto os textos freudianos que foram sendo publicados como a praxis identificadora dos processos psicanalíticos, apontavam claramente para uma demarcação e diferenciação do global que já tinha sido feito até aí. Reduzir a psicanálise a simples hermenêutica estabelecida sobre um doente influenciado por simples sugestão, era juízo injusto e desconhecedor do que, efectivamente, o fim psicanalítico almejava. A suspeita da sugestão era progressivamente superada à medida que a prática demonstrava um afastamento real entre si e o paciente, deitado de costas para o médico, sempre atento e silencioso. Estava-se perante um cenário interpretativo e pleno de racionalidade onde o caminho para a cura era indicado quando, superadas as resistências do paciente, o terapeuta encontrava condições de lhe abrir caminho para as suas representações da realidade.

As dificuldades impostas pelas diferentes formas de resistência manifestada pelos pacientes iam desaparecendo à medida que foram sendo interpretadas. Para além de defesas do Ego, podiam ler-se como exposições de recalcamento que, de uma ou outra forma, seriam ultrapassáveis ao longo do processo de tratamento.

Como bem sublinham os nossos autores, a capacidade de êxito do método psicanalítico passava igualmente pela agilidade colocada nos processos de transferência. A colocação inconsciente do médico numa posição parental colocava os desejos do paciente em esfera externa, facilitando o seu acesso e manuseamento terapêutico.

"Os dois pilares da técnica psicanalítica são a investigação dos mecanismos de resistência e da transferência. Nos alvores da psicanálise Freud procurava através da associação livre reconstituir o inconsciente do doente. Bem depressa constata que é praticamente impossível a completa liberdade das associações e que a obediência a esta regra fundamental nunca pode ser senão parcial. O doente ao suprimir certos elementos, ao rejeitar e falsificar outros, manifesta resistências. Essas resistências provêm não das pulsões instintivas que apresentam sempre tendência espontânea para a descarga mas sim dos contra-ataques defensivos do eu, dos seus mecanismos de defesa. A compreensão detalhada destes mecanismos de defesa torna-se gradualmente um dos fins essenciais do trabalho psicanalítico. Só pela sua superação conseguirá o médico realizar uma reorganização da personalidade total do doente."

Com efeito, a evolução registada pelo método freudiano foi muito considerável após o trabalho realizado com Breuer. Devidamente convidados a nada omitir, por mais vergonhoso ou doloroso que fosse o seu pensamento, os pacientes, progressivamente mais libertos das suas resistências, iam revelando os elementos capazes para um correcto, silencioso e terapêutico acto interpretativo, fundamentado na técnica psicanalítica das associações livres. "A psicanálise ganha em vitalidade e o psicanalista torna-se instrumento muito mais passivo, analisando apenas o material que o analisado fornece, deixando de lado o seu conteúdo inconsciente que o doente posteriormente compreenderá e fornecerá as fases finais do tratamento. Em qualquer relação humana e portanto igualmente nas relações médico-doente uma situação de transferência é estabelecida. A psicanálise é, porém, o único tipo de tratamento em que a transferência é abordada e analisada. A descrição da situação transferencial e a sua utilização para fins terapêuticos constitui sem dúvida uma das mais importantes descobertas de Freud."

A possibilidade de êxito deste método pressupunha a total isenção e amoralidade do médico, nunca interferindo com estereótipos ou pressupostos de índole moral ou valorativa. Como bem denotam os nossos autores, a preocupação única do psicanalista é a análise pura, aquela que permitia o erigir de um método clínico, enquanto exploratório das causas que provocam o sintoma, acto que em si já contém actividade terapêutica, inerente a esta relação rigorosa e a este modelo de investigação da via psíquica. "Na situação analítica a relação médico-doente deve ser desenvolvida exclusivamente com afectos fornecidos pelo doente. O analista assume uma atitude neutra evitando participar em qualquer dos conflitos íntimos do doente, de contra-reagir a qualquer dos seus afectos. Esta atitude permite evidenciar o carácter transferencial das emoções do doente e obter uma revivescência de todas as suas formas de reacção afectiva no seu estado mais puro. O fim último deste processo é obter uma reactivação dos conflitos infantis e a sua liquidação final. Para o bom êxito do tratamento é necessário que a atitude neutra e passiva do analista se mantenha inalterada durante todo o decurso do tratamento."

Por fim, depois de breves referências dirigidas a alguns dos principais dissidentes freudianos, os nossos autores terminam este excelente texto estabelecendo algumas considerações gerais sobre a psicanálise e a sua difusão.

"Apesar de decorridos cem anos sobre o nascimento de Freud e dezassete sobre a sua morte, as suas concepções estão longe de ser oficialmente aceites nos principais centros médicos e universitários da Europa. O mesmo não sucede nos países da América do Norte, nos Estados Unidos e Canadá, onde as suas descobertas são integradas no ensino psiquiátrico ou constituem mesmo exclusivamente a sua base. Esta diferença é explicável por um lado pelo apriorismo metafísico da velha Europa, por outro lado pelo predomínio do espírito científico e empírico nos países do Novo Continente.

As conclusões da psicanálise são postas em dúvida ou rejeitadas por estarem em contradição com as concepções do senso comum. Mas tal como sucede com as conclusões de outras ciências naturais, os resultados da investigação psicanalítica não podem ser discutidos como se de um sistema abstracto e filosófico se tratasse. A confirmação ou infirmação das descobertas de Freud sobre a evolução instintivo-afectiva do ser humano, só pode ser obtida pela repetição das condições em que as suas experiências foram realizadas, isto é, na situação analítica.

Freud foi acima de tudo um médico preocupado com os problemas da sua especialidade. Espírito inconformista, investigador genial, isolado em face do homem doente, foi-lhe dado descobrir os princípios essenciais para a compreensão e conhecimento científico do espírito humano."

2. O Centenário do Nascimento de Freud

No Jornal do Médico (30:698 de 1936), vem publicado um editorial da autoria de J. Seabra Dinis intitulado "No Centenário do Nascimento de Freud", que dedica à data uma reflexão muito interessante, pois tece o cenário político-social iniciado a partir dos meados do século XIX passando pelas duas grandes guerras mundiais e correspondentes consequências na mentalidade de uma época em que o positivismo foi criando raízes na forma de pensar e agir, individual e colectivamente. Assistia-se pois a um período de crença colectiva no Homem e nas suas capacidades, na sua razão, quase perfeita, e produtora do seu progresso, dominadora da natureza e do mundo. O optimismo reinante e a ânsia do sempre maior lucro, acarinharam a chegada da máquina industrial que, consigo, traria a própria revolução. E neste pano de fundo, portador de uma moral colectiva muito fechada e proibitiva dos temas da sexualidade que Freud surge causando o maior burburinho, tanto mais que, em breve, a hegemonia racional começava a estar em causa, confrontada com as acentuadas mutações sócio laborais, nomeadamente ao nível da concorrência desenfreada e correspondente aumento de desemprego e miséria. "E então que se acende a reacção crescente contra a Máquina, contra a Técnica, contra o Progresso, contra a Inteligência. O arcebispo de Iorque afirma publicamente que, se pudesse, acabaria com o motor de explosão. Uma outra personalidade ilustre diz «puxar do revólver sempre que ouve falar de inteligência»".

O estado conturbado, em termos económicos, sociais, políticos e filosóficos, cavou um fosso com o passado recente, especialmente visível no pós Guerra de 1914-18, fase próspera do irracionalismo que, para além de tudo, representava a falência de uma sociedade comandada pela razão do negócio e pela consequente ideia de lucro. "É fácil apreender agora toda a vasta repercussão do movimento do freudismo, quer no campo filosófico, social, político, literário ou artístico. As correntes do pensamento irracionalista encontram nas doutrinas psicanalíticas um poderoso e precioso aliado. No final de contas, era o inconsciente que governava a nossa vida".

Partindo desta disposição entalada entre dois polos, o da racionalidade exacerbada e da sua descrença pessimista e própria do pós-guerra, Seabra Dinis apela à serena revisão das teses freudianas, depurando toda a sua qualidade dos elementos mais confusos, a fim de permitir os grandes contributos que trouxe para a ciência.

Neste mesmo ano de 1956, surge um interessante artigo do Dr. A. Fernandes da Fonseca[317], publicado na Imprensa Médica sob o título "O Centenário de Freud, na Grã-Bretanha", corolário de uma palestra realizada sobre o tema, a 4 de Maio.

Referindo as importantes invocações realizadas em Londres, bem como os devidos destaques expressos pela imprensa e opinião pública a fim de evocar a data e obra, Fernandes da Fonseca efectua um enquadramento biográfico de Freud, explicando a importância tida por Charcot e Breuer no início do seu percurso científico até ao ano de 1894, quando abandona o método catártico, sob hipnose, para abraçar o princípio e fulcro da psicanálise, o método das associações livres. E por este caminho que Freud começa o seu levantamento sobre a essência do inconsciente.

"Com os doentes deitados e em estado de completo relaxamento físico e mental, Freud convidava-os a contar-lhe os pensamentos, que livremente lhes ocorriam, fazendo-os assim recordar e reviver factos esquecidos ou, voluntariamente, reprimidos. Por meio deste método começou a investigar a natureza e a estrutura das chamadas -psiconeuroses. E assim chegou à sua principal e fundamental descoberta, a do inconsciente ou id e da permanente e dinâmica influencia que o mesmo exerce sobre o consciente ou ego". Pela descrição, percebe-se a receptividade manifestada perante esta metodologia inovadora que permitia a prospecção dos pequenos acidentes de memória, para além da observação das sequências e esquemas de raciocínio. Assim, Fernandes da Fonseca vê o homem estudado por Freud como um permanente lutador confrontado entre dois campos opostos; o construtor ou erótico, movido pela libido e o destruidor ou o tánico, movido pelas forças opostas, tendentes ao repouso e morte. Do conflito destas forças, surgem conflitos e dinâmicas emocionais que se reflectem em toda a vida, essencialmente no mundo psíquico da infância, nomeadamente através do complexo de Edipo em cuja resolução é decidido muito do carácter do futuro adulto.

Citando alguns apoiantes e dissidentes como Adler, Stekel, Rank e Jung, Fernandes da Fonseca é bem claro no seu apoio e admiração pela obra em apreço, "pela influência e pelo impulso que representa para a psicologia e para a psiquiatria do meio século que findou e, pelo muito que contribuiu, portanto, para a ampliação do conhecimento humano, o génio de Segismundo Freud é inteiramente credor das nossas homenagens".

---

[317] António Fernandes da Fonseca (1921), psiquiatra e professor universitário, é uma das mais notáveis figuras desta área em Portugal. Presidente da Sociedade Portuguesa de Psiquiatria, desempenhou os mais variados cargos de direcção clínica e investigação em Portugal e no estrangeiro. Este artigo é redigido na capital britânica onde se encontrava a estagiar nos serviços de Psiquiatria e Psicologia do Hospital de St. Thomas e no Instituto de Psiquiatria da Universidade de Londres. Possui vasta obra publicada em torno das diversas temáticas que investigou.

Igualmente, no Jornal do Médico (30:701 do ano de 1936), surge um artigo do Dr. Wilfried Daim, com o título "No Centenário do Nascimento de Sigmund Freud". Aqui, o seu autor, depois de traçar um breve perfil biográfico de Freud onde sublinha a sua ascendencia, expressa grande admiração pela classe intelectual judia do antes e pos primeira guerra mundial a quem a Austria em geral e a cidade de Viena em particular, muito ficaram a dever.

Na reflexão que faz, Daim distingue a frustração de Freud ao não encontrar nos seus estudos e pesquisas uma pista que o levasse com êxito à compreensão e às causas da neurose. "Esta conclusão levou-o a transferir os seus estudos do corpo para o espírito, e consequentemente da medicina, no sentido estrito do termo, para a psicologia. O facto de ele ter dado este passo, não somente no campo da teoria abstracta mas também baseado nos sinais evidentes de casos actuais, fez com que a psique ganhasse uma existência independente e do maior relevo. Foi isto que, em toda a sua longa carreira, nasceu para depressa conquistar foros da maior realização da sua vida". Este extracto é bem elucidativo da importância conferida ao percurso científico de Freud que, como sabemos, tão importante foi no total da sua carreira.

Seguidamente, o autor descreve os estudos efectuados sobre o inconsciente, suas verdades «reprimidas» e «abafadas», citando o exemplo do complexo de Edipo e dando especial distinção às publicações da "Interpretação do Sonhos" em 1900, e da "Psicopatologia da vida quotidiana", como obras fundamentais na ruptura epistemológica levada a cabo por Freud. Para além da polémica social e científica causada pela evolução dos estudos da psicanálise, Freud foi assistindo ao afastamento de alguns dos seus discípulos mais notáveis, mantendo, no entanto, a sua linha investigadora e o trabalho exercido sobre a complexidade a dialéctica dos instintos conseguindo, como distingue este autor, uma vida académica e científica dignas da atribuição do "Prémio Nobel", para além do "Prémio Goethe" que veio a receber pela qualidade do seu estilo literário.

Como clara e inequivocamente declara Daim, "talvez seja possível a uma geração futura avaliar a sua grandeza e importância. Foi uma das maiores figuras que a Áustria produziu nas últimas décadas. Foi também um dos maiores homens da raça judaica. Flá, certamente, muitas coisas relacionadas com ele e com o seu trabalho que reclamam solução e explicação, e muitas outras coisas que devem ser dissecadas e colocadas a um mais alto nível. Muito trabalho de investigação será ainda necessário; mas é mais acertado, num momento como este, mostrar apenas respeito ante tal grandeza".

# CONCLUSÃO

A extensa obra de Freud contempla, em si, um processo de evolução teórica e prática que se expressa e transforma com o decorrer da própria vida do seu criador. Desde o inicio, absolutamente focado no funcionamento mental, centra-se na pessoa que, sendo estudada até à exaustão, deixa de ser previamente dividida ou separada por distinções de estados normais ou patológicos. Do mesmo modo, a inexistência de registos conducentes a juízos de valor indicam-nos o carácter amoral do estudo freudiano, sem fronteiras, sem muros mais ou menos elevados contra o cenário cultural ou religioso que encontrasse.

Para o verdadeiro analista, a outra opinião individual ou mesmo pública não desfoca o caminho, o juízo moral é inexistente, resistindo, assim, ao pensamento catégorial que, educacionalmente povoa a arrumação da nossa mente. A colocação em destaque de um instinkt ou trieb[318] na problemática do sujeito humano, no seu estado de primitivo ou já de reactivo, indica que, tanto a agressividade como a sexualidade podem ser observadas a uma nova luz não catégorial mas antes dinâmica, entre a natureza humana em si e o meio em que esta se desenvolve. Também aqui rompe com pressupostos pré--existentes. Apenas dando real importância ao que via, Freud investe no método catártico conducente às associações livres onde, palavras libertas do sentido valorativo normal, fdhas de um relaxado divã horizontal, libertas do face a face e da pessoa real, do absolutamente consciente, permitiam a abordagem à pessoa mental que emergia, desvendando-se no seu outro lado. Aquele dos medos, anseios e vulnerabilidades, o que interessava ao analista que investiga, aquele onde trabalhava a transferência como nova linguagem terapêutica, isto é, um outro lado que permitia uma nova forma de comunicação interactiva com o paciente, o novo espaço do silêncio e da palavra onde reside o centro indutor do método clínico.

O termo psicanálise, sugerido pela primeira vez por Freud em 1896, aparece ligado já a esta cura pela palavra, que se revelaria diferente, singular de caso para caso. Como na inicial interpretação dos sonhos ou dos actos falhados, a indagação pessoal do observado coloca-o no centro da acção que tenderá, em si, a um iniciático caminho de recuperação, remetendo-o para uma melhor adequação à sua real forma de ser. Partindo do princípio que a psicanálise possui como ponto de partida o desconhecido

---

[318] Pulsão.

que o sujeito transporta em si, Freud veicula através do inconsciente interpretativamente estruturado, os caminhos do seu acesso. Este percurso de introdução no âmago do desconhecido pretende libertá-lo, num semelhante sentido em que, igualmente, arrasta a sexualidade, abrindo caminhos e linhas de fuga de todo o espaço normativo existente dentro e fora do indivíduo.

Ora, numa era eminentemente vitoriana, defender a universal presença da sexualidade no mais profundo da nossa estrutura psicológica, aceite como estrutura diferente, nao absolutamente dependente da razão consciente, constituía uma tenebrosa e inconveniente ameaça. Em termos gerais e universalistas, toda a sociedade faz, todo o indivíduo vive acreditando numa autoridade soberana e consciente que, auto-controlando-se, nos controla e guia, consolidando um equilíbrio do eu da consciência que mantém a linhagem e o percurso dessa autonomia. Com efeito, alterar de algum modo este status, rasga as lógicas estabelecidas, produzindo um violento sismo cujo epicentro se situaria no inconsciente.

Naturalmente, também em Portugal se sentiu a problemática e a reacção estabelecidas entre o binómio tempo e verdade. Como vimos na introdução, o país do início do séc. XX, preocupado com as suas realidades internas e externas, fervorosamente católico, pobre e culturalmente deficitário, possuía a suficiente mistura de ingredientes repelentes às inovações, teses arrojadas ou qualquer tipo de abanão que, de algum modo, excitasse o afrontamento aos modelos estabelecidos, moral ou bons costumes tão politicamente bem guardados.

A guilhotina da censura cairia sobre a pena pensante que ousasse tecer considerações abertas sobre assuntos tabu como os sexuais. Foi esse o destino de diversas obras como o Três Ensaios Sobre a Teoria da Sexualidade, publicado em 1905, polemizado até à exaustão como alvo preferencial da violenta crítica dirigida àquela obsessão libidinosa. Só em 1932, como já vimos, o livro foi publicado em Portugal pela Ática, munido das devidas "desculpas" do tradutor Osório de Oliveira.

Mas, entretanto, a palavra e obra de Freud já tinha conseguido alguns rombos na courácica "protecção" censória e, especialmente através de Egas Moniz, começa a ver a luz do dia em Portugal, guiando-se pela sua tese médica Vida Sexual, Fisiologia e Patologia, de dois volumes saídos em 1901 e 1902[319]. Já em 1915, na sequência de matérias ministradas aos seus discípulos, é publicado o primeiro artigo específico Bases da Psicanálise. Estes e os outros escritos, abordados no respectivo capítulo, constituem os primeiros marcos assinaláveis da presença de Freud em Portugal e daí, a sua muito especial importância temática.

Esta realidade é tão mais importante e notória quanto menos significativa é a expressão da divulgação traduzida da múltipla obra proveniente de Viena. Assim, fica relegada à especial curiosidade e mester dos homens de ciência que a consultam, essencialmente na original expressão alemã ou nas melhores traduções de língua inglesa e francesa. Esta realidade é bem patenteada nas bibliografias identificadas nas obras dos nossos autores de maior porte investigativo.

Com efeito, após os êxitos alcançados pela psicanálise no continente americano, verifica-se a sua importante divulgação e consequente volume de traduções disponibi-

---

[319] A censura só permitia o seu acesso através da prévia prescrição de receita médica.

lizadas. Assim, para além de publicações salteadas em algumas editoras portuguesas, as traduções brasileiras vão desempenhando um especial papel na divulgação da obra freudiana na língua de Camões. Ainda hoje esta situação de oferta se mantém, sendo importante o papel desempenhado por algumas editoras brasileiras onde podemos realçar o exemplo da Imago. A mesma realidade acompanhou a divulgação dos mais importantes vultos associados à psicanálise e suas derivantes como, entre outros, Alfred Adler, Cari Jung ou Anna Freud.

Do exposto, ficou claro que Egas Moniz manifestou, desde cedo, especial simpatia pelas teses freudianas que, diversificadamente, veio a utilizar na sua prática clínica com bons resultados. Assim, como que desviando-se do seu tempo e da menor abertura intelectual existente e não se fechando em moralismos anacrónicos, assumiu-se corajosamente como portador de uma extraordinária disponibilidade e abertura à inovação, que entendia como única força procriadora da novidade científica que, aliás, sempre perseguiu. Assim, desde cedo, atribuiu um importante papel ao mestre de Viena, tornando-o presença assídua nas principais dissertações que dedicou às questões da psicologia e da terapêutica nervosa.

Nos seus textos aqui abordados encontramos clara adesão, entusiasmo e reconhecimento da Psicanálise como paradigma de inovação no desconhecido do psíquico e, como tal, matéria a ser estudada como evidente conquista útil ao conhecimento. Assim, na convicção de serem as suas teses indispensáveis para a problematização do conhecimento e auto-conhecimento da Humanidade, o nosso cientista anteviu o real interesse nascido em torno das rupturas criadas à volta de Freud. Munido da visão evoluída e pertença dos cientistas, Egas Moniz constitui-se como a primeira personalidade de expressivo vulto a fazer eco das grandes novidades sobre o psiquismo humano que provinham de Viena.

Como cientista pragmático, ambicioso e empreendedor, sagrou-se como responsável por inovadora visão da patologia mental. Os seus feitos, baseados no reconhecimento de novos modelos anatómicos presentes nas funções mentais como a angiografia cerebral e a leucotomia pré-frontal, constituíram marco percursor da neurociência moderna e, como tal, creditaram-lhe exemplarmente o trabalho e valor. Assim, a atribuição do Prémio de Oslo pela invenção da angiografia cerebral em 1945 e a do Prémio Nobel da Medicina e Fisiologia pela descoberta da leucotomia pré-frontal em 1949, constituem corolário de uma carreira ímpar e o garante do lugar que, com excepcional mérito, conquistou na história da medicina onde, apaixonadamente, deixou escola.

Um pouco como Freud, também o seu percurso científico esteve longe de merecer a consensualidade. Especialmente a leucotomia levantou polémicas de ordem ética, científica e política a que o seu criador respondeu com uma sólida imagem pública que, no entanto, ainda hoje se mantém em aberto visto ainda se verificarem esporádicas confusões em torno de distorções e abusos especialmente perpetrados, ao tempo, por Walter Freeman.

Mas, pelo legado de qualidade e quantidade presentes em toda a obra moniziana, da ciência à literatura, da actividade mais prática ao recôndito ermo da sua rebuscada escrita[320], não resta a menor dúvida sobre a sua extraordinária importância no pensa-

---

[320] Para além dos livros, publicou mais de 400 artigos sob a forma de memórias, diários e trabalhos científicos diversos, expostos em diferentes revistas nacionais e estrangeiras.

mento português da primeira metade do see. XX e, assim, da primeira fila que ocupa como portador das inovadoras práticas provenientes de Viena.

Da Vida Sexual a Júlio Diniz e a sua Obra encontramos em Egas Moniz um elemento paradigmático e congregador das teses freudianas em Portugal, iluminando-as, com o seu prestígio, conhecimento e eloquência.

De outra perspectiva e dimensão, também em Sobral Cid, contíguo contemporâneo de Moniz, encontrámos simpatia e receptividade aos trabalhos e teses de Freud. Um dos psiquiatras mais ilustres neste início do see. XX, dedicou alguns escritos e conferências a temáticas que, de forma directa, envolviam as análises e metodologias psicanalíticas. Acérrimo defensor do tratamento humanizado e personalizado a que todo o doente alienado tinha direito próprio, encontrou também na metodologia freudiana o espaço de aferição e diagnóstico absolutamente individual onde o doente, na primeira pessoa, participava e era o sujeito do processo terapêutico.

Da distância a que o esquizofrénico se encontra da realidade sua exterior, à própria incoerência afectiva, da sua endocrina fantasmagoria, à construção do complexo, vão os caminhos que Sobral Cid identifica como fundamentais para o conhecimento da doença. Nela encontra como causas, os desequilíbrios relacionais e emocionais verificados na infância onde, o complexo de Edipo é reconhecido como conflito fulcral. A problemática envolvida no desencadear da sexualidade e a importância do seu estudo são, igualmente, contributos aceites como fundamentais para este autor que, assim, reconhece e acentua a indispensabilidade dos dados e conquistas científicas da psicanálise.

Em Fernando Pessoa acedemos à excelência da sua obra, à suprema dimensão dos seus escritos, isto é, às suas diferenças e particularidades. Nele encontrámos a multicéfala individualidade de um sujeito plural, fragmentado em contíguos pedaços de Portugal, recomposto em heteronímica capacidade que, metafisicamente, se realiza no espaço de realidade acesa nos cinco continentes por onde andou, legando o seu traço e a sua chama. Esta mensagem de história, cultura e língua de excelência, constituem um conglomerado ontológico único, a portugalidade pessoana que, de um aconchegante pequeno porto de partida, se transporta e transforma numa realidade de ambição cósmica.

O amor puro pela pátria língua, o génio único e a insaciável disponibilidade criativa compõem a estrutura do leito por onde correm as vozes dos heterónimos pessoanos que, em rio de forte caudal, se encaminham para o mar da eternidade. A esta cabe o agradecimento da existência e a eleita tarefa de, em si, guardar em infinito colo, este filho único.

O esgar criativo não lhe retirou a auto-análise nem (especialmente) a crítica e, daí, a observação de tendência introspectiva e a eventual histeria que psiquicamente acumulada, o faria revisitar-se e até sorrir sobre um seu quê de si. Também aqui o seu especial gosto pela simulação está presente. Da auto-crítica ao sorriso, da preocupação ao simples suspiro vão as distâncias do autor e as dimensões do seu génio. Também a controversa sexualidade e o cromatismo das suas vivências, que as ridículas cartas de amor a Ophelinha não desnudam, compõem um circuito de bruma que ofusca o eventual devasso.

O certo é a nao indiferente presença de questões e conceitos levantados por Freud que, pela importância e oportunidade, jamais passariam ao lado do nosso Fernando Pessoa e da sua múltipla e espelhada consciência.

Por sua vez, os textos de Abel de Castro encerram outra abordagem da presença de Freud em Portugal. Com efeito, para além deste facto, encontramos um autor que manteve correspondência directa com Freud, a propósito de questões que entendeu, em boa hora, apresentar de forma directa. Embora desconhecidas as suas missivas, as respostas que obteve sao suficientes para as enquadrar nas questões formuladas.

Com efeito, apresentando uma interpretação muito própria, o nosso autor aborda a existência da religiosidade na perspectiva de uma libido colectiva onde as diversas formas de amor possuem espaço dirigido à própria vida e sua instintiva manutenção. Assim, com o prazer ligaria o amor e, com este, a alma que centraria o universo humano na imaterialidade que compõe a sua existência e que, em última análise, se remeteria ao inconsciente. Estudioso do freudismo e dos seus principais conceitos, o nosso autor revela, acima de tudo, uma curiosidade extrema associada à boa vontade de conhecer as novas de Viena, enquadrando-as nos estudos tendentes à abordagem da realidade íntima, pautada por uma harmonização da ciência com a religião.

E neste sentido que se dirige ao mestre. O seu excepcional empreendimento é recompensado com as respostas possíveis na disponibilidade da desenfreada vida de um simpático Freud.

De Seabra Diniz, distinguimos a sua Psicanálise, pois, no domínio da psiquiatria e da história da psicologia, revela assinalável solidez científica, desenvolvendo uma clara explanação das teses freudianas, devidamente confrontadas e criticadas. Como vimos, Seabra Dinis não envereda por uma crítica radical ao freudismo, seguindo antes uma aprofundada e dissecada análise às capacidades e limites da psicanálise, método científico, também por si utilizado e merecedor do seu reconhecimento e aplicabilidade prática efectiva. Na verdade, o seu contributo ao estudo de Freud em Portugal assenta na eminência e verificação da utilidade psicanalítica, no diagnóstico das afectações presentes tanto na vida do paciente profundo ou na do homem normal, sujeitos que estão a perturbações à normal evolução da sua personalidade, na relação consigo mesmo ou na relação social.

Esta distância crítica e atenta às ramificações e evoluções das diversas teses psicanalíticas dotam o nosso autor de um elevado nível de objectividade avaliativa patenteando, simultaneamente, claras intenções divulgadoras do muito de inovador que é devido à evolução freudiana.

Assim, e como vimos com clareza e pormenor, disseca os trabalhos referentes à interpretação onírica, sua aplicabilidade e técnicas interpretativas, bem como investe pormenorização na descodificação das associações livres, pressuposto fulcral do levantamento investigativo da psicanálise em direcção ao desejo recalcado. Neste processo, Seabra Diniz detem-se no trabalho efectuado pela vigilância censória pois, da sua maior eficácia, poderá resultar uma progressiva incapacidade na obtenção de dados interpretativos fiáveis, capazes de constituírem matéria de real valor analisável.

Atento à influência exercida pela sexualidade no processamento e desenvolvimento da psique humana, dentro e fora do universo onírico, o nosso autor apresenta-se, também aqui criticamente atento à eminente ruptura com os conceitos de sexologia existentes no tempo, não esquecendo, portanto, o papel fulcral que ela ocupa na pesquisa freudiana. Desarreigada do seu fundamento biológico e genital, reconstruindo-a como essência da actividade humana presente nas várias fases da vida desde a infância, a sexualidade interpretada sob o olhar freudiano, arrisca-se à crítica de pansexualista e ao questionar dimensional do seu espaço na psicanálise. Assim percebe-se que, muito para além da procriação, a meta do instinto sexual e da libido encontram-se num algures existente nos campos da fruição onde todo o corpo é, em Freud, universo erógeno, libidinosamente existente em desejos de ordem psicossexual inconsciente e portadora de traços de perversão tendente a um inevitável desvio final.

Igualmente, à fuga representada pela sublimação da pulsão sexual, Seabra Diniz dedica o seu estudo. Através das respectivas consequências, realizadoras de superação em obra, em feito ou em arte, verifica a força de um ego ideal que, através da transcendência da capacidade humana, se completa. Assim, a arte constitui área fundamental de comunicação com a psicanálise, na vertente interpretativa e englobante que ambas encerram. Também, no que reflecte sobre as capacidades da psicanálise infantil, refere o seu contributo para a superação do sempre renovado desafio educativo, confrontado que está com exigências e objectivos cada vez mais ambiciosos.

Por outro lado, reflectindo sobre as inegáveis vantagens decorrentes do contacto psicológico mais íntimo verificado entre médico e doente, tendo em vista uma compreensão e acção terapêutica mais adequada, revela alguma reserva sobre as taxas de sucesso verificadas em casos de psiconeuroses mais profundas. Com efeito, refere casos onde se registam melhoras iniciais em algumas sintomatologias mas que, com o tempo decorrido após os tratamentos, se tornam a degradar. Contudo, não retira a importância que terá o papel do freudismo no controle do animal residente no auto confiante homem civilizado, exigindo-lhe energia e superação tendente à emergência do seu lado genial, sempre visto num contexto social ou religioso de abertura ao outro.

Na excepcional qualidade estética e literária de Fernando Namora encontramos a excelência da escrita de um autor que, em si, inclui o médico, encontrando-se, assim, a combinação ideal para o tratamento da questão científica. Se na forma temos o cromatismo literário de um português de fina água, perspicaz e atento ao seu tempo e gentes, também temos o estudioso que, sabiamente, empresta ao texto o conteúdo pragmático e objectivo do dado científico. Em um, temos as duas sensibilidades e perspectivas que, por esse dualismo, tornam única a unidade do texto de Namora.

Com efeito, as suas figuras envolvem uma constante evolução ritmada com os tempos conhecidos através dum crescente mundo viajado e narrado em personagens de vida real e imaginária, esculpidas em aventura e desejo que, permanentemente, perfazem o teatro vivencial seu contemporâneo. A interacção comunicativa, representada pela presença da psicanálise, foi tomada em séria conta, surgindo no global da obra aqui abordada, literariamente consolidada na força da comunicabilidade e na força estética que a palavra possui, quando burilada e companheira da explanação literária.

Fernando Namora revela um lutador obstinado e concentrado na pesquisa do desconhecido que, dissimulado no interior de cada doente, constituiu a principal seiva que alimenta o fogo científico de Sigmund Freud. Toda a sua vida foi dirigida para a pesquisa comparativa, para a militante e incansável procura, agora encarada como a grande esperança de uma humanidade que, ao se encontrar perdida dentro de si e num mundo progressivamente conturbado, apresentava preocupantes sintomas de desorientação. Este quadro de dificuldade acrescentou o apreço manifestado por Fernando Namora pois, vencer os preconceitos e abordar temas polémicos e velhos tabus, era área reservada só a entidades corajosas e incondicionalmente confiantes nas suas capacidades e trabalho.

E neste sentido que o nosso autor sublinha o constante vigor e coragem do Mestre de Viena, sublinhando através destas qualidades, a boa impressão e global adesão às teses psicanalíticas. Assim, sublinhou a nova abordagem centrada na possibilidade descritiva que o paciente conseguia efectuar às suas recordações, sempre ligadas aos sintomas que o importunavam e sobre as quais as metodologias psicanalíticas iam vencendo as fortes resistências manifestadas pelos doentes que, normalmente, não queriam enfrentar as suas inquietações. Ultrapassando as resistências que guardavam, no silêncio, as recordações e imagens dolorosas, foi consumando um processo de reconstrução do passado do paciente, da sua história que, afinal, constituiria a base da cura que a psicanálise perseguia.

Como sublinhou Fernando Namora, o analisado assume um papel activo tomando consciência e contacto com os seus desejos ou tendências, elementos simbólicos até aí ignorados e agora transportados até à luz do dia consciente. Igualmente as complexas teias do proibido, disfuncionalmente acumuladas numa sexualidade não consumada, são matéria da abordagem deste nosso autor, atento ao combate encetado pela norma de tom moralista, social e culturalmente aceite, contra a livre expressão dos instintos. Frisando a importância desta inovadora abordagem freudiana, Namora chama a atenção para o desenvolvimento e emergência da pulsão, enquanto centro de gravidade desta tese, entendida como explicação metapsicológica que se centra na objectivação dum inconsciente que, esquivamente, se poderá desvendar. Neste sentido, e como bem explicitou o nosso autor, o trabalho de Freud reabilita o instinto humano, afastando-o de pura animalidade e reconstrói o seu papel fulcral no conhecimento e reconhecimento do íntimo da psicologia humana enquanto centro de equilíbrios possíveis entre ser de desejos e ser de valores.

Nas teses académicas verificámos a tese de doutoramento de António Laranjo Ferreira Monteiro, A Psico-análise de Freud, apresentada em Novembro de 1925, para além da investigação que em si contém, possuiu o pormenor de ter sido realizada na plena contemporaneidade do Mestre e, assim, em pleno fogo da controvérsia instalada pelos seus trabalhos. Talvez por isso, o autor ter manifestado hesitação em abordar tão polémico tema e, daí, agradecer o especial apoio que recebeu do professor Elisio de Moura.

Desde cedo, sublinha a particularidade e importância que tem a noção de inconsciente, não entendido como qualquer forma de degradação do consciente mas sim como uma realidade fundamental da nossa vida psíquica à qual Freud dedicou especial atenção. E neste sentido que o autor centraliza o principal contexto deste seu trabalho, preocupando-se em deixar claros os principais sintomas da presença do inconsciente como zona identificadora das nossas movimentações psíquicas, nomeadamente de actos não iluminados pela luz da consciência, como o globalmente designado como acto falhado. Salientando a importância verificada na interpretação desse imenso mundo desconhecido, António Monteiro aponta para a importância verificada no levantamento das experiências vividas por cada indivíduo onde prepondera a infancia, fase a estudar desde a mais tenra idade.

Daí, sinalizar a importância do trabalho de Freud na conquista que constituía a possibilidade de estudo do inconsciente ao ser estruturado como uma linguagem composta de rigorosos encadeamentos e cuja total decifração se tornava no maior desafio científico do tempo. Conhecedor do conceito Affect, desenvolvido dois anos antes, utiliza-o para fundamentar a importância da energia afectiva na intensidade das afectaçoes e complexos em estudo. Igualmente, a abordagem freudiana dirigida à sexualidade é matéria trabalhada por este estudo que reforça a importância da infância nos estudos inerentes ao dinamismo que está presente nas relações com os pais e correspondente jogo de forças tendentes à verificação do complexo edipiano e seus desenvolvimentos.

Neste trabalho já encontrámos a importância da psicanálise na problematização do indivíduo encarado na sua globalidade, ou seja, numa actividade psíquica, intelectual e afectiva, residente num corpo interferente que possui desejos, realizados e, essencialmente os não realizados que, inevitavelmente, se transformam em confrontos individuais, sociais e culturais. Sem dúvida, um trabalho do maior interesse no estudo do tema presente.

Mais tarde, em 1944, encontramos a tese de licenciatura de Mário de Almeida Oliveira que, de forma afirmativa, também demonstra a necessária audácia contida na escolha do tema, num tempo em que a contestação à psicanálise continuava em crescendo. Ao centrar-se na sempre complexa questão epistemológica, onde o homem é simultaneamente sujeito e objecto do conhecimento, evidencia a excelência do desafio que tal empreendimento constitui, regozija-se com a oportunidade do trabalho que enceta, entendido como experiência universitária do maior valor académico.

Na verdade, este entusiasmo está presente nas suas páginas, plenas de interesse e valor histórico pois constitui uma afirmação do pendor intelectual e psicológico como a integrante primordial de uma humanidade que urge conhecer. Assim, o seu trabalho centra-se no mecanismo psíquico, matéria que considera a mais nobre no levantamento científico. Encarando a complexidade de tal iniciativa, sublinha a sua emergência como uma inevitabilidade do percurso científico humano não só pelo extremo valor e importância da própria matéria de estudo em si, mas pelo volume de afectações e perturbações que a sociedade vai, de forma global e alargada, registando e reconhecendo como tal. Neste sentido, a psicanálise é encarada como uma resposta oportuna e previdente, tendo em conta a contemporaneidade do problema e a urgência de respostas credíveis que encerravam, de forma definitiva, um aturado desafio à medicina em geral e às múltiplas terapias existentes, definitivamente inconclusivas e insuficientes.

Com efeito, Mário Almeida apresenta-nos um estudo que sublinha a importância revelada pela abordagem aos sintomas neuróticos enquanto porta inicial de acesso às razões últimas dos comportamentos mentalmente disfuncionais. Pelo levantamento do trauma verificado algures no passado do doente, a psicanálise trouxe novos acessos que o nosso autor, discriminadamente descreve, acentuando a dualidade das forças envolvidas entre o consciente conhecido e o inconsciente em vias de conhecimento.

E neste salto do conhecimento que centra o seu entusiasmo e a principal mensagem do seu trabalho.

No que distinguimos nos artigos de imprensa médica consultada e seleccionada, verificamos o calor expresso pelo trabalho de Freud no artigo redigido por Stefan Zweig em 1939. Para além da fantástica viagem que se propõe ao interior da humanidade, a psicanálise é encarada como uma via de real esperança para o encontro de um desconhecido que urgia revelar. Na verdade, este desconhecido homem, pleno de complexa interioridade, estava confrontado com novas vivências sociais e profissionais resultantes das transformações em marcha, especialmente visíveis a nível europeu, nomeadamente as decorrentes da revolução industrial que, ao avançar, impunha novas dificuldades e sublinhados desgastes a nível físico e psíquico. Daí o imperioso trabalho encetado por Freud, dirigido às novas possibilidades de realização individual e colectiva, especialmente necessárias nestas sociedades em permanente transformação. Assim, combatendo dogmas instituídos, sem pôr em causa os valores éticos inerentes ao indivíduo, estava atento a uma lógica de singularidade enquanto, simultaneamente, se mantinha perto dos valores sociais e dentro de uma lógica plural que urgia permanentemente actualizar. Deste modo, pretendia estabilizar a nova dinâmica social emergente e compreender os seus renovados desafios.

Neste sentido, afigurara-se importante a lucidez deste autor ao reforçar a importância da psicanálise na pesquisa das novas perturbações psíquicas decorrentes de uma nova sociedade exorbitantemente urbana, demasiado afectada pela impessoalidade das ondas da vasta imigração trazida pela industrialização geradora de muitas decepçoes, constantes aculturações e desertos de individualidade referencial, problemas igualmente aumentados pela refrega da Primeira Grande Guerra, experiência que, fatidicamente, se reeditava neste mesmo ano com a emergência do segundo conflito mundial.

Os restantes artigos seleccionados são especialmente redigidos no ano do centenário do nascimento de Freud. Na verdade, este ano é salpicado de artigos diversos dirigidos à Psicanálise e ao seu criador, notando-se a habitual oportunidade bem portuguesa na inserção destes textos, apresentados em variadas publicações, encorajadas pela anuidade de 1936, desencadeadora da efeméride e da boa conjuntura para a referência e homenagem, eventualmente já portadora de algum travo de atraso e tempo.

Assim, o texto de Iracy Doyle, que dedica especial atenção à confrontação de algumas personagens contributivas para a evolução das teses psicanalíticas pós 1910, sublinha o papel da crítica como elemento primordial nesta desejada evolução. Tendo em conta a vertente eminentemente mecanicista e positivista de Freud, quando confrontada com a invocada exiguidade de reais provas científicas até aí conseguidas, a autora propõe maior aproximação entre os princípios da psicologia e os da psicanálise que, assim e mais facilmente, atingirão o fim constituído pelo conhecimento do pensamento humano.

Por sua vez, Augusto d'Esaguy procede a uma sentida homenagem ao Mestre de Viena, salientando diversos pormenores presentes nas diferentes fases do seu percurso científico. Salientando a maior estabilidade científica conseguida após 1923, regista a importância da cura pela palavra no aumento do conhecimento da realidade humana e das suas lutas internas enquanto unidade bio-psico-social.

Barahona Fernandes, psiquiatra que se afastou da globalidade original das teses freudianas, não hesitou em classificar o "ousado especulador" em "homem extraordinário". Na verdade, este texto que dedicou a Kraepelin e Freud, incide atenção para as origens e percurso da vida, onde se registaram sinais de segregação que terão deixado marcas no jovem Freud, nomeadamente no reforço do seu reconhecido carácter de combatividade expresso na sua incansável procura e elevadíssima capacidade de persistência. Como reconhece, foram estas capacidades que permitiram a construção do edifício psicanalítico, seu dealbar de novas perspectivas da mente humana, seu rompimento com preconceitos do mundo vitoriano e científico vigente. Depois dele, vislumbrou-se um novo homem, besta e anjo.

Pedro Luzes e Francisco Alvim, fundadores da Sociedade Portuguesa de Psicanálise, apresentam-nos um texto excepcionalmente bem elaborado, onde traçam o perfil científico de Freud, não esquecendo a importância da sua formação biomédica enquanto clínico neurológico. A luta interpretativa em que se tornou a missão da vida de Freud está bem patente neste texto, revelador do profundo conhecimento dos seus autores. Salientando o grande salto efectuado desde o tempo em que o tratamento psicoterápico era exclusiva pertença do hipnotismo, os nossos autores sublinham as grandes conquistas representadas pela ultrapassagem das barreiras censórias no caminho da descodificação do labiríntico interior inconsciente, só verdadeiramente possível, sem qualquer carga valorativa, cultural ou moral. Como nos dizem, tal tarefa só estaria ao alcance de um espírito inconformista que, simultaneamente, fosse um investigador genial.

Como nos restantes três textos seleccionados, pretendem a celebração do centenário do nascimento de Freud onde, de forma genérica se lembra a importância da personalidade e obra invocadas.

Distinguimos o enquadramento sócio histórico presente no texto de Seabra Dinis onde se salienta o tempo de positivismo e sua crença nas capacidades de uma dominadora razão humana, confrontada com os problemas da industrialização, do lucro desmedido e da impessoalidade. A situação na Europa murada entre dois conflitos mundiais, demonstra a falência daquela razão que urgia estudar por novas vias. Neste sentido, o trabalho de Freud é visto com importância incontornável.

Na verdade e acima de tudo, o despertar desta nova consciência e dos diferentes ângulos problemáticos que utiliza, agudiza a inteligência, impondo-lhe a lei da realidade e a renúncia ao princípio do prazer que, só por si e completando-se com o próprio corpo, se submete a outro princípio de realidade composto pelo ciclo da vida vista e revista de diferentes prismas.

Neste sentido, o essencial da ética em Freud é, na explanação do espaço do inconsciente, o valor da honestidade abrangida pelo limite do raciocinável onde, no final, o seu multifacetado eu é, simultaneamente, o mediador e o árbitro de todos os conflitos.

Também a este propósito se verifica que a maioria das escolas suas seguidoras nem sempre foram capazes de manter a pureza do caminho que apontou, sendo certo que nunca deu espaço à pressão ou à crítica que, tão fortemente, lhe bateu. Se a sua recepção na Europa em geral não foi fácil, o mesmo sucede em Portugal onde, apesar das críticas e dos ditos maldosos ou não construtivos, de forma mais ou menos concordante, os nossos homens de ciência desde cedo começaram a movimentar-se e a medir a real valia epistemológica das matérias em causa.

De qualquer forma, não deixa de ser paradigmática dos tempos e mentalidades, o teor da citada "nota introdutória do tradutor" Osório de Oliveira à primeira edição em Portugal do livro Três Ensaios Sobre a Teoria da Sexualidade, publicado em 1932 e onde quase se pede desculpa pela edição do livro, enquanto se afiança que o seu autor não era indivíduo imoral.

Eterna filha do tempo, a verdade também se avalia e, assim, se mede pela capacidade de sobrevivência e eternização. Em Portugal, Freud foi especialmente tratado pela mais prestigiada teagem intelectual. Mais ou menos próximos do teor da sua obra, brilham trabalhos que utilmente se debruçaram e enriqueceram o debate e as metodologias originadas pelo percurso psicanalítico. Em todos sentimos a dimensão do tratado, a sua importância e a sua premência. Para além de 1956 e até aos nossos dias existem contínuos sinais de aceitável optimismo.

Não nos restará grande dúvida que Freud se sente responsável por uma terceira revolução epistemológica, sentida como portadora de ferida narcísica para a humanidade, isto é, uma revolução psicológica, enquanto elemento fundador da ciência do inconsciente. A razão inquestionável foi anulada, a sobranceria que, parasita, sobre ela foi crescendo e fixando foi, lentamente, lancetada pelo bisturi do inconsciente.

Embora marcadas por violentos ataques, as teorias freudianas têm resistido às pressões mais multiformes que a história da ciência pode registar. Da sua contemporaneidade até aos dias de hoje, inúmeros são os inimigos, os detractores ou os críticos que, no seu pior sentido, não se aperceberam da dimensão epistemológica de Freud, ou pior, mais ou menos intencionalmente, deturparam-lhe o sentido esventrando a estrutura científica sustentadora da psicanálise. A desconsideração de conflitos biopsíquicos anteriores e pertencentes à infância, em favor exclusivo dos actuais, contradizendo as teses e os materiais recolhidos nas observações freudianas, constitui um exemplo. Rejeitar a base teórica de que Freud nunca se desviou, a antinomia entre o indivíduo e a sociedade, constitui outro exemplo, pois como é sabido, a edificação da civilização obriga a reprimir as pulsões instintivas, sexuais ou agressivas, sendo a sua energia utilizada em fins produtivos e empregues na luta contra a natureza. Este desvio dos instintos opõe-se ao princípio do prazer, razão e objectivo biológico de todas as pulsoes.

Muitas outras críticas ou agressões poderão ser sempre citadas, tendo em conta a sua diversidade, quantidade ou tempo pois, também a moda é uma realidade nas intelectualidades e seus protagonistas. Obviamente que os críticos e divergentes sérios sempre se distinguem da restante bruma e, assim, as suas teses e textos possuírem semelhante importância à dos originais freudianos. Sem eles, obviamente, a evolução científica seria impossível. Naturalmente que, uma obra com esta envergadura e em ambiente de normal honestidade intelectual, jamais poderá ser ignorada ou não ser chamada a participar activamente na eterna conquista de mais saber sobre a entidade desconhecida que continuamos a ser. Assim, participando na polémica e no contributo, o pressuposto freudiano tenderá, no futuro, a perpetuar-se e renovar-se de forma proporcional à sua dimensão intelectual e científica.

Por agora, para além da confirmação da absoluta necessidade a que o seu dedicado e sério estudo obriga, urge verificar ou perspectivar se, no futuro, aquele que hoje reconhecemos como mundo civilizado, existindo, será ou não capaz de conviver, de forma saudável, com os seus princípios de prazer e com as suas dinâmicas pulsionais. Como vimos, o essencial da ética freudiana postula a honestidade abrangida pelo limite do raciocinável onde, a dignidade humana se assegura por um eu mediador e árbitro dos conflitos. Mas o mundo da produção e da especialização a que se auto-condena conterá em si um fim com contornos desconhecidos mas certamente alarmantes na experiência e vivência do hoje. Como conviverá o homem consigo, ou seja, com o seu vizinho, agora tendencialmente global?[321]

Saberá a nossa razão fazer accionar as sua válvulas e alavancas na boa direcção a dar à máquina a vapor impulsionada pela caldeira inconsciente na alegoria de Mário Oliveira?

E nós, o nosso Portugal, aguentará o ritmo e fluxo europeu como algo de seu? Poderá a cultura sobreviver e reproduzir-se salutarmente? Manter-se-á em Portugal um posicionamento correcto na contínua divulgação das teses freudianas, das influências, estudos e divergências estabelecidas, trabalhando-as como merecem, usufruindo assim do correspondente ganho epistemológico?

De todo, a conclusão não se fará neste limiar de dúvida pois esta sempre adoçará o amargo inerente a qualquer certeza estabelecida e, por isso, inerte. Sente-se que estas e tantas influências de Freud em Portugal são matérias cuja riqueza não é dimensionável em qualquer questão simples ou em qualquer conclusão que ambicionamos não terminar ou perder de vista no futuro próximo e no de sempre.

Neste sentido, do não abordado mas colocado na contiguidade deste tema, aceitando um exemplo de proximidade a Fernando Pessoa, poderíamos ver um Portugal diferente porque absolutamente cantado, onde os seus personagens, heterónimos de si, dão multiplicidade ao corpo ontológico que constrói um fantástico e único ser de todas as maneiras que serve de suporte e de múltiplo sujeito da sua poesia, única na força remissiva do ôntico e messiânico subconsciente nacional.

Sentimos a sua presença como avassaladora e enriquecedora na medida em que, trabalhada, promove a compreensão encetada sobre o nosso país, a sua história, aqui saboreada em paladares universais e contada em cânticos que nos transportam para uma espécie de ascese ao estado puro da poesia que nos embala na única e saudável língua pátria, veículo especial para o acesso à eternidade, à nossa eternidade: a saudade.

A seu propósito é, na verdade, demasiado tentador estudar o impacto das teses de Freud em Portugal. Verifica-se um vazio de resposta à paralela questão emergente e que o destino nos impele e obriga a aqui deixar. Por isso, nesta dimensão, aguça-nos a interpretabilidade da sua presença num contexto do Portugal psicanalisável. Isto é, um pensar a utopia como indispensável cenário envolvente num estudo da portugalidade imanente à história de todos nós e, assim, portadora de adjacências verificáveis entre Portucale e Utopus. Com efeito, não erraremos se considerarmos importante questionar o músculo utópico como um dos principais animadores da inspiração presente em todos quantos têm tornado possível esta nossa teimosa borbulha que brota e se mantém na crosta da Península Ibérica, vai para cima de oitocentos anos.

---

[321] "A ameaça de sermos um povo de especialistas, que, por deformação profissional, já nem compreendem os próprios vizinhos, o passivismo de uma cultura de consumo e de massa em que o homem já não pensa nem projecta mas é sorvido por um modelo de mundo totalmente administrativo, cuja alternativa só pode ser o terrorismo, indicam com suficiente clareza que já não é reconhecida voz à diferença original do homem, que fez história e arte, escreveu literatura e filosofia, transformou a terra e erigiu templos. O culto monovalente da especialização rompe a identidade do homem, cindindo-o esquizofrénicamente no cientista e técnico em domínios cada vez mais atomizados e numa liberdade esquecida de si, recalcada e reprimida mas ainda viva no mal-estar e na frustração, que tal estado de coisas origina." Miguel Baptista Pereira, in Tradição e Crise /, Coimbra, Faculdade de Letras, 1986.

É que, podemos vê-lo gerado num útero de território ínfimo, um pequeno Portugal que, à laia dos maiores, se projectou no momento zero de um deflagrador big bang de detonações com efeito universal. Por ele espalhou num espaço Terra, messiânicos projécteis seus, cometas e coloniais satélites que o seu eu e a história vieram a separar, desfazendo esta utópica galáxia, simbólica esfera armilar, orada, cantada, chorada mas, sobretudo, uma repensável matéria, que, ainda hoje fumegante no seio da lusa loucura, vemos regressar, arrefecer e descansar no velho e rectangular colo mátrio.

Como perceber Portugal?

Neste contexto de recepção, influências e rastos deixados pelas teses freudianas em Portugal, mesmo que para além da primeira metade do séc. XX, urgirá repensar os heróis do mar; entretanto já há muito desaparecidos mas ainda em nós ontologicamente presentes e vislumbrá-los na luta europeia e global em que nos encontramos, pretendendo perpetuar ou nao, com mítico denodo, este nobre povo, assegurando-lhe a eternidade nostálgica desta especial e única nação valente.

Será muito importante perceber, pelo menos melhor, como o gerar da Nação, a infância do País ou crescimento dos Lusíadas até às Índias, deixaram um edipiano complexo de abandono e perdida preferência da paternal história que nos abandonou. Daí o nosso colectivo jeito na patológica proximidade bipolar entre a euforia e a depressão, entre a neurótica glorificação imperial e um actual (auto?) hipnótico sonambulismo colectivo que, vagueando num mítico delírio, teima em não se decidir entre o que quer ser e o que é.

Na verdade, não poderemos esquecer a argúcia e avidez com que o português se lançou ao mundo, da conquista da nacionalidade às diversas e terríveis lutas pela sua manutenção. De Sagres à rota do Cabo e à construção do Império, dão-nos conta de um impulso contundente, quase sexual de cego que, historicamente, é seguido de uma consumação não atingida e que, à laia de um doentio onanismo, projecta o País para uma continuada não realização plena que, frustrada, se queda num revivalismo doentio e emigrante que urgirá interpretar.

Assim, poderemos compreender melhor o encontro do Portugal de hoje com as fórmulas sucessivas que nos marcaram como uma entidade idónea que não nos concebeu como povo realmente imperial? Terá a ambição da rota do cabo ficado eternamente sujeita a um recalcado abrigo num porto de saudade? Seria possível o destino da nossa armada ter sido outro que o regresso ao complexo identitário português como fonte diagnóstica de uma patologia que ainda se não debruçou sobre a real proximidade existente entre o eufórico Império armilar e o deprimido fado da severa? Seremos tudo e nada?

Eis pois tentadoras temáticas em aberto que a perspectiva psicanalítica e a inevitável estrutura utópica de um Povo podem apaixonar o mais humilde dos observadores e extasiar o mais exigente dos críticos ou, até mesmo, ao inverso.

# BIBLIOGRAFIA

ABRAHAM, Giorgio - O Sonho do Século (A Psicanálise cem anos depois). Braga: Círculo de Leitores, 2005.
BURNIE, David - Conquistas da Medicina. Lisboa: Selecções Reader's Digest, 1998.
CASTRO, Abel de - A Valorização do Esforço. Porto: Imprensa Moderna, 1927.
CASTRO, Abel de - Filosofia Elementar. Lisboa: Livraria Sá da Costa, 1935.
CASTRO, Francisco L. - História da Literatura Portuguesa. Mem Martins: Publicações Alfa, 2003.
CHEMAMA, R.; VANDERMERSCH, B. - Dicionário Temático Larousse - Psicanálise. Mem Martins, Printer Portuguesa do Círculo de Leitores, 2003.
CID, Sobral - Psicopatologia Criminal - Casuística e Doutrina. Lisboa: Livraria Bertrand, 1934.
COSTA, J. Celestino - Um Certo Conceito de Medicina. Lisboa: Gradiva, 2001.
DINIS, Seabra - Psicanálise. Lisboa: Biblioteca Cosmos, 1945.
DOMENACH, Jean-Marie - As Ldeias Contemporâneas. Lisboa: P. D. Quixote, 1984.
FREUD, Sigmund - Três Ensaios Sobre a Teoria da Sexualidade. Lisboa: Livros Brasil, 1999.
FERREIRA, David Mourão - Nos Passos de Pessoa. Lisboa: Editorial Presença, 1988.
HOMEM, Amadeu Carvalho - Do Romantismo ao Realismo. Porto: Fundação Eng. António Almeida, 2005.
HOMEM, Amadeu Carvalho - A Ldeia Republicana em Portugal (O Contributo de Teófilo Braga). Coimbra: Minerva, 1989.
LAGACHE, Daniel - A Psicanálise. Lisboa: Editorial Teorema, 1989.
LAPLANCHE, J.; PONTALISJ.-B. - Vocabulário da Psicanálise. Lisboa: Morais Editores, 1971.
LOURENÇO, Eduardo - O Labirinto da Saudade. Lisboa: Gradiva, 2004.
LUZES, Pedro - Cem anos de Psicanálise. Lisboa: ISPA, 1997.
MACEDO, M. Machado - História da Medicina Portuguesa no século XX. Lisboa: Correios de Portugal, 2000.
MARQUES, Oliveira - História de Portugal. Lisboa: Editorial Presença, 1998.
MARTINHO, José - Freud & Cª.. Coimbra: Almedina, 2001.
MATTOSO, José - História de Portugal. Lisboa: Editorial Estampa, 1994.
MIJOLLA, Alain; MIJOLLA-MELLOR, S. - Psicanálise. Lisboa: Climepsi Editores, 2002
MIJOLLA, Alain - La Triple Naissance de la Psychanalyse. Les Cahiers de la Science & Vie. Tl (1994)
MONIZ, Egas - Confidências de Um Investigador Científico. Lisboa: Edições Ática, 1949.
MONIZ, Egas - A Nossa Casa. Lisboa: Paulino Ferreira Filhos Lda, 1950.
MONIZ, Egas - A Vida Sexual: Fisiologia e Patologia. Lisboa: Casa Ventura Abrantes, 1923.
MONIZ, Egas - Júlio Denis e a Sua Obra. Lisboa: Casa Abrantes, 1925.
MONTEIRO, António L. Ferreira - A Psico-Análise de Freud. Coimbra: Tipografia Bizarro, 1925.
MOUSSEAU J.; MOREAU P-F. - Dicionário do Inconsciente. Lisboa: Verbo, 1984.

NACHT, Sacha - Freud e Psicanálise. Lisboa: Morais Editores, 1979.
NAMORA, Fernando - Deuses e Demónios da Medicina. Lisboa: Bertrand, 1979.
NAMORA, Fernando - As Frias Madrugadas. Lisboa: Publicações Europa América, 1959.
OLIVEIRA, Mário de Almeida - Do Dinamismo Psíquico Freudiano. Coimbra: FLUC, 1944.
PEREIRA, Ana Leonor - Darwin em Portugal. Coimbra: Almedina, 2001.
PEREIRA, Ana Leonor; PITA, João Rui (Orgs) — Egas Moniz em Livre Exame. Coimbra: MinervaCoimbra, 2000.
PESCH, Edgar - Para Compreender Freud. Lisboa: Edições 70, 1985.
PITA, João Rui - História da Farmácia. 3ª ed. Coimbra: MinervaCoimbra, 2007.
QUADROS, António - Fernando Pessoa, Vida, Personalidade e Génio. Lisboa: Publicações D. Quixote, 1992.
RODINESCO, E.; PLON, M. - Dicionário de Psicanálise. Mem Martins: Editorial Inquérito, 1997.
SIMÕES, João Gaspar - Vida e Obra de Fernando Pessoa. Lisboa: Publicações D. Quixote, 1991.
SIMÕES, João Gaspar - História da Poesia Portuguesa do Século XX. Lisboa: Empresa Nacional de Publicidade, 1959.
SOURNIA, Jean-Charles - História da Medicina. Lisboa: Instituto Piaget, 1992.
TORGAL, Luís Reis - A Universidade e o Estado Novo. Coimbra: Minerva, 1999.
THIS, Bernard - Freud, L'émergence de L'inconscient. Pour la Science. 5-8 (2003).
VIEIRA, Joaquim - Portugal Século XX. Lisboa: Círculo de Leitores, 1999.

## SITES

http://www.geocities.com/mhrowell/paginadefreud.html
http://iep.utm.edu/f/Freud.htm
http://en.wikipedia.org/wiki/sigmund Freud
http://users.rcn.com/brill/freudarc.html
http://webspace.ship.edu/cgboer/freud.html
http://www.freud.org.uk/
http://www.freud-museum.at/e/

## COLECÇÃO CIÊNCIAS E CULTURAS

1 - Ana Leonor Pereira; João Rui Pita [Coordenadores] - Miguel Bombarda (1851-1910) e as singularidades de uma época (2006)

2 - João Rui Pita; Ana Leonor Pereira [Coordenadores] - Rotas da Natureza. Cientistas, Viagens, Expedições e Instituições (2006)

3 - Ana Leonor Pereira; Heloísa Bertol Domingues; João Rui Pita; Oswaldo Salaverry Garcia - A natureza, as suas histórias e os seus caminhos (2006)

4 - Philip Rieder; Ana Leonor Pereira; João Rui Pita - História Ecológico-Institucional do Corpo (2006)

5 - Sebastião Formosinho - Nos Bastidores da Ciência - 20 anos depois (2007)

6 - Helena Nogueira - Os Lugares e a Saúde (2008)

7 - Marco Steinert Santos - Virchow: Medicina, Ciência e Sociedade no seu tempo (2008)

8 - Ana Isabel Silva - A Arte de Enfermeiro. Escola de Enfermagem Dr. Angelo da Fonseca (2008)

9 - Sara Repolho - Sousa Martins: ciência e espiritualismo (2008)

10 - Aliete Cunha-Oliveira - Preservativo, Sida e Saúde Pública (2008)

11- Jorge André - Ensinar a estudar Matemática em Engenharia (2008)

12 - Bráulio de Almeida e Sousa - Psicoterapia Institucional: memória e actualidade (2008)

www.ingramcontent.com/pod-product-compliance
Lightning Source LLC
LaVergne TN
LVHW051834080426
835512LV00018B/2872